이탈리아,
물에 비친 그림자의 기억

이탈리아, 물에 비친 그림자의 기억

초판 1쇄 인쇄 2017년 11월 01일
초판 1쇄 발행 2017년 11월 15일

지은이 찰스 디킨스
옮긴이 김희정
펴낸곳 B612북스
펴낸이 권기남
디자인 주식회사 책

주소 경기 고양시 일산동구 일산로30, 1322호
전화 031) 912-4607 | **팩스** 031) 912-4608
E-mail b612books@naver.com
홈페이지 blog.naver.com/b612books
출판등록일 2012년 3월 30일(제2012-000069호)

ISBN 978-89-98427-13-9(03840)
ⓒ B612북스,2017.Printed in Seoul, Korea

책값은 뒤표지에 표시되어 있습니다.

이 도서의 국립중앙도서관 출판예정도서목록(CIP)은
서지정보유통지원시스템 홈페이지(http://seoji.nl.go.kr)와
국가자료공동목록시스템(http://www.nl.go.kr/kolisnet)에서
이용하실 수 있습니다.(CIP제어번호: CIP2017027329)

이탈리아,
물에 비친 그림자의 기억

찰스 디킨스

B612 북스

차례

독자들의 여권 09

프랑스를 지나서 13

리옹, 론 강, 그리고 아비뇽의 도깨비 27

아비뇽을 떠나 제노바로 43

제노바와 그 주변 53

파르마, 모데나, 볼로냐를 향해 99

볼로냐와 페라라를 지나서 115

이탈리아의 꿈 125

베로나, 만토바, 밀라노를 지나 생플롱 고개를 넘어 스위스로 139

피사와 시에나를 거쳐 로마로 163

로마 185

빠르게 지나가는 풍경들 249
*나폴리·폼페이와 헤르쿨라네움·파에스툼·베수비오·
몬테 카시노·피렌체*

주해 287

독자들의 여권

　이 책의 독자들이 저자의 추억이 담긴 여러 장소들에 대한 여행증명서를 내게서 받아준다면, 아마도 훨씬 즐겁게 그리고 무엇을 기대해야할지 훨씬 잘 이해하며 상상 속에서 그곳을 방문할 수 있으리라.

　그동안 이탈리아라는 흥미로운 나라의 역사를 공부하는 수단으로 쓰이거나 그에 얽힌 무수한 이야기를 담은 책들은 많이 출간되었다. 하지만 그런 정보들은 여기에 거의 언급하지 않았는데, 나 스스로 그런 책들에 의지하기는 했으나 손쉽게 얻을 수 있는 내용을 독자들 앞에 그대로 옮겨놓을 필요는 없다고 여겼기 때문이다.

　이 책에서는 이탈리아 어느 지역의 정부나 그들의 악정에 대한 어떠한 진지한 고찰도 담지 않았다. 저 아름다운 나라를 여행하는 사람이라면 누구나 그 문제에 강한 확신을 가질 수밖에 없겠지만, 나는 이방인으로서 그곳에 머무르며 어떤 계층의 이탈리아 사람과도 그 문제에 대해 토론하지 않기로 결심했었기 때문에, 지금은 그 문제를 거론하지 않는 편이 나을 것 같다. 제노바의 어느 집에서 보낸 열두 달 동안 체질적으로 경계심이 많은 당국이 나를 의심하는 일은 본 적이 없고, 나나 내 동포들에게 아낌없이 베푼 그들의 친절에 후회를 안겨준다면 내게는 무척 미안한 일이 될 것이다.

이탈리아 전역에 걸쳐 유명한 그림이나 조각상에 대한 연구 보고서는 그 아래 파묻힐 만큼 많아서, 내가 그림과 조각의 열렬한 찬양자이긴 하지만, 유명한 그림과 조각품에 대한 장황한 설명은 하지 않았다.

이 책은 다소라도 마음이 끌린 대부분의 사람들이 상상해 보는 곳이요, 나 또한 몇 년간 머물렀던 장소들에 대한 어렴풋한 감상—물에 비친 그림자에 불과한 기억—을 엮은 것이다. 대부분 현장에서 쓴 다음 이따금 편지 형식을 취해 집으로 보냈다. 이런 상황을 언급하는 이유는 혹시 있을지도 모를 결점을 변명하기 위함이 아니라, 적어도 이 글이 대상을 충실히 바라보며 새롭고 생생한 느낌이 가장 선명할 때에 쓴 것임을 독자들에게 보증하기 위함이다.

글에서 공상적이고 나른한 느낌이 전해진다면, 아마도 독자들은 내가 어느 화창한 날 시원한 그늘 아래에서 그 대상에 흠뻑 취해 글을 썼다고 추측할 것이고, 그 나라의 영향을 많이 받았음에도 불구하고 그 글을 좋아하게 될 것이다.

이 책에 담긴 내용 때문에 로마 가톨릭을 자처하는 사람들에게 오해를 사는 일은 없길 바란다. 나는 내 전작들 중 하나에서 그들을 올바르게 평가하려고 최선을 다했고, 이번에는 그들이 나를 올바르게 평가해 주리라 믿는다. 부조리하거나 불쾌한 인상을 받고 그 상황을 언급할 때, 나는 그걸 그들의 종교적 신념의 본질과 연결 지으려 하거나 필연적으로 그것과 연관되었다고 보지는 않았다. 성주간의 의식들을 다룰 때는 그 인상만을 다룰 뿐 그 의미에 대해 훌륭한 학식을 지닌 와이즈먼 박사의 해석을 의심하지도 않았다. 세상을 제대로 경험하거나 알기도 전에 세상을 등지게 되는 어린 소녀들 때문에 수녀원에 대한 반감을 비칠 때에도, 모든 신부들과 수도사들의 직권상의 신성함을 의심할 때에도 나는 나라 안팎의 수많은 양심적인 가톨릭 신자들 이상의 의심은 품지 않았다.

　나는 이 기억들을 물에 비친 그림자에 비유했다. 어디에서도 내가 물을 거칠게 휘저어 그림자를 망치지 않았기를 바란다. 내가 가는 길에 다시 한 번 멀리 산들이 솟아오른 지금, 나는 나의 친구들과 이보다 더 좋은 사이가 되기를 바랄 수는 없을 것이다. 왜냐하면 얼마 전 나와 내 독자들과의 오랜 관계를 어지럽힌 내 작은 실수를 바로잡겠다는 결심을 하고 오랜 일에서 잠시 떠났던 나는, 이제 다시 기쁜 마음으로 스위스에서 일을 시작할 예정이기 때문이다. 그곳에서 나는 1년 동안 아무런 방해도 받지 않고 지금 내가 염두에 두고 있는 주제를 당장 풀어낼 것이며, 영국의 독자들과 그리 멀지 않은 거리에 있으면서도 대단히 매력적이고 멋진 나라에 대한 나의 견문도 넓힐 수 있을 것이다.

　내가 호기심과 즐거움에 가득 차서 묘사한 풍경들을, 장차 그곳을 방문하게 될 많은 사람들이 이 책을 통해 서로 감상을 비교할 수 있다면 내게는 더없는 기쁨이 될 거란 생각에서, 이 책은 가능한 한 이해하기 쉽게 썼다.

　자, 이제 여권처럼 남녀 모두의 모습을 담길 바라며 독자들의 초상을 그려보자.

　　얼굴빛 — 환하다.
　　눈 — 생기가 넘친다.
　　코 — 거만하지 않다.
　　입 — 미소를 짓는다.
　　얼굴 — 밝다.
　　전체적인 표정 — 아주 유쾌하다.

　　1846년에 씀.

프랑스를
지나서

　여름이 한창이던 1844년의 어느 화창한 일요일 아침, 런던의 벨그라브 광장 근처 컴컴한 가구 창고에서 갓 도착한 커다란 영국식 여행용 마차가 파리 리볼리 가의 뫼리스 호텔을 빠져나가는 광경이 어느 땅딸막한 프랑스 군인의 눈에 들어왔다(나도 그의 모습을 보고 있었다). 중세 소설에 나올 법한 그림처럼 아름답고 울퉁불퉁한 길을 두 여행자가 천천히 걸어가는 광경이 아니라고 해서 놀라지는 마시라.
　프랑스 사람들 가운데 덩치가 작은 사람은 모두 군인이고 덩치가 큰 사람은 모두 말을 모는 기수일 거라고 여기게 된 이유라든가(이 규칙이 틀린 적은 없지만), 이 영국인 가족이 1주일 중 다른 날도 아닌 일요일 아침을 골라 마차에 한가득 타고 이탈리아로 향한 이유는 굳이 밝히지 않으련다. 하지만 여행을 나선 이유는 분명히 있었다. 이 가족은 아름다운 제노바에서 1년 간 머물 작정으로, 또 이 집 가장은 그 기간 동안 들뜬 마음이 이끄는 대로 한가로이 지낼 생각을 하고 길을 떠났다.

나로서는, 내 옆자리에 프랑스 안내원—누구보다 일을 잘하는 데다 표정도 늘 밝았다—의 모습을 하고 앉아 있는 상냥한 재치덩어리가 아니라 내가 바로 가장이라고 파리 사람들에게 밝히는 편이 나았을지도 모르겠다. 사실, 그의 큰 덩치에 가려서 보잘 것 없는 나보다 안내원이 훨씬 가장다워 보였다.

파리의 풍경 중에서 (덜컹거리는 마차를 타고 음산한 시신안치소를 지나 퐁네프 다리를 건넌 것처럼) 일요일에 여행한다고 해서 우리에게 비난을 퍼부을 것은 많지 않았다. 한 집 걸러 하나씩 자리 잡은 포도주 가게는 손님들로 북적였고, 야외 카페들은 오후에 시원한 얼음과 음료를 찾아올 손님들을 위해 천막 아래에다 의자와 탁자를 늘어놓았고, 다리 위에서는 구두닦이들이 바삐 움직였으며, 가게들은 문을 활짝 열어 두었고, 수레와 마차들은 덜그럭거리며 거리를 오갔고, 센 강 건너편 좁은 오르막길도 모여든 가지각색의 모자와 담뱃대, 블라우스, 큰 장화, 덥수룩한 머리꼭지를 한 사람들로 빼곡히 들어차 있었다. 커다란 낡은 마차에 끼어 타고 나들이를 나선 가족들이나, 편안한 옷차림으로 다락방 창가에 기대 새로 닦은 구두를 말리는 남자들이나, 햇빛 아래 긴 양말을 널어두고 여유롭게 기다리는 여자들의 모습이 곳곳에서 보이지 않았다면, 일요일이라고 생각할 만한 것은 아무 것도 없었다.

파리를 둘러싼 영원히 잊을 수도 용서할 수도 없는 길을 벗어나 마르세유로 향하는 처음 사흘간의 여행길은 무척이나 조용하고 단조롭다. 상스로. 아발롱으로. 샬롱으로. 하루 동안 마주친 풍경이나 사흘간의 풍경이 다를 바가 없다.

　우리 일행은 말 네 마리에다, 애스틀리나 프랑코니의 서커스단에서 '상트페테르부르크의 밀사'를 연기하던 곡마사처럼 긴 채찍을 휘두르며 말을 모는 기수 한 명을 두었는데, 다만 그가 말 위에서 재주를 넘는 대신 가만히 자리에 앉아만 있다는 점이 다를 뿐이다. 기수들이 신어서 닳은 거대한 잭 부츠는 1~2백 년씩 묵은 것도 있고, 주인들의 발에 터무니없이 작아서 발뒤꿈치에 다는 박차를 부츠의 중간쯤에 다는 일도 흔하다. 우리의 기수는 종종 한 손에 채찍을 들고 단화를 신은 채로 마구간에서 나와 부츠를 한 번에 한 짝씩 두 손으로 꺼내 들고, 모든 준비가 끝날 때까지 아주 엄숙한 자세로 말 옆 바닥에 자리를 잡고 선다. 모든 준비를 마친 기수가―세상에나! 기수들이 어찌나 크게 소리를 지르는지!―단화를 신은 채로 부츠에 발을 집어넣거나 동료 두어 명의 도움을 받아 부츠를 끌어올리고는, 마구간의 비둘기들이 수없이 쪼아댄 마구를 정돈하고, 말들이 일제히 펄쩍뛰며 발을 구르게 만들고, 미치광이처럼 채찍을 휘두르며 "이랴! 가자!" 하고 소리치고 나서야 우리는 길을 나선다. 기수는 먼 길을 떠나기 전에 말과 힘겨루기를 했는지 말을 도둑이나 악당이나 돼지 따위로 부르며 나무로 만든 물건을 다루듯 말의 머리통을 때려댄다.

　처음 이틀 동안의 풍경은 어디나 비슷하다. 황량한 벌판 뒤로 끝없는 길이 펼쳐지고, 그 길 뒤에는 다시 황량한 벌판이 펼쳐진다. 너른 들판을 따라 많은 포도나무들이 자라고 있지만, 대부분 키 작은 품종들이어서 줄이 아니라 곧은 막대를 따라 자라도록 해 놓았다. 어딜 가나 셀 수도 없을 만큼 거지들이 많지만, 주민들의 수는 놀라울 정도로 적고 아이들의 수는 그보다 더 적다. 파리에서 샬롱까지 오는 동안에 만난 아이들이 채 백 명도 안 된다는 사실을 나는 믿을 수가 없다. 마치 가면을 쓰고 성벽 주변을 따라 만들어 놓은 연못을 내려다보는 듯한, 우스꽝스러운 사람의 얼굴 같은 이상한 작은 탑들이 곳곳에 서 있는, 도개교와 벽으로 둘러싸여 묘한 분위기가 흐르는 낡은 도시들. 정원이나 들판, 길가, 농가의 마당에 꼭대기가 뾰족한 채로 하나같이 둥근 형태를 하고 덩그러니 서 있어서 어떤 용도로도 쓰인 적이 없는 것 같은 독특한 모양의 작은 탑들. 폐허가 되어버린 온갖 건물들. 때로는 시청, 때로는 위병소, 때로는 주택, 때로는 정원에 무성하게 자란 잡초와 민들레만 만발한 저택, 도시를 지켜주는 성에서 제일 높은 곳에 위치한 탑, 그리고 깜빡이는 작은 여닫이창. 이런 평범한 대상들이 차례로 나타난다. 가끔 우리는 입구에 '말 예순 마리를 위한 마구간'이라고 적힌, 다 허물어져가는 담벼락에다 헛간만 잘 갖춰진 마을의 여관을 지나친다. 예순 마리가 아니라 천 2백 마리도 수용할 만큼 공간이 넓지만, 마구간에는 말도 쉬어 가는 사람도 없이 포도주를 판다고 적힌 달랑거리는 간판뿐이다. 바람이 불때마다 다른 물건들과 함께 이리저리 한가롭게 흔들리는 간판은, 비록 낡아서 언제든 땅으로 떨어져 박살이 날 것 같지만 결코 그 정정함은 잃지 않는다. 하루 종일 스위스에서 치즈를 실어 나르는, 여섯 개 또는 여덟 개씩 연결한 이상하게 생긴 작고 협소한 마차를 어른 하나나 아이 하나—종종 맨 앞 칸에서 잠이 든 상태로—가 딸랑거리는 방울 소리를 내며 끌고 지나간다. 목에 달린 방울

프랑스를 지나서

을 나른하게 울리는 말들은 이 한여름에 두껍고 무거운 데다 어울리지 않게 뿔까지 달린 푸른색 양모 안장은 지나칠 정도로 따뜻하다고 생각(틀림없이 그러리라)하는 것 같다.

그때 하루에 두세 번씩 오간다는 역마차가 나타난다. 먼지가 날리는 바깥쪽 자리에는 푸주한처럼 푸른 작업복을 입은 사람들이, 안쪽 자리에는 흰색 취침용 모자를 쓴 사람들이 타고 있다. 역마차 앞자리에 달린 접을 수 있는 덮개가 바보의 머리처럼 고개를 끄덕이며 흔들리고, 허리까지 턱수염을 기르고 번득이는 눈동자를 파란 색안경으로 잘 가린 채 그들 국가의 통제 아래 긴 막대를 손에 꽉 움켜잡은, 허세에 찬 젊은 프랑스 승객들이 창밖을 노려본다. 승객 두어 명을 태우고 무서운 속도로 달려와서 이내 눈앞에서 사라지는 우편마차도 보인다. 영국 사람이라면 믿지 못할, 금방이라도 주저앉을 것 같은 몰골에 케케묵은 곰팡내를 풍기는 마차들이 여기저기서 나이 든 사제를 태우고 이따금 달그락거리며 지나다니고, 깡마른 여인네들은 줄을 잡고 소들에게 풀을 먹이며, 괭이질을 하며 땅을 파거나 힘든 밭일을 하며, 진짜 양치기 아낙네의 모습을 하고 양떼를 몰며 외딴곳에서 빈둥거리며 시간을 보낸다. 어느 나라에서나 사람들이 무엇을 바라는지 제대로 알고 싶다면, 전원을 그린 그림이나 목가를 한 편 골라 그 안에 담긴 묘사와 가장 뚜렷하게 차이나는 점이 무엇인지를 생각해 보면 될 것이다.

늘 그렇듯 하루의 여정을 마칠 때면 이제 미련하다고 할 만큼 오래 돌아다녔다. 말들에게 달아준 아흔여섯 개—한 마리당 스물네 개씩—의 딸랑거리는 방울 소리가 30여분 전부터 귓가에 나른하게 울리는

가 싶더니, 이내 그 소리가 단조롭고 성가시게 느껴지기 시작하며 머릿속에는 온통 숙소에 도착해서 먹을 저녁 생각뿐이다. 가로수가 길게 늘어선 길을 지나 곧 마을이 나타난다는 표시로 점점이 흩어진 작은 집들이 보일 때쯤, 갑자기 마차가 지독하게 울퉁불퉁한 길로 들어서며 덜그럭거리기 시작한다. 마치 마차가 거대한 불꽃놀이 기구라도 된 것처럼 멀리 연기를 피워 올리는 지붕 위의 굴뚝이 불을 댕기면, 악령이 마차 안에 타기라도 한 것처럼 마차가 미친 듯이 요란한 소리를 내기 시작한다. 덜컹, 덜컹, 덜컹, 덜컹. 덜커덩 덜컹. 덜그럭덜그럭. 덜그럭덜그럭. 어이쿠! 워워! 서둘러! 이 도적놈아! 이런, 이런! 어서 가자! 채찍, 바퀴, 말몰이꾼, 돌멩이, 거지들, 아이들, 덜컹, 덜컹, 덜컹. 어이쿠! 이랴! 제발 무사히! 덜커덩 덜컹. 덜그럭덜그럭. 이리 부딪히고 저리 부딪히며 흔들리고 덜컹거리다 또 부딪히고 덜컹거린다. 모퉁이를 돌고, 좁다란 오르막길을 오르고, 잘 닦인 내리막길을 지나 다시 도랑이 나타나며 이리 쿵, 저리 쿵, 밀리고 부딪히고 덜컹거리며 마차가 달린다. 왼쪽으로 상점들이 늘어선 길을 지나 오른쪽으로 나무들이 아치를 이룬 길로 접어들어 우당탕탕, 덜덜, 덜덜, 덜컹 하는 소리를 내며 달리고 나서야 우리는 레퀴도르[1]호텔로 들어선다. 모두가 지쳐서 땀을 줄줄 흘리는 데다 넋을 잃은 모습이다. 뜻하지 않게 길을 잘못 들어서면 다 타버린 불꽃놀이 기구처럼 아무 것도 남지 않는 법이다.

레퀴도르 호텔의 여자주인, 레퀴도르 호텔의 남자주인, 레퀴도르 호텔의 객실 담당 여종업원과 광택이 나는 모자를 쓰고 절친한 친구처럼 붉은 수염을 기른 호텔 손님인 듯한 신사가 눈앞에 등장한다. 챙 넓은 모자에 검은 사제복을 등 뒤로 늘어뜨린 신부님은 한 손엔 책을 들고 다른 한 손엔 우산을 들고 홀로 뜰을 거닌다. 신부님을 제외한 모든 이들이 입을 떡 벌리고 눈을 크게 뜬 채 마차 문이 열리기를 기다린다. 목이 빠지게 안내원을 기다리던 주인 남자는 그가 마차에서 내리는 동안을 참지 못하고 바닥으로 내려서는 안내원의 다리와 장화 뒤축을 덥석 붙잡는다. "이 사람! 용감한 안내원! 멋진 나의 친구! 나의 형제여!" 여주인도 그를 열렬히 반기고, 여종업원은 그를 축복하며, 급사는 그를 우러러본다. 안내원이 자신이 보낸 편지를 받았는지 주인에게 물어본다. 그럼, 그럼. 방은 준비 됐나? 물론이지, 물론이지. 훌륭한 안내원을 위해 제일 좋은 방들을 마련해 뒀지. 용감한 안내원에게 걸맞은 방을 준비해 놨네. 모두가 절친한 친구를 모실 준비가 되어 있다네! 손을 마차 문에다 얹은 안내원이 한껏 기대를 키우기 위해 주인에게 이런저런 질문을 해댄다. 그는 외투 바깥에다 녹색 가죽 지갑을 허리띠로 고정하고 다닌다. 부랑자들의 눈길이 지갑으로 쏠린다. 한 사람은 그걸 만져보기도 한다. 지갑은 5프랑짜리 동전으로 가득하다. 소년들 사이에서 나지막한 감탄의 소리가 들린다. 주인 남자가 안내원의 목덜미를 덥석 잡으며 그의 가슴팍을 끌어안는다. 전에 봤을 때보다 살이 쪘구먼! 혈색도 좋고 훨씬 건강해졌어!

 마차 문이 열린다. 모두가 숨죽이고 지켜본다. 부인이 내린다. 참으로 고운 부인이야! 아름다워라! 부인의 여동생이 내린다. 와! 정말 매력적인 아가씨로군! 첫째 사내아이가 내린다. 아, 정말 예쁜 아이야! 첫째 여자아이가 내린다. 오, 참으로 귀엽구나! 둘째 여자아이가 내린다. 주인 여자는 어쩔 줄 몰라 하며 아이를 두 팔로 안아 올린다. 둘째 사내아이가 내린다. 오, 귀여운 소년이로구나! 정말 오순도순 보기 좋은 가족이야! 아기가 건네진다. 천사 같은 아기! 아기가 최고다. 모두가 넋을 잃고 아기를 바라본다. 그때 두 명의 유모가 마차에서 뛰어 내린다. 감탄은 열광으로 바뀌고 가족 모두는 들떠서 위층으로 올라간다. 부랑자들이 마차 쪽으로 몰려가 그 안을 들여다보며 주위를 맴돌다 거기에 손을 대어 본다. 그렇게 많은 사람들을 태운 마차를 만진다는 건 그들에게 대단한 일이기 때문이다. 아이들에게 길이 남겨 줄 유산이다.

　아이들을 재우는 방을 제외하고, 네댓 개의 침대가 구비된 2층에 위치한 모든 방은 구불구불한 길을 따라 찾아들어가야만 한다. 컴컴한 복도를 지나 계단 두 개를 올라갔다가 다시 계단 네 개를 내려가서 양수기를 지난 뒤 발코니를 가로질러 마구간이 나오는 그 옆이다. 널찍하고 천정이 높은 침실마다 작은 침대 두 개가 놓여 있고, 창을 장식할 때처럼 침대 틀에 흰색과 붉은색의 천을 고상하게 걸어 놓았다. 거실은 훌륭하다. 이미 3인분의 저녁이 차려진 식탁에는 냅킨을 삼각모 모양으로 접어두었다. 바닥에는 붉은색의 타일이 깔려 있다. 특별한 가구나 카펫을 대신해서 수많은 거울과 유리 램프 아래로 조화를 한가득 꽂은 큰 꽃병과 많은 시계가 보인다. 모두가 바삐 움직인다. 그 중에서도 용감한 안내원이 가장 바쁘다. 그는 침대를 살펴보기도 하고, 사랑하는 형제인 주인 남자가 권하는 포도주를 목구멍으로 들이붓고는 양손에 경찰봉처럼 오이를 하나씩 집어 들고—늘 오이를 먹는데, 오이가 어디서 나는지는 아무도 모른다—주변을 거닐기도 한다.

프랑스를 지나서

저녁 식사 시간임을 알린다. 멀건 수프와 1인당 아주 큰 빵 한 덩어리와 생선이 담긴 요리 네 접시가 나오고 닭고기가 나온 다음 후식으로 부족함 없는 포도주가 이어진다. 양이 많지 않은 요리지만, 굉장히 맛있고 끊임없이 먹을 수 있도록 준비되어 있다. 저물녘, 꽤 큰 병에 기름과 식초로 재어두었던 오이 두 개를 먹어치우고 아래층에서 쉬고 있던 용감한 안내원이 올라와서는, 거대한 탑이 호텔 앞뜰로 위태롭게 그림자를 드리운 대성당을 보러 가자고 제안한다. 출발! 어스름한 저녁 빛 속에서 성당은 무척 엄숙하고 웅장해 보인다. 마침내 희미한 빛이 사라지고 점잖은 데다 나이 많은 주걱턱의 성당지기가 작은 촛불 하나를 들고 지하 무덤 사이를 더듬고 다닌다. 으스스한 기둥들 사이를 거니는 그 모습이 마치 자신의 무덤을 찾아다니는 유령 같다.

우리가 숙소로 돌아오자 호텔의 심부름꾼들이 발코니 아래 야외에 놓인 큰 식탁에 둘러앉아 저녁식사를 하고 있다. 고기와 채소를 넣고 뭉근히 끓인 스튜를 김이 모락모락 나는 무쇠 가마솥 그대로 내어 왔다. 묽은 포도주 한 주전자를 마시며 무척 즐거워하는 그들의 모습은, 뜰 왼편의 환한 방에서 당구를 치는 붉은 수염의 신사보다 훨씬 즐거워 보인다. 큐를 손에 든 채 잎담배를 입에 문 사람들의 그림자가 쉴 새 없이 창가를 오간다. 비쩍 마른 신부는 여전히 책과 우산을 들고 홀로 이리저리 거닌다. 그렇게 그는 산책을 하고, 당구공은 달그락거리며 소리를 내고, 우리는 한참 뒤 깊은 잠에 빠져든다.

우리는 아침 여섯 시에 일어난다. 마차를 닦는 법이 없는 나라에서 마차만큼 창피한 게 있을지 모르겠지만, 어제 마차에 묻은 진흙이 부끄러울 정도로 상쾌한 날이다. 모두가 바삐 움직인다. 우리가 아침 식사를 마칠 무렵 말들이 딸랑거리는 소리를 내며 앞뜰로 모여든다. 마차에서 내린 짐들을 모두 다시 싣는다. 용감한 안내원은 빠뜨린 물건이 없는지 모든 방을 구석구석 확인하고 큰 소리로 준비가 끝났다고 외친다. 모두가 마차에 오른다. 레퀴도르 호텔 사람들 모두가 다시 한 번 멍하니 그 모습을 지켜본다. 용감한 안내원은 호텔 안으로 뛰어 들어가 점심으로 먹을 차가운 닭고기와 얇게 썬 햄, 빵, 과자가 담긴 꾸러미를 챙겨 마차에 싣고 다시 안으로 뛰어 들어간다.

이번에 그의 손에는 무엇이 들려 있을까? 오이? 아니다. 긴 종잇조각. 바로 계산서다.

오늘 아침 용감한 안내원은 허리띠 두 개를 차고 있다. 하나는 지갑을 묶은 것이고, 다른 하나는 최상품의 부드러운 보르도 포도주를 가득 채운 질 좋은 가죽 술통이다. 그는 이 술통이 가득 찰 때까지 절대 돈을 내지 않는 사람이다. 그가 주인과 실랑이를 벌인다.

설전은 점차 격해진다. 아버지나 어머니는 다르지만, 여전히 주인 남자와 안내원은 형제다. 하지만 두 사람은 어젯밤처럼 친하지는 않다. 주인 남자가 난처한 듯 머리를 긁적인다. 용감한 안내원이 계산서의 어떤 숫자들을 가리키며 그것들이 계산서에 남아 있는 한 이 호텔은 이제부터 황금이 아니라 구리 동전 호텔이 될 거라고 으름장을 놓는다. 주인 남자가 작은 계산실로 들어간다. 용감한 안내원이 뒤따라 들어가 그의 손에 계산서와 만년필을 억지로 쥐어주며 더 빠르게 말을 이어간다. 주인 남자가 만년필을 잡는다. 안내원이 미소를 짓는다. 주인 남자가 계산서를 고쳐 쓴다. 안내원이 농담을 던진다. 정이 많긴 하지만, 주인 남자는 그렇게 무른 사람은 아니다. 그가 남자답게 받아 넘긴다. 용감한 형제와 악수를 나누지만, 주인 남자는 그를 껴안지는 않는다. 하지만 어느 날씨 좋은 날 안내원이 다른 가족을 데리고 그곳을 다시 찾을 것이고, 그러면 자신의 가슴이 다시 한 번 형제를 향한 사랑으로 가득 차리라는 것을 잘 알기 때문에, 주인 남자는 여전히 자신의 형제를 사랑한다. 용감한 안내원이 다시 한 번 마차 구석구석을 살피고 바퀴를 점검한 뒤 마차 위로 훌쩍 뛰어 오른다. 그의 신호와 함께 우리는 출발한다!

장날 아침이다. 시장은 대성당 앞 작은 광장에서 열린다. 파란색, 빨간색, 녹색, 흰색 옷을 입은 남자들과 여자들, 그리고 천막을 친 가게들과 눈길을 끄는 물건들로 시장이 북적인다. 시골에서 올라온 사람들이 깨끗한 바구니를 앞에 놓고 여기저기 무리를 짓고 있다. 이쪽엔 레이스를 파는 상인이, 저쪽엔 버터와 달걀을 파는 상인이, 또 저쪽엔 과일 장수와 신발 장수가 자리를 잡았다. 시장 전체가 마치 커다란 극장의 무대인 것처럼, 이제 곧 막이 오르며 아름다운 무용극이 펼쳐질 것만 같다. 게다가 무대의 배경처럼 성당은 온통 거무스름하고 스산한데다 허물어져가는 차가운 곳이다. 동쪽으로 난 작은 창으로 들어온 아침 햇살이 서쪽의 스테인드글라스를 뚫고 나와 옅은 자줏빛 물방울로 인도를 적시는 그곳.

우리는 5분 정도를 교외의 철제 십자가와 그 앞에서 사람들이 무릎을 꿇고 기도하는 작고 듬성듬성한 잔디밭을 지나 다시 여행길에 오른다.

리옹, 론 강,
그리고
아비뇽의 도깨비

 오른쪽으로는 강가에 자리 잡은 훌륭한 숙소가 보이고, 초록과 빨강으로 예쁘게 색을 입힌 작은 증기선들이 강 위를 오가는, 샬롱은 쉬어가기에 좋은 곳이다. 그곳의 풍경은 먼지투성이의 길을 달려온 여행자의 피로를 씻어 주고 그에게 편안함을 안겨준다. 하지만 멀리서 보면 수많은 부러진 빗 같은, 포플러나무가 들쭉날쭉 어지럽게 선 허허벌판에서 살고 싶은 것이 아니라면, 앞으로 비탈길은 오르지 않겠다거나 계단 외에는 어떤 곳도 오르지 않겠다고 작정한 것이 아니라면, 샬롱은 자리 잡고 살만한 곳이 못 된다.

 하지만 당신은 앞서 말한 증기선을 타고 여덟 시간이면 닿을 수 있는 리옹보다 샬롱을 마음에 들어 할 것이다.

 리옹은 어찌나 대단한 도시던지! 사람들은 불운한 시기를 일컬어 구름에서 굴러 떨어진 기분이라고 표현하던가! 리옹은 그야말로 하늘에서 굴러 떨어진 도시였다. 습지나 불모지에서 굴러 떨어진 돌덩이처럼 바라만 봐도 암담한 도시! 거칠게 흐르는 두 개의 큰 강[2])을 관통하는 두 개의 대로와 헤아릴 수 없이 많은 골목들이 들어선 리옹은 모든 걸 태워버릴 듯, 지독하게, 찌는 듯이 더웠다. 높은 곳에 방대하게 자리 잡은 집들은 넘쳐나는 사람들로 묵은 치즈처럼 썩어 지나치게 지저분했다. 도시를 에워싼 모든 언덕 위에 그런 집들이 다닥다닥 모여 있었다. 그곳에 사는 진드기 같은 사람들은 축 늘어져 창가에 앉아 있거나, 누더기 옷을 막대에 걸어 말리거나, 집 안팎을 느릿느릿 오가거나, 숨을 토해내며 인도로 나오거나, 낡고 케케묵어 숨이 막히는 거대한 무더기와 더미들 사이를 기어 다니며 지칠 대로 지친 숙주 안의 기생충처럼 그들의 시간이 다가올 때까지 살아 있거나 죽지 않고 있었다. 모든 제조업 도시가 리옹과 같은 인상을 풍기지는 않으리라. 바닥에 물이 고이고 쓰레기가 나뒹구는 이 낯선 도시의 특성이 제조업 도시 특유의 비참함과 만났기 때문인데, 나는 먼 길을 돌아가더라도 다시는 이 결과물과 마주치고 싶지 않다.

    선선한 기운이 감도는 저녁, 아니 한낮의 열기가 사라졌을 때, 우리는 노파 여럿과 개 몇 마리가 사색에 잠겨 있는 대성당으로 갔다. 다른 성당의 돌바닥이나 길거리의 인도처럼 그곳도 지저분하긴 마찬가지였다. 그곳엔 선실처럼 생긴 작은 상자 안에 밀랍으로 만든 성상을 넣고 그 정면에 유리를 세워 두었는데, 마담 튀소가 할 말을 잃고 웨스트민스터 사원조차 부끄러워할 정도였다. 이 성당의 건축 양식이라든가 지어진 시기, 규모, 기증자, 역사가 궁금하다면 『머리 씨의 여행안내서』에 잘 나와 있으니, 내가 그랬듯 그에게 감사하며 책을 읽으면 될 터이다.

　이런 이유로 만약 하나의 장치와 관련한 작은 실수만 없었다면, 나는 리옹 대성당의 진귀한 시계를 거론하지 않으려 했다. 성당 지기는 시계를 보여 주고 싶어 안달이었다. 리옹 시와 성당의 자랑거리이기도 했지만, 그에게는 얼마의 보답을 바라는 마음도 있었던 것 같다. 어쨌든 시계가 움직이자 여러 개의 작은 문이 열리더니, 대개 태엽 장치로 움직이는 인형들이 그렇듯, 특유의 불안정하고 재빠른 움직임을 보이며 인형들이 건들거리면서 나왔다가 다시 휙 들어갔다. 그동안 성당지기는 막대기로 여기저기를 가리키며 이 놀라운 볼거리를 설명하며 서 있었다. 중앙의 자리는 성모 마리아 인형이 차지하고 있었다. 그때 바로 옆 작은 구멍에서 아주 못생긴 인형 하나가 느닷없이 튀어나오더니, 마리아 인형을 한 번 쳐다보고는 얼른 제자리로 돌아가며 작은 문을 거칠게 닫았다. 그 모습이 죄와 죽음에 대한 승리를 상징한다고 생각한 나는 주제를 완벽하게 이해했음을 보여 주고 싶기도 했고, 이목을 끌고 싶기도 해서 "아하! 저건 악마야. 틀림없어. 저자는 곧 쫓겨날 거야."라고 재빠르게 말했다. 그러자 성당지기가 누군가를 소개하듯 공손하게 손으로 그 작은 문을 가리키며 이렇게 말했다. "죄송하지만, 선생님. 저분은 천사 가브리엘입니다!"

　다음날 아침, 동이 트자마자 우리는 시속 20마일로 움직이는 증기선을 타고 화살처럼 빠르게 흐르는 론 강을 따라 내려갔다. 배는 시장에 내다 팔 물건들로 가득차서 무척이나 지저분했다. 동승자는 겨우 서너 명 뿐이었다. 그 중에서도 단연 눈에 띈 사람은 순진하고 어리석어 보이는 얼굴로 마늘을 먹던, 몸가짐이 말할 수 없이 점잖은 늙은 훈작사였다. 그는 무언가를 까먹지 않으려고 일부러 묶어둔 것인지 광대극에 나오는 바보들처럼 단춧구멍에 지저분한 빨간 리본 조각을 달고 있었다.

지난 이틀 동안 우리는 알프스 산맥의 시작을 알리는, 크고 완만한 언덕들이 멀리서 낮아지는 것을 바라보며 이동했다. 어느새 우리는 그 언덕과 나란히, 때로는 바로 그 곁을, 때로는 포도밭으로 덮인 비탈을 달리고 있었다. 성당의 탑 사이로 보이는 넓은 올리브나무 숲과 허공에 매달린 마을과 소도시, 그들 뒤로 가파른 비탈 위를 유유히 흘러가는 구름, 언덕마다 자리 잡은 버려진 성들과 골짜기와 개울 곳곳에 흩어진 집들이 아름다운 풍경을 만들어냈다. 건물들을 더욱 작아 보이게 하는 그 언덕들의 엄청난 높이 역시 멋진 모형처럼 매력적이었다. 갈색의 바위들이나 올리브나무의 수수하고 짙은 데다 칙칙하고 거친 암녹색과 그 작은 크기가 뚜렷하게 대조를 이룬 새하얀 빛깔이며, 소인국 사람들처럼 작은 남자들과 여자들이 강둑을 천천히 걸어가는 모습은 그대로 멋진 그림이었다. 또한 그곳에는 수많은 배들과 다리들, 몇 개의 아치가 있는지도 모를 그 유명한 퐁데스프리 다리, 인상적인 포도주를 생산하는 마을들, 나폴레옹이 학교를 다녔다는 발랑스와 굽이지는 곳마다 새로운 아름다움을 자아내며 흘러가는 웅장한 강이 있었다.

그날 오후 뜨거운 햇살 아래에서 구워지고 있는 도시와 아비뇽의 끊어진 다리가 우리 눈앞에 펼쳐졌다. 햇살은 그렇게 수백 년 동안 도시를 구워왔지만, 톱니 모양의 총안을 갖춘 성벽은 덜 익은 파이껍질처럼 언제까지고 갈색으로 익지 않으리라.

리옹, 론 강, 그리고 아비뇽의 도깨비

거리에는 포도가 주렁주렁 열렸고, 사방으로 화사한 협죽도가 활짝 펴 있었다. 낡고 협소하지만 거리는 그런대로 깨끗했고, 집집마다 가리개를 펼쳐 둔 덕분에 시원한 그늘이 져 있었다. 팔기 위해 바닥에 내놓은 색이 고운 옷감과 손수건, 골동품들, 나무를 깎아 만든 해묵은 액자, 낡은 의자, 유령이 나올듯한 식탁, 성자상, 성모 마리아상, 천사상, 요란하고 조악한 초상화들의 모습이 무척이나 진기하면서도 활기 차 보였다. 반쯤 열린 녹슨 문을 통해 힐끗 바라본, 무덤처럼 고요한 안마당에 위풍당당하게 서 있는 오래된 집들 역시 상당히 돋보였다. 그 모습이 마치 『아라비안나이트』의 한 장면 같았다. 세 명의 외눈박이 탁발승은 거리에서 다시 종소리가 울릴 때까지 저런 집들 가운데 하나를 골라 문을 두드렸을 것이고, 또 끈질기게 질문을 해대던 짐꾼—아침에 맛 좋은 음식을 사서 바구니에 담던 사내—은 아주 자연스럽게 그 문을 열었으리라.

다음날 아침 식사를 마친 우리는 이 고장의 명소들을 둘러보기 위해 힘차게 길을 나섰다. 길바닥의 돌덩이와 담벼락과 건물의 돌들까지 뜨겁게 달궈져서 잠시 손을 올려놓기조차 힘들 정도였지만, 북쪽에서 불어오는 기분 좋은 산들바람이 발걸음을 가볍게 했다.

우리는 먼저 바위투성이의 언덕을 올라 성당으로 갔다. 리옹의 그것처럼 노파 여럿과 갓난아기 하나와 아주 얌전한 개 한 마리가 참석한 가운데 미사가 진행되고 있었다. 개는 나름대로 돌아다닐 방향이나 구역을 정해 두었는지, 늘 그랬다는 듯 제단 난간에서부터 문까지 종종걸음으로 오갔는데, 그 모습이 여느 노신사 못지않게 의젓했다.

무척이나 낡은 성당은 애석하게도 천정의 벽화가 세월과 습기에 지워져 있었다. 하지만 창가의 붉은 커튼을 뚫고 들어와 제단 위에서 반짝이는 눈부신 햇살은 적당히 밝고 활기차 보였다.

어느 프랑스 화가와 그의 제자가 작업 중인 프레스코화를 보기 위해 일행과 떨어진 나는 예배당 벽마다 덕지덕지 '걸어 둔' 봉헌물들을 가까이에서 볼 수 있는 기회를 얻었다. 하지만 장식을 해두었다고 표현하기에는 모양새가 너무 볼품없고 우스꽝스러웠다. 대부분 그런 일로 근근이 생계를 이어가는 가난한 간판장이들이 그린 그림이었다. 그림들의 크기는 모두 작았다. 하나같이 주인공들이 수호성인과 성모 마리아의 도움을 받아 질병이나 불행을 이겨낸 사연들을 담고 있어서 계급 전반을 알 수 있는 좋은 본보기라고 짐작했다. 이탈리아에서는 흔한 그림들이다.

그림들의 윤곽이 이상할 정도로 또렷하고 원근감도 보이지 않아서 옛날 책에서 쓰던 목판화와 비슷해 보인다. 하지만 그것들은 유화였고, 화공이 꽃그림을 그리듯 갖가지 색을 아낌없이 사용해서 그렸다. 한 여인이 발가락 절단 수술을 받고 있는 어떤 그림에는, 성인으로 보이는 인물이 수술을 감독하기 위해 방 안으로 당당하게 걸어 들어오고 있었다. 다른 어떤 그림에는 한 여인이 이불로 몸을 꼭 감싼 채 차 찌꺼기가 담긴 그릇을 올려둔 삼각 탁자를 물끄러미 바라보며 침대에 누워 있었다. 침대를 제외하면 평범한 모양의 세면대가 침실의 유일한 가구였다. 가족 모두가 방 한쪽 구석에 모여 발을 뒤로 내밀고 마루 위에 무릎을 꿇은 모습을 화공이 생각해내지 못했다면, 누구도 기적적으로 눈을 번쩍 뜬 그 여인이 병을 앓고 있다고 생각하지 못할 것이다. 가족들 머리 위로, 일종의 파란색 긴 의자 위에 올라선 성모 마리아가 환자의 병을 낫게 해주겠다고 약속하고 있었다. 또 다른 그림에는 한 여인이 도시 성벽을 벗어난 직후 짐마차에 치이는 상황이 담겨 있었다. 그곳에도 성모 마리아가 등장한다. 초자연적인 존재가 나타나서 말(큰 적갈색의 말)이 놀란 것인지, 말의 눈에는 그 모습이 보이지 않는 것인지 나로서는 알 길이 없지만, 말은 약간의 공손함이나 죄책감도 없이 전속력으로 달리고 있었다. 그림마다 위쪽 하늘 부분에 '봉헌물ex voto'이라는 노란색 글씨가 새겨져 있었다.

    봉헌물이 다신교 사원에서는 익숙한 것인 데다 정통 종교가 막 생겨났을 무렵 사이비 종교와 타협해서 만들어낸 많은 결과물 중 하나라는 것이 확실하므로, 다른 타협안들도 모두 이처럼 해가 없기를 바란다. 감사와 헌신이 기독교인의 자질인지라, 감사하는 마음과 자신을 낮추는 기독교 정신이 이런 의식에 영향을 미쳤으리라.

    대성당 바로 옆에는 옛 교황청이 자리하고 있었다. 현재 궁의 일부는 감옥으로 나머지는 시끌벅적한 군인들의 막사로 쓰이고 있었다. 폐쇄된 채 버려진, 과거의 모습과 영광을 비웃는 어둑어둑한 연회장은 마치 미라가 된 왕들의 시체 같았다. 연회장도, 군인들의 막사도, 감옥을 보러 간 것도 아니었지만, 저 위쪽에서 죄수들이 쇠창살 사이로 간절한 눈길을 보내는 동안 우리는 바깥에 놓인 죄수들의 상자에다 동전 몇 닢을 던져 넣었다. 우리는 종교재판이 열리던 무시무시한 방의 옛 모습을 보기 위해 발걸음을 옮겼다.

자그마한 몸집에 가무잡잡한 얼굴을 한 노파가 시커먼 눈동자—그 눈빛은 60년에서 70년간 세상이 그 노파 안의 악마를 끌어내지 못했다는 증거였다—를 번뜩이며 그녀가 주인으로 있는 막사 주점에서 커다란 열쇠 꾸러미를 들고 나오더니 길을 안내해 주겠다며 우리를 이끌었다. 길을 가던 노파는 자신이 어떻게 오래전 정부 관리(교황청 문지기)가 되어 일했었는지, 어떻게 왕들에게 지하 감옥을 안내했었는지, 어떻게 최고의 지하 감옥 안내자로 지냈었는지, 어떻게 어릴 때부터—내 기억이 맞는다면 노파는 그곳에서 태어났다—교황청에서 살게 됐었는지 우리에게 얘기했지만, 여기에 자세히 쓰지는 않으련다. 어쨌든 그처럼 거칠고, 작고, 날쌔고, 발랄하고, 원기 왕성한 도깨비 같은 노파는 처음 봤다. 그녀는 줄곧 불타는 듯 격정적이었고, 행동은 지나칠 정도로 과격했다. 노파는 잠시도 말을 멈추는 법이 없었다. 갑자기 걸음을 멈춘 노파는, 우리의 팔을 움켜잡고 약간의 강조의 뜻을 담아 열쇠 꾸러미로 벽을 쿵쿵 두드리다 마치 지금 종교재판이라도 열리는 것처럼 목소리를 낮추기도 했고, 자신이 고문이라도 당하는 것처럼 비명을 지르기도 했다. 그녀는 어떤 새로운 공포에 휩싸인 유적으로 다가갈 때마다 마녀처럼 집게손가락을 치켜들고 불가사의한 모습을 보였는데(주위를 살피며 조심스럽게 걷고, 끔찍하게 얼굴을 찡그리며), 그것만으로도 그녀에게는 모두를 제치고 완전히 흥분해서 아픈 사람의 침대를 오르내릴 자격이 충분히 있어 보였다.

　군인들이 한가롭게 쉬고 있는 안마당을 지나 출입문에 이르렀을 때, 문을 열고 우리를 안으로 들여보낸 도깨비 노파가 다시 문을 잠갔다. 그리고는 굴러 떨어진 돌무더기와 쓰레기더미 때문에 더욱 비좁아 보이는 좁은 마당으로 들어갔다. 그것들 중 일부는 한때 이 성과 강 건너편의 다른 성을 이어주던(아니, 이어주었다고 하는) 버려진 지하 통로의 입구를 막고 있었다. 이 마당 근처 음울한 타워 안은 지하 감옥—우리도 잠시 그 안에 서 있어 보았다—이었다. 그곳에서 콜라 디 리엔치가, 당시에는 하늘이 보이지 않게 막아 두었지만 지금은 안을 들여다 볼 수 있게 만들어 놓은 벽에, 쇠사슬에 묶인 채 감금됐었다. 지하 감옥으로 몇 발자국 걸어 들어가자 종교재판을 받게 될 죄인들을 가두었던 장소가 나왔다. 침울한 재판관 앞에 서기도 전에 죄수들의 신념을 흔들어 놓으려고 투옥한 후에 48시간 동안 물과 음식을 주지 않던 곳이었다. 여전히 그곳에는 빛이 들어오지 않았다. 여전히 예전처럼 사방이 두껍고 단단한 벽으로 둘러싸인 작은 감옥이었고, 여전히 깊은 어둠에 싸인 채 예전처럼 육중한 문으로 굳게 잠겨 있었다.

도깨비 노파는 앞서 말한 것처럼 가끔 뒤를 돌아보며 살금살금 걸어서, 지금은 저장고로 쓰이는 천정이 둥근 방으로 들어갔다. 한때 종교재판이 열리던 곳이었다. 판사가 앉던 자리는 단출했다. 단상은 바로 어제 치웠는지도 모르겠다. 착한 사마리아인의 이야기가 종교재판정 한쪽 벽에 그려진 것을 누가 상상이나 했겠는가! 하지만 그림은 실제로 존재했다. 아마 지금도 그 흔적을 찾을 수 있으리라.

엄숙한 벽 저 높은 곳은, 더듬거리며 말하는 죄인들의 답변을 받아 적던 벽감이었다. 수많은 죄인들은 우리가 방금 보고 온 감옥에서 두려움에 휩싸인 채 끌려 나왔으리라. 우리가 걸어 나온 돌로 만든 복도를 따라서. 우리는 바로 그 죄인들의 발자취를 밟고 지나왔다.

공간이 불러일으키는 공포에 몸을 떨며 주위를 살피던 그때, 도깨비 노파가 내 손목을 와락 움켜잡더니 깡마른 손가락 대신 열쇠 손잡이를 자신의 입술에 갖다 댄다. 노파가 내 팔을 확 잡아당기며 따라오라고 한다. 나는 그렇게 한다. 노파가 앞장서서 바위투성이의 옆방으로 들어간다. 천정은 위로 갈수록 좁아지는 깔때기 모양으로, 꼭대기에는 지붕이 없어 하늘이 내다보인다. 내가 무엇을 하는 방이냐고 묻는다. 팔짱을 끼고 기분 나쁘게 웃던 노파가 대답도 없이 나를 빤히 바라본다. 내가 다시 묻는다. 주위를 둘러보며 다른 일행들이 모두 있는지 살피던 노파가 돌무더기 위에 자리를 잡고 앉더니 팔을 들어 올리며 악마처럼 "심문의 방이요!" 하고 소리친다.

고문의 방! 그러고 보니 천정은 희생자들의 비명이 새어나가지 못하도록 만들어졌다. 오, 도깨비 노파여, 도깨비 노파여, 제발 차분히 생각할 시간을 좀 주시오. 조용히 말이오, 도깨비 노파여! 그 짧은 팔일랑은 짧은 다리 위에다 얹고 단 5분만이라도 가만히 돌무더기 위에 앉아 있으면 안 되겠소?

몇 분! 몇 초는 교황청 시계에 표시되지 않는다. 그때 도깨비 노파의 두 눈이 번쩍인다. 방 한가운데로 걸어 들어간 노파가 검게 그을린 팔을 뻗어 태형의 바퀴를 설명한다. 이렇게 빙글빙글 돈다오! 도깨비 노파가 소리친다. 내려치고, 내려치고, 내려치고! 묵직한 망치가 쉬지 않고 움직이지. 죄인들의 팔다리를 내려치고, 내려치고, 내려치고! 저 돌구유를 보시오! 노파가 말한다. 물고문에 쓰던 것이라오! 그리스도의 영광을 위해 물을 들이켜고 부풀어 올라 터져 죽어라! 숨을 꼴깍거릴 때마다 믿음 없는 네 몸 속 깊숙이 피비린내 나는 헝겊도 함께 삼켜 버려라, 이교도여! 고문 집행인이 그 헝겊을 잡아 뺄 때에도 우리가 하나님의 선택을 받은 종이란 것을, 하나님의 가르침을 따르는 참된 신자란 것을 기억하라! 언제나 사람의 병을 고쳐 기적을 행하시는 하느님. 중풍이나 앞 못 보는 병, 듣지 못하는 병, 말 못하는 병, 광기 등의 고통을 주지 않으시는 하느님. 성스러운 손을 뻗을 때마다 구원과 평안을 전하시는 하느님!

보시오! 도깨비 노파가 소리친다. 용광로가 있던 자리였다. 시뻘겋게 쇳물을 달구던 곳. 저 구멍에 뾰족한 말뚝을 박고 그 위로 죄인들을 천정에 매달아 두었으리라. "그런데," 노파가 속삭인다. "나리는 이 탑에 대해 들어 보셨소? 그래요? 그럼 내려다보시오!"

노파가 벽에 난 작은 문을 열자 흙냄새로 가득한 찬 공기가 나리의 얼굴에 끼친다. 나리는 고개를 들이밀어 까마득히 높고 어두운 탑 안을 아래위로 훑어본다. 너무도 음산하고, 어둡고, 싸늘하다. 함께 머리를 들이밀고 아래를 내려다보던 노파가 종교재판의 집행인들이 죄인들을 혹독하게 고문한 뒤 그들을 던져 넣던 장소라고 말한다. "그런데, 보시오! 나리, 벽에 묻은 검은 얼룩이 보이시오?" 어깨 너머로 노파의 날카로운 눈빛을 힐끗 쳐다보는 것으로—정확히 가르쳐 주지 않아도—얼룩이 묻은 곳을 알 수 있다. "무슨 얼룩이오?", "핏자국!"

프랑스 혁명의 열기가 뜨겁던 1791년 10월, 60명의 사람들이 이곳에서 목숨을 잃고 버려졌다. 남자와 여자(노파는 '그리고 신부들도'라고 덧붙였다. '신부들'), 산 자와 죽은 자를 가리지 않고 이 소름 끼치는 구덩이에 몰아넣고 그 위에 생석회를 잔뜩 부었다. 이 끔찍한 학살의 증거는 곧 사라졌지만, 만행이 벌어졌던 튼튼한 건물의 돌덩이 하나까지도 그대로 남아 있듯이, 그들은 벽에 묻은 핏자국처럼 사람들의 기억 속에 선명하게 남아 있으리라.

이곳에서 벌어진 참혹한 만행이 정녕 하느님이 계획한 심판의 일부란 말인가! 수십 년간 인간의 본질까지도 바꿔 놓았던 포악하고 끔찍한 제도가 막바지에 이르러서는 사나운 분노를 터뜨리는 짐승처럼 손쉬운 방법을 택한 것도 다 신의 계획이란 말인가! 아무리 훌륭하고 신성한 합법적인 제도라 할지라도 권력이 최고조에 이르면 광기가 최고조에 이른 것과 다를 바가 없다. 아니 오히려 그보다 더하다. 그들은 이 잊힌 자들의 탑을 자유의 이름으로, 그들만의 자유의 이름으로 이용했다. 바스티유 지하 감옥과 연못의 시커먼 진흙 바닥에서 나고 자란 그 존재가 불건전하게 몸을 키워왔다는 수많은 징표를 드러냈으며, 종교재판정은 이를 하느님의 이름으로 이용했다.

손가락을 치켜 올린 도깨비 노파가 다시 살그머니 밖으로 나가더니 종교재판정으로 들어간다. 그녀가 바닥의 어느 한 지점에서 멈춰 선다. 아주 극적인 효과를 노리는 참이다. 그녀는 나머지 일행들이 오기를 기다린다. 그녀가 무언가를 설명하던 용감한 안내원을 노려보다가 제일 큰 열쇠로 그의 모자를 탁 치며 입을 다물라고 한다. 노파는 우리를 무덤 주위에 둘러 세우듯 마룻바닥에 난 작은 문 주위에 세운다.

"자, 보시오!" 문고리를 빤히 바라보던 노파가 도깨비 같은 힘으로 소음을 일으키며 그 육중한 문을 열어젖힌다. "이곳이 지하 감옥이오! 지하 깊은 곳, 무섭고 어두컴컴하고 소름끼치는 곳! 누구도 살아나올 수 없는 곳! 바로 종교재판의 비밀 지하 감옥이오!"

노파에게서 눈길을 돌리고, 바깥세상의 모든 기억(아내, 친구, 아이, 형제)을 간직한 채 잊혀간 존재들이 머물렀던 지하 감옥을 바라보던 나는 온몸에 소름이 돋았다. 아무도 들어주지 않는 신음을 토해내며 굶주린 채 죽어가던 곳. 하지만 나는 온통 깨지고 썩어서 저주 받은 벽과 군데군데 갈라진 틈 사이로 새어 들어오는 햇살을 바라보며 승리감 비슷한 전율을 느꼈다. 타락한 시대에 살고 있다는 자랑스러운 기쁨이 내 가슴을 가득 채웠다. 큰 업적을 남긴 영웅이 된 듯한 기분이라고나 할까! 이 서글픈 지하 감옥에 스며든 햇살은, 아직 절정에 이르지는 않았지만, 신의 이름으로 저지른 온갖 박해를 비추는 전형적인 빛이었다. 햇살이 지옥 같은 구덩이의 어둠을 조용하면서도 당당하게 짓밟는 모습은, 시력을 되찾은 맹인의 눈에 비친 세상처럼 여행자의 눈에 아름답게 보였다.

아비뇽을 떠나
제노바로

　지하 감옥을 모두 보여준 노파는 뿌듯한 성취감에 빠져들었다. 쿵 하는 소리와 함께 문을 덮은 노파는 양 손을 허리에 얹고 콧구멍을 벌름거리며 그 위에 올라섰다.

　밖으로 나온 나는 궁에 관한 짧은 역사서를 살 생각으로 노파를 따라 요새 바깥 출입문 아래에 위치한 주점으로 들어갔다. 대장간을 떠올리게 하는 굴뚝, 술병과 항아리와 술잔들이 놓인 문가의 작은 계산대, 살림살이와 옷가지들이 벽에 걸린 어두컴컴한 데다 천정이 낮은 주점은, 은은한 빛에 둘러싸인 두꺼운 벽 안으로 쑥 들어간 작은 창에서 빛이 스며들어오는 곳이었다. 수수한 옷차림으로 문가에 앉아 뜨개질을 하는 여인(노파와 비슷한 인생을 살아온 것이 분명했다)의 모습은 꼭 오스타더의 그림 같았다.

　나는 꿈을 꾸는 듯한 기분으로 궁전 주변을 거닐었지만, 다른 한

편으로는 내게 확신을 주던 그 둥근 천정 아래로 비치던 햇살 탓에 꿈에서 막 깨어난 듯한 상쾌한 기분도 들었다. 엄청난 두께와 아찔한 높이의 벽들, 사람을 압도하는 무지하게 큰 탑들, 어마어마한 크기의 건물, 그 거대한 비율, 가파른 벽면과 잔혹한 부정이 내게 경외심과 감탄을 불러일으켰다. 난공불락의 요새, 호화로운 궁전, 무시무시한 감옥, 고문하던 장소, 종교재판정인 동시에 연회와 전쟁과 종교와 피의 전당과 같이 전혀 다른 용도로 쓰이던 이 궁전의 기억들이, 돌 하나하나마다 무시무시한 흥미를 불러일으키는 거대한 형태로 남아 그 부조화에 새로운 의미를 덧붙였다. 하지만 그때도 그 이후에도 나는 지하 감옥에서 본 햇살을 머릿속에서 지울 수 없었다. 교황청이 떠들썩한 군인들의 쉼터가 되고, 그 안에서 거친 입담과 욕지거리가 울려 퍼지고, 먼지 앉은 창문마다 옷가지들이 펄럭이는 광경은 교황청 지위의 추락을 보여주는 것이기도 했지만 반길 일이기도 했다. 하지만 감옥 안의 햇살과 고문실 지붕으로 내다보이던 하늘은 슬픔이요, 좌절이었다. 내가 만약 수로에서 성벽까지 온통 불길에 휩싸인 궁전을 보았다하더라도, 비밀 지하 감옥에서 본 햇살처럼, 그 불길이 그곳을 쇠퇴하게 한다는 생각은 들지 않았으리라.

    교황청 이야기를 마무리하기 전에 방금 말한 작은 역사서에 나오는 짧은 일화를 옮겨 두고자 한다.

    전해 내려오는 이야기에 따르면, 1441년 교황의 특사 피에르 드 뤼드의 조카가 아비뇽의 좋은 집안 규수들을 욕보이고 다니자, 피해자 가족들이 그 젊은이를 잡아다가 앙갚음으로 그의 팔다리를 못 쓰게 만

아비뇽을 떠나 제노바로

들었다고 한다. 수년간 가슴 속에 앙심을 품고 살아가던 교황의 특사는 때가 무르익기를 기다렸다. 시간이 한참 흐른 뒤, 그는 오히려 그들에게 완전한 화해를 제안한다. 진심이 통하는 듯하자 그는 몰살시키려고 찾아다니던 그 가족들을 교황청에서 열리는 화려한 연회에 빠짐없이 초대했다. 참석자들 모두가 식사를 즐겼지만, 교황의 특사는 계략을 꾸미고 있었다. 후식이 상에 오를 무렵 어떤 스위스 사람이 연회장으로 들어와서는 외국 대사가 교황의 특사에게 알현을 청한다고 전했다. 교황의 특사는 손님들에게 양해를 구하고 관리들과 함께 그 자리를 빠져 나갔다. 몇 분 지나지 않아 그곳에 있던 5백여 명의 사람들은 모조리 불에 타죽고 말았다. 교황청의 부속 건물 전체가 끔찍한 폭발로 흔적도 없이 날아가 버렸다!

그날 오후, 우리는 성당들을 모두 둘러본 뒤 (지금은 성당 이야기로 당신을 괴롭히지 않겠다) 아비뇽을 떠났다. 무더운 날씨 탓에 궁전 밖으로 난 길 위에는 작은 그늘마다 자리를 잡고 곯아떨어진 사람들과, 흙길과 바싹 탄 나무들 사이에서 공놀이를 하려고 해가 지기를 기다리는 반쯤은 졸거나 반쯤은 깬 상태로 시간을 보내는 게으른 무리들이 흩어져 있었다. 이곳에서는 벌써 추수를 끝내고 노새와 말들이 들판에서 옥수수 낟알을 털어내고 있었다. 땅거미가 질 무렵 우리는 한때 도적이 많기로 유명했던 황량하고 언덕이 많은 시골 마을에 이르렀다. 가파른 비탈길을 천천히 올라 밤 열한 시가 되어서야 마르세유와 두 정거장 떨어진 엑스라는 소도시에서 하룻밤을 묵기 위해 걸음을 멈췄다.

다음날 아침, 차양과 덧문을 모두 닫아 햇살과 열기를 차단한 호텔 내부는 안락하고 바람이 잘 통했다. 도시도 아주 깨끗했다. 하지만 무더운 날씨와 강렬한 햇살 탓에 한낮에 밖으로 나갈 때면, 갑자기 어두컴컴한 방에서 새파란 불덩이 속으로 들어가는 느낌이 들었다. 공기가 무척 깨끗해서 저 멀리 보이는 언덕과 돌산들이 한 시간이면 걸어갈 수 있을 만큼 가까워 보였다. 손에 잡힐 듯 가까이 보이는 시내—나와 시내 사이에는 푸른 바람이 있었다—는 뜨겁게 달아올라 표면에서 이글이글 열기를 뿜어내는 것만 같았다.

저물 무렵 우리는 그곳을 떠나 마르세유로 향했다. 길에서는 흙먼지가 날렸고, 집들의 문은 모두 닫혔고, 포도나무들은 흰 가루를 뒤집어쓰고 있었다. 대부분의 아낙네들이 문간에 나와 저녁 식사에 쓸 양파 껍질을 벗긴 다음 그것을 얇게 썰어 질그릇에 담고 있었다. 지난 밤 아비뇽에서 오는 동안에도 그런 광경을 보았다. 우리는 나무숲으로 둘러싸인 곳에 차가운 연못이 들어앉은 저택 한두 군데를 지나갔다. 지나쳐온 길에는 그처럼 시원한 그늘에 자리 잡은 집들이 거의 없었던 탓에 그곳을 바라보는 것만으로도 기분이 상쾌해졌다. 마르세유가 가까워질수록 휴일을 즐기러 나온 사람들로 도로가 복잡해지기 시작했다. 술집 바깥에서는 사람들이 모여 담배를 피우거나, 술을 마시거나, 장기와 카드놀이를 하거나, 춤을 추거나 했다. 하지만 사방이 먼지, 먼지, 먼지투성이였다. 우리는 한동안 여기저기 흩어진 집들과 사람들이 떼 지어 몰려다니는 지저분한 교외를 따라 이동했다. 왼편으로 마르세유 무역상들의 새하얀 별장들이 약간의 질서도 없이 집의 뒷면, 앞면, 측면, 지붕을 사방으로 향한 채 모여 있는 황량한 비탈을 따라가다 우

아비뇽을 떠나 제노바로

리는 마침내 마르세유로 들어섰다.

　나는 그 후에도 두세 번 마르세유를 갔었는데, 날씨가 좋을 때도 있었고 나쁠 때도 있었다. 안타깝게도 지저분하고 불쾌한 도시임에는 틀림없다. 하지만 요새화 된 언덕에서 바라본 사랑스러운 섬들과 암석이 어우러진 아름다운 지중해의 모습은 그야말로 장관이었다. 그림 같은 풍경을 볼 수 있다는 이유 말고도, 이런 언덕들은 거대한 항구의 고인 물과 수많은 짐배에서 토해낸 쓰레기에서 나는 불결한 냄새를 피하기에도 적당한 피난처였다. 그런 냄새는 더운 날에 더욱 불쾌하다.

　거리는 각국에서 온 빨간색 옷, 파란색 옷, 황갈색 옷, 주황색 옷, 빨간색 모자, 파란색 모자, 초록색 모자, 긴 턱수염, 짧은 턱수염, 터키식 터번, 광택이 나는 영국식 모자와 나폴리식 머리 장식을 한 선원들로 붐볐다. 주민들은 인도 위에 끼리끼리 모여 앉아 있거나, 자기 집 지붕 위에서 바람을 쐬거나, 갑갑하고 바람이 통하지 않는 큰 길을 이리저리 걸어 다녔고, 하층민들이 무서운 얼굴을 하고 길을 막아서기도 했다. 이렇게 혼란스럽고 떠들썩한 거리 한가운데가, 하다못해 작은 가림막이나 안마당 하나 없이 침울하고 음산한 데다 초라한 건물이 거리에서 바로 들여다보이는, 공공 정신병원이었다. 작은 병실로 뜨거운 햇살이 비스듬히 내리 꽂히는 동안, 정신 나간 남자들과 여자들이 녹슨 철창 사이로 사람들을 내려다보았는데, 그 모습이 마치 먹이를 노리는 한 무리의 개들처럼, 사람들의 뇌를 말리며 그들에게 겁을 주려는 것처럼 보였다.

　우리는 창 하나에다 빙글빙글 돌아가는 전신 밀랍 인형 두 개가 전시된 미용실이 맞은편에 자리한, 높은 집들 사이의 좁은 골목에 위치한 파라디스 호텔에서 편히 쉬었다. 인형이 썩 마음에 들었던 미용사는 가족들과 함께 시원한 잠옷을 입고 밖으로 나와 느긋하게 행인들의 즐거워하는 모습을 즐기며 의자에 앉아 있었다. 가족들은 우리가 잠자리에 든 자정쯤 안으로 들어갔지만, 미용사(갈색 덧신을 신은 뚱뚱한 사내)는 다리를 앞으로 쭉 뻗고 여전히 그 자리에 앉아 있었다. 그 모양새로 보아 덧문을 닫기 싫은 것이 분명했다.

다음날 우리는 각국에서 온 선원들이 과일, 포도주, 기름, 비단, 직물, 벨벳 등 온갖 잡화가 담긴 짐들을 배에다 싣거나 내리는 항구로 내려갔다. 우리는 화려한 줄무늬 천막을 치고 바쁘게 오가던 돛단배 중 하나를 잡아타고 대형 선박의 선미 아래로, 예인용 밧줄들 아래로, 다른 돛단배들을 피해 노를 저어 갔다. 마침내 우리는 항구 어귀에 정박한, 뱃전에 빛바랜 주황색 글씨로 '마리 앙투아네트'라고 적힌 멋진 제노바 행 기선으로 다가갔다. 곧이어 다루기 힘든 '가구창고에서 나온 골칫거리' 마차를 배에 싣느라 여기저기서 부딪히는 소리가 났다. 그와 동시에 엄청난 양의 욕설과 찡그린 표정들이 쏟아졌다. 우리는 다섯 시가 되어서야 넓은 바다로 나갔다. 배 안은 무척 깨끗했다. 식사는 갑판 위의 천막 아래에서 제공되었다. 밤은 고요했고, 공기도 맑았다. 바다와 하늘도 말할 수 없이 아름다웠다.

다음날 아침 일찍 우리는 니스를 지나 몇 마일 안에 해안길을 두고 거의 하루 종일 해안을 따라 움직였다. 세 시가 되기 전에 우리는 제노바를 볼 수 있었다. 배가 위풍당당한 항구로 들어설 때까지 우리

아비뇽을 떠나 제노바로

는 도시가 조금씩 보여주는 화려한 원형극장과 테라스 위의 테라스, 정원 위의 정원, 저택 위의 저택, 언덕 위의 언덕을 바라보았다. 부두에서 목재의 무게를 제대로 재는지 지켜보는 카푸친회 수도사들의 모습에 적잖이 놀라며, 우리는 2마일 정도 마차를 몰아 미리 집을 빌려 둔 알바로로 향했다.

    길은 궁전의 거리로 잘 알려진 누오바 거리나 발비 거리로 통하지는 않았지만, 제노바의 중심가를 거쳐 갔다. 살면서 그렇게 놀란 적은 단 한 번도 없었다. 모든 것이 놀랍도록 새로웠다. 색다른 향기, 설명하기 어려운 쓰레기(이탈리아 도시 중에서는 가장 깨끗한 곳으로 손꼽히지만), 질서라고는 조금도 찾아볼 수 없이 어떤 집의 지붕 위에 또 다른 집을 지은 지저분한 주택들. 거리는 런던의 뒷길이나 파리의 구시가지보다 더 지저분하고 갑갑했다. 하지만 그곳에서는 부랑자가 아닌 새하얀 면사포와 멋진 부채로 멋을 낸 여인들이 오갔다. 어떤 주택, 상점, 벽, 기둥, 받침대도 예전에 본 것과 비슷한 것은 없었다. 쌓인 쓰레기가 주는 실망감과 불쾌함 또한 나를 혼란스럽게 했다. 나는 우울한 몽상에 빠져든다. 거리 모퉁이마다 보이는 성인과 성모 마리아를 기리는 사당들, 엄청나게 많은 수도사들과 군인들, 교회 문간에서 펄럭이는 커다란 빨간색 커튼, 가도 가도 끝없이 올라가는 길들, 포도 줄기로 만든 화환에 싱싱한 레몬과 오렌지를 엮어둔 과일가게들, 위병소와 도개교, 출입문들, 하수구 주변에서 얼음물을 파는 사람들의 모습에 나는 열이 날듯 어지럽다. 이 모든 것을 보고나서야 나는 분홍색 감옥처럼 생긴 집에 딸린, 음울하고 잡초가 무성한 앞마당으로 내려섰다. 내가 살 곳이다.

　나는 내가 제노바 길거리의 돌멩이 하나에도 애착을 느끼게 되고, 그 도시가 오랫동안 행복하면서도 평온한 시간을 보낸 곳으로 기억되리라고는 그날은 전혀 짐작하지 못했다. 어쨌든 이게 내 솔직한 첫인상이다. 그 인상이 어떻게 변했는지는 또 적도록 하겠다. 지금은 먼 길을 달려왔으니 잠시 쉬어가도록 하자.

아비뇽을 떠나 제노바로

제노바와
그 주변

내가 머무르는, 나의 미국 친구들은 '점거했던'이라고 말하겠지만, 제노바 근교의 알바로 같은 고장의 첫 인상은 늘 우울하고 실망스럽기 마련이다. 오랫동안 사용하지 않고 방치해 두어서 생긴 침울한 인상을 극복하려면 처음엔 어느 정도 시간과 사람의 손길이 필요하다. 나는 대부분의 사람들이 좋아하는 새로움이 나에게도 특별한 기쁨을 안겨 준다고 생각한다. 소일거리와 상상을 펼칠 기회만 주어진다면 쉽게 좌절하지도 않고, 환경에도 잘 적응하는 기질을 타고났다고 나는 믿는다. 하지만 아직까지 나는 주변의 초라한 집들과 거리의 구석구석을 돌아보며 낙담만 거듭할 뿐이고, 내가 빌린 별장 바녜렐로(낭만적으로 들리겠지만, 바녜렐로 씨는 근처에 사는 정육점 주인이다)로 돌아와서는 다시 밖으로 나갈 때까지 새로운 경험이 내 기대와는 얼마나 다른지 비교하며 곰곰이 생각을 되새기는 충분한 시간을 가질 뿐이다.

분홍색 감옥이라는 이름이 훨씬 잘 어울리는 바녜렐로 별장은 상상 가능한 가장 근사한 곳에 자리 잡고 있다. 깊고 푸른 지중해와 멋진 제노바만이 손에 잡힐 듯 뻗어 있고, 기괴하면서도 낡고 황량한 대저택과 궁전들이 사방에 흩어져 있으며, 왼편 가까이에는 꼭대기를 구름으로 가린, 울퉁불퉁한 바위 경사면 높은 곳에 튼튼한 요새가 버티고 있는 높은 언덕들이 자리하고 있고, 정면에는 별장 담벼락을 시작으로 해서 그림 같은 가파른 암벽 위에 세워진 해변의 옛 예배당까지 초록빛 포도밭이 이어진다. 당신은 그곳에서 좁은 길을 가로질러 격자모양으로 얼기설기 엮어놓은 끝없는 포도나무의 풍경을 따라 온종일 조각그늘 속을 거닐지도 모른다.

이 외딴 별장은 지나치게 좁은 골목길을 따라 들어가도록 되어 있다. 그래서 처음 세관에 도착했을 때 우리는 골목길의 가장 좁은 부분의 너비를 측정해서 마차에 대어 보려고 기다리는 사람들과 마주쳤다. 길거리에서 이 같은 의식이 진지하게 거행되는 동안, 우리 모두는 숨을 죽인 채 불안에 떨며 기다려야 했다. 다행스럽게도 우리 마차는 간신히 길을 지나갈 정도로 꼭 맞았다. 나는 골목길을 지나다 양쪽 벽면에 마차들이 부딪혀서 생긴 크고 다양한 구멍들을 볼 때마다 이날을 떠올리게 됐다. 어떤 노부인에 비하면 우리는 운이 좋은 편이다. 얼마 전 이 부근에 집을 빌린 노부인은 마차가 골목에 끼는 바람에 그 안에서 옴짝달싹도 못하게 됐다. 어느 쪽 문도 열 수 없게 되자 노부인은 어쩔 수 없이 자그마한 앞쪽 유리창을 통해 어릿광대처럼 끌려 나오는 굴욕을 견뎌야만 했다고 한다.

제노바와 그 주변

그 좁은 골목길을 빠져나가면 당신은 아치 길에 이르고 이내 낡고 녹슨 출입문과 마주하게 된다. 내 별장으로 들어가는 출입문이다. 낡고 녹슨 출입문에는 마음껏 울려도 좋은 초인종이 달려 있지만, 집과 연결되어 있지 않아서 대답하는 사람은 아무도 없다. 하지만 녹슨 낡은 쇠고리—아주 헐거워서 손을 대면 빙글빙글 헛도는—도 함께 달려 있어서 요령껏 오랫동안 두드리면 누군가가 밖으로 나온다. 용감한 안내원이 나와서 당신에게 문을 열어 준다. 안내원을 따라 포도밭으로 이어지는 거친 잡초 투성이의 초라한 작은 정원으로 들어가 저장고처럼 생긴 네모난 현관을 지난 다음 여기저기 금이 간 대리석 계단을 따라 올라가면, 당신은 천정이 둥근 데다 벽에 흰 칠을 한 세상에서 가장 거대한 방으로 들어서게 된다. 커다란 감리교 예배당과 크게 다르지 않다. 이곳이 거실이다. 거실에는 다섯 개의 창문과 다섯 개의 문이 달려 있고, 벽에는 런던에서 일하는 그림 청소부들의 마음을 설레게 할 먼지 쌓인 그림들이 걸려 있다. 그들은 오래된 민간 설화 시 꼭대기에다 간판 삼아 '죽음과 여인' 같은 분할된 그림을 걸어두고, 이 영리한 위인이 그림의 절반을 닦은 것인지 나머지 절반을 더럽힌 것인지 늘 헷갈리게 한다. 이 거실에서 가구는 일종의 붉은색 양단 같은 것이다. 모든 의자들은 고정되어 있고, 소파의 무게도 몇 톤은 되는 것 같다.

거실을 나서면, 같은 층에 각각 여러 개의 문과 창문이 달린 식당과 응접실과 각종 침실들이 나온다. 위층에도 조용한 침실과 부엌이 마련되어 있고, 아래층의 또 다른 부엌에 설치된 숯을 태우는 데 쓰는 온갖 종류의 낯선 장치들은 연금술사의 실험실을 떠올리게 한다. 무더운 7

월의 타는 듯한 열기를 피하기 위해 하인들이 주로 사용하던 작은 거실 여섯 개에서는 용감한 안내원이 자신이 직접 만든 각종 악기들로 저녁 내내 연주를 한다. 지금껏 내가 보고 상상하던 집들 중 가장 낡고, 복잡하고, 유령이 나올 것 같고, 소리가 울리고, 으스스하고, 텅 빈 집이다.

응접실 문을 열면 포도나무 덩굴로 덮인 작은 테라스가 나오고, 작은 정원 한편에 자리 잡은 이 테라스 아래쪽은 한때 마구간으로 사용하던 곳이다. 지금은 소 세 마리를 기르는 우사로 쓰이고 있어서 언제든 양동이 가득 신선한 우유를 얻을 수 있다. 근처에 풀밭이 없어 소들은 밖으로 나가는 일 없이 늘 누워서 포도나무 이파리를 질리도록 먹고 지낸다. 하루 종일 빈둥거리는 기쁨을 제대로 즐기는 이탈리아 소의 삶이라고나 할까. 안토니오라는 노인과 그의 아들이 소들을 맡아 키우며 그들과 함께 잠도 잔다. 맨발과 맨다리를 드러낸 채 피부를 황갈색으로 그을린 이 토박이 부자는, 윗도리와 바지에 빨간색 허리띠를 차고 목에는 주현절 과자에 붙이는 사탕처럼 생긴 유물 같기도 하고 신성한 부적 같기도 한 장식을 달고 다닌다. 노인은 나를 가톨릭 신자로 만들고 싶어서 틈 날 때마다 나를 설득한다. 가끔 저녁이면 우리 두 사람은 뒤바뀐 로빈슨 크루소와 프라이데이처럼 문가의 바위에 앉는다. 그는 주로 성 베드로의 일대기를 짧게 들려주며 나에게 개종할 것을 얘기하는데, 나는 그가 수탉 흉내를 내며 말할 수 없는 기쁨을 느낀다고 믿는다.

앞서 말했듯이 전망은 황홀하다. 하지만 낮에는 격자모양의 차일을 단단히 쳐둬야만 한다. 그렇지 않으면 햇살이 당신을 미치게 할 것이다. 그리고 해가 지면 창문을 모두 닫아야만 한다. 그렇지 않으면 모기들이 당신의 자살을 부추길 것이다. 이런 이유로 이맘때면 실내에서 바깥 경치를 자주 볼 수 없다. 파리에 대해 말하자면, 걱정하지 않아도 된다. 크기가 엄청난 데다 군단으로 불리는 벼룩도 마찬가지다. 마차 보관소를 그 크기만큼 이동시키는 그들이라, 나는 부지런한 벼룩들이 마구를 차고 마차를 통째로 움직이는 모습을 날마다 떠올릴 정도다. 여러 마리의 날쌘 고양이들이 쥐를 잡으려고 정원을 돌아다니기 때문에 쥐들도 주변에 얼씬 못한다. 도마뱀들은 양지에서만 노는 데다 물지도 않아서 아무도 신경 쓰지 않는다. 작은 전갈들은 호기심이 많을 뿐이다. 딱정벌레는 여느 때보다 늦는 것인지 아직 모습을 드러내지 않는다. 개구리들은 공연단이나 마찬가지다. 이웃집 정원에 개구리들의 영역이 있는데, 땅거미가 지면 사람들은 젖은 돌길을 잠시도 쉬지 않고 오르내리는 나막신을 신은 수십 명의 여인들이라고 생각할 것이다. 바로 개구리들이 내는 소리다.

그림처럼 아름다운 해변의 폐허가 된 예배당은 오래전 세례자 성 요한에게 봉헌된 곳이다. 아마도 성 요한의 뼈가 제노바에 처음 도착했을 때, 이 예배당에서 장엄한 의식을 치르며 그를 받들었다는 전설이 전해 내려오지 않을까 생각한다. 오늘날까지도 제노바에 그 유해가 보관되어 있으니 말이다. 바다에 예사롭지 않은 폭풍우가 몰아칠 때, 미친 듯이 불어대는 바람 앞에 그 뼈를 내어 놓으면 어김없이 바람이 잠잠해졌다고 한다. 성 요한과 제노바의 이런 인연으로 수많은 일반인들이 지오반니 밥티스타라는 세례명을 받았다. 밥티스타는 제노바 사투리로 '밧칫차'인데, 마치 재채기 소리 같다. 거리마다 사람들이 북적이는 일요일이나 축제일이면, 사람들이 서로를 '밧칫차'라고 부르는 소리가 이방인의 귀에 무척 이채롭고도 재미있게 들린다.

좁은 골목길에는 커다란 별장들이 늘어서 있고, 그 담벼락(담벼락의 바깥쪽)에는 엄숙하면서도 신성한 이야기를 주제로 한 온갖 그림들이 그려져 있다. 하지만 세월과 바닷바람에 그림이 거의 지워져서 화창한 날 복스홀 가든으로 들어가는 입구와 비슷해 보인다. 이 별장들의 안뜰은 잡초로 무성하고, 조각상의 발에는 피부병으로 고생하는 사람처럼 볼썽사나운 헝겊이 덮여 있으며, 바깥쪽 출입문들은 녹이 슬어 있고, 아래쪽 창에 설치한 쇠창살은 모두가 곧 아래로 떨어질 것만 같다. 값비싼 보물들로 가득할 것 같은 현관에는 장작이 산더미처럼 쌓여 있고, 폭포는 말라붙고, 너무 나른해서 놀 수도 너무 게을러서 일할 수도 없는 분수는 주변을 촉촉하게 적시는 자신의 본분을 잠결에나 겨우 떠올릴 뿐이고, 시로코 바람은 휴일에 쓰려고 내놓은 거대한 화덕처럼 며칠째 이 모든 풍광 위로 불어온다.

나는 얼마 전 성모의 어머니, 성 안나를 기리는 축일에 포도 덩굴로 엮은 화환을 쓰고 줄을 지어 다니던 이 고장 젊은이들이 화환을 뒤집어쓴 채 일광욕하는 모습을 보았다. 그 모습이 무척 이상하면서도 재미있어 보였다. 고백하자면(당시에는 축제에 대해 알지 못했기 때문에), 나는 그 젊은이들이 말처럼 파리를 쫓기 위해 그 화환을 뒤집어쓴 것이라고 철석같이 믿었다.

얼마 지나지 않아서는 성 나자리우스를 기리는 또 다른 축일이었다. 아침 식사를 막 끝냈을 무렵, 알바로 청년 하나가 거실로 들어와서 커다란 꽃다발 두 개를 내밀었다. 성인을 기리는 음악회를 열기 위해 기부를 청하는 공손한 방식이다. 우리가 얼마를 내어 주자 그는 만족스러운 얼굴로 돌아갔다. 그날 저녁 여섯 시 정각에 우리는 근처 예배당으로 갔다. 곳곳이 꽃 줄과 화려한 천으로 요란하게 꾸며져 있었고, 제단에서 출입구까지 여자들이 빈틈없이 앉아 있었다. 여자들은 보닛 대신 '메쩨로'라고 하는 희고 긴 면사포를 쓰고 있었는데, 내가 본 것 중 가장 투명하면서도 신비로운 모습이었다. 대부분의 아가씨들은 예쁘진 않았지만 걸음걸이가 무척 의젓했고, 몸가짐이나 면사포를 쓴 자태에서 타고난 기품과 고상함이 묻어났다. 남자들도 몇몇 보였지만, 그리 많지는 않았다. 측랑에 무릎을 꿇고 앉은 그들 몇몇 때문에 지나가던 사람들이 발에 걸려 넘어지기도 했다. 헤아릴 수 없이 많은 작은 촛불들이 예배당 안을 밝히고 있었고, 성상 주변(특히, 성모 마리아의 목걸이)의 은과 주석 조각들도 반짝반짝 빛이 났다. 사제들이 중앙 제단 주변에 모여 앉은 가운데 악단이 힘차게 울리는 오르간 소리에 맞춰 연주를 시작했다. 그동안 악단 맞은편에 마련된 작은 별석에서는 지휘자가 두루마리로 보면대를 탕탕 두드리면 테너가 혼자서 노래를 불렀다. 악단은 악단대로, 오르간은 오르간대로, 테너는 테너대로 제각각 연주를 이어갔다. 애처로운 지휘자는 나름의 원칙대로 두루마리를 이리저리 휘둘렀다. 겉보기에는 전체적으로 연주가 만족스러운 듯했다. 나는 그렇게 거슬리는 불협화음은 처음 들어봤다. 공연 내내 열기가 뜨거웠다.

    빨간 모자를 쓰고 겉옷을 어깨에 걸친(절대 제대로 입지 않았다)

남자들이 성당 바로 앞에서 공놀이를 하거나 사탕과자를 사먹고 있었다. 놀이를 끝낸 예닐곱 명의 남자들이 측랑 쪽으로 들어와서는 성수로 십자를 긋고 잠시 그곳에 한쪽 무릎을 꿇고 앉았다가 다시 밖으로 나가 공을 차며 놀았다. 이런 놀이의 고수였던 그들은 좁은 돌길이나 큰 길은 물론이고 이런 놀이를 하기에 형편없이 울퉁불퉁한 흙바닥에서도 마치 당구대에서 하는 것처럼 정확하게 공을 찬다. 하지만 가장 많이 하는 놀이는 '모라'라는 놀이로, 사람들은 가진 것을 모두 걸 정도로 여기에 놀라운 열성을 보인다. 별다른 준비물 없이(말장난을 하려는 것이 아니라) 손가락 열 개로 하는 파괴적인 노름의 일종이다. 두 사람이 함께하는 놀이다. 한 사람이 10에 가까운 숫자 중 하나를 외친다. 그가 손가락 세 개, 네 개, 혹은 다섯 개를 펼치며 자신이 부른 수의 일부만을 표시한다. 그와 동시에 상대편은 그 사람의 손은 보지 않고 운에 맡긴 채 자신의 손가락을 펼쳐 정확한 수의 합을 맞춘다. 이 놀이에 익숙한 사람들의 눈과 손이 어찌나 빠르던지 경험 없는 구경꾼은 놀이가 어떻게 진행되는지조차 알지 못한다. 하지만 곁에서 열심히 지켜보다 놀이에 발을 들여놓는 순간 주체할 수 없을 정도로 거기에 빠져들고 만다. 또 서로 말다툼이 생길 경우, 어느 편을 위해서든 싸움을 마다하지 않고 곧잘 패를 나누기 때문에 놀이는 언제나 시끌벅적하다. 목이 터져라 큰 소리로 숫자를 부르고는 바로 이어서 숫자를 세기 때문에 결코 조용한 놀이라고 할 수 없다. 휴일 저녁 창가에 서거나, 정원을 거닐거나, 거리를 지나치거나, 동네 주변 조용한 곳에서 어슬렁거리다보면 수십 군데 술집에서 이 놀이 소리를 쉽게 듣게 된다. 포도밭을 살펴보거나 모퉁이를 돌 때마다 이 놀이를 하며 열렬히 소리를 지르는 무리들과 마주친다. 대부분의 사람들이 저마다 특정 숫자를 자주 부른다는 걸 알 수 있다. 눈치 빠른 사람들이 이 약점을 알아내려고 애쓰며 이를 놀이에 적용하는 모습이 무척이나 별나 보이고 재미있다. 손짓이 빠르고 격렬할수록 재미는 더욱 커진다. 두 사람은 푼돈을 벌기 위해 목숨이라도 건 것처럼 열성을 다해 놀이에 빠진다.

과거에는 브리뇨레라는 가문의 집이었지만, 지금은 예수회가 여름 숙소로 빌려 쓰고 있는 대저택 한 채가 근처에 있다. 어느 날 해 질 무렵, 나는 저택 안으로 들어갔다가 그 모습에 취해 잠시 그곳에서 서성거릴 수밖에 없었다. 이런 일은 근처 어딜 가나 되풀이해서 일어난다.

나는 잡초로 우거진 안마당의 좌우로 늘어선 돌기둥 아래를 천천히 거닐었다. 정면에 저택이 자리하고 있고, 맞은편에는 정원과 근처 언덕을 내려다볼 수 있도록 낮게 단을 쌓아올려 산책로를 만들어 놓았다. 바닥에 깔린 돌덩이 가운데 금이 가지 않은 것은 없는 듯했다. 마당 중앙에 세워진 우울한 조각상 하나는 부식으로 얼룩덜룩해진 모양이 마치 끈적이는 회반죽 위에 분을 바른 것 같았다. 마구간과 마차 차고와 창고는 텅 빈 상태로 폐허가 된 채 버려져 있었다.

경첩이 모두 떨어져나간 문들은 걸쇠로 겨우 버티고 있었고, 창문은 깨졌고, 회반죽이 벗겨져 흙덩이에 떨어져 있었다. 나는 별채를 차지한 여러 마리의 새와 고양이들을, 원래 모습으로 돌아오기를 기다리는 마법으로 모습이 변한 신하들은 아닐까 하는 의심의 눈초리로 바라보다 나도 모르게 동화 속의 한 장면을 떠올렸다. 특히 배고픈 녹색 눈

(사실 별로 상관은 없지만, 그렇게 생각하고 싶다)을 가진 말라빠진 늙은 고양이 톰은 그 순간만큼은 나를, 모든 것을 제자리로 돌려놓은 다음 여인과 결혼하기 위해 찾아온 영웅으로 반쯤 믿는 듯, 내 주위를 뱅뱅 맴돌았다. 하지만 이내 착각임을 깨달았는지 갑자기 험상궂게 으르렁대고는 꼬리를 부풀리며 돌아섰다. 녀석은 자기가 살던 구멍으로 바로 들어가지 못하고 노여움과 꼬리가 모두 가라앉을 때까지 밖에서 기다려야만 했다.

여름 별장이든 뭐가 됐든, 이 늘어선 기둥 안에서 영국인 몇 명이 나무열매 속 굼벵이처럼 살고 있었다. 하지만 예수회에서 이들에게 나가달라고 통지했고, 그들이 떠난 뒤 이곳은 폐쇄되었다. 복잡한 데다 천둥소리가 나는 저택은, 여느 때처럼 아래층 창문에 빗장이 쳐진 채 출입문이 활짝 열려 있었다. 내가 안으로 들어가 그곳에서 잠이 들어 죽는다고 해도 아무도 모를 게 분명했다. 단 한 칸만 세를 놓은 위층의 방들 중 어딘가에서 화려한 기교로 연습하는 젊은 여성 성악가의 목소리가 조용한 저녁 하늘 위로 과시하듯 흘러 나왔다.

나는 진입로와 테라스, 오렌지 나무, 조각상, 돌 수반에 담긴 물이 말끔하면서도 예스러운 인상을 풍기는 정원으로 내려갔다. 온통 녹색에다 적막한, 잡초가 무성한, 헝클어진, 덜 자라거나 너무 자란, 곰팡이가 핀, 눅눅한, 모든 끈적거리는 종류를 생각나게 하는, 축축한, 좋지 않은 일이 서서히 진행되는 것들과 불쾌한 생명체들뿐이었다. 밝은 것이라곤 찾아볼 수 없는 그곳에서 반딧불이 한 마리(고독한 반딧불이 한 마리)가 저택에 남은 옛 영광의 마지막 조각인 것처럼 어두운 덤불에 대비되어 도드라져 보였다. 반딧불이는 짐작할 수 없는 방향으로 날아갔다가 빠르게 사라지더니 불규칙한 원을 그리다 순식간에 제자리로 돌아와서 나를 깜짝 놀라게 했다. 마치 영광의 부스러기를 찾아 헤매듯이, (신만이 아실 테지만) 이곳에서 무슨 일이 있었는지 알고 싶다는 듯이.

두 달의 시간이 흐르는 동안, 내가 처음 느꼈던 우울한 몽상의 환영과 그림자는 점차 익숙한 형태와 물질로 변했다. 1년 후 긴 휴가를 마치고 영국으로 돌아갈 때가 오면, 나는 벅찬 가슴만 안고 제노바를 떠나게 되리라는 생각을 이미 하기 시작했다.

제노바는 하루하루 '마음에 스며드는' 곳이다. 언제나 새로운 무언가를 발견하게 되는 곳인 것 같다. 그곳에 산책을 즐기기에 좋은 가장 멋진 오솔길과 샛길이 있다. 원한다면 하루에도 스무 번씩 길을 잃을 수도 있고(한가할 때면 얼마나 즐거운 일인가!), 뜻밖의 놀라운 어려움에 처하기도 하는 곳이다. 이곳은 참으로 묘한 대비로 가득하다. 가는 곳마다 그림같이 아름다운, 추한, 속된, 고결한, 유쾌, 불쾌한 것들이 매 순간 눈앞에 펼쳐진다.

제노바를 둘러싼 전원이 얼마나 아름다운지 보고 싶다면 화창한 날 파치오 산 꼭대기에 올라가보거나, 더 쉬운 방법을 찾는다면 말을 타고 도시 성곽을 한 바퀴 빙 둘러보면 될 터이다. 시시각각 모습이 변하는 항구처럼 사랑스럽고 다양한 풍경을 보여주는 곳도 없으리라. 중국의 만리장성을 축소해 놓은 듯한, 튼튼한 요새를 떠받친 언덕에서 바라보는 폴체베라 강과 비자뇨 강 유역은 또 얼마나 아름다운가. 이 길을 따라 풍광이 가장 좋은 곳에 이르면 진정한 제노바식 요리로 손님들을 대접하는 진정한 제노바식 선술집이 나온다. 탈리아리니와 라비올리는 물론이고, 신선한 녹색 무화과를 곁들여 얇게 썰어 먹는 마늘 향이 강한 독일식 소시지 요리, 양고기와 간을 잘게 썰어 곁들인 수탉의 볏과 양의 콩팥 요리, 어느 부위인지 알 수 없지만 송아지 고기를 길게 꼬아서 튀긴 다음 새끼 물고기처럼 생긴 큰 접시에 담아 먹는 진기한 요리들이 준비되어 있다. 사람들은 가끔 이런 변두리 음식점에서 작은 무역선의 선장들이 구해온 프랑스, 스페인, 포르투갈 산 포도주를 얻기도 한다. 그들은 포도주의 이름이 무엇인지 묻지도 않지만 누군가가 말해 줘도 기억하려 하지도 않으며, 병 하나 당 얼마씩 주고 포도주를 사들인 다음 두 더미로 나눈다. 그리고는 그 중 하나는 샴페인, 다른 하나는 마데이라라고 상표를 붙인다. 그 다양한 풍미와 품질, 산지, 재배 연도를 단 두 가지 종류로 뭉뚱그려버린다는 것이 정말 놀라울 따름이다. 아무리 범위를 좁힌다고 해도 식은 귀리죽을 기준으로, 위로는 오래된 마르살라 포도주까지 아래로는 사과차에 이를 정도로 종류가 다양할 텐데 말이다.

    대부분의 거리들은 누구도 지나다닐 수 없을 만큼 좁은 것이 특징이다. 사람들(이탈리아 사람들조차)은 그 길을 걸으며 살아가는 것 같다. 여기저기 우물이나 쉼터가 마련된 명목상의 골목이 존재하는 곳에서. 갖가지 색을 입힌 엄청나게 높은 집들은 저마다 부서지고 때가 묻어 수리가 필요해 보인다. 에든버러 구 시가지의 집들이나 파리의 많은 집들처럼 이곳도 건물의 층마다 세를 놓는다. 길과 접한 정문은 거의 없고, 현관은 대개 공유재산인 것 같다. 부지런한 청소부라면 이따금 문을 닦는 것으로 제법 큰돈을 벌 것이다. 마차가 통과할 수 없는 좁은 길 곳곳에는 금색이나 그와는 다른 색으로 칠한 가마가 준비되어 있어서 돈을 내고 탈 수 있다. 귀족들과 신사들이 소유한 꽤 많은 수의 개인 가마들은 밤마다 테두리에 아마포를 두른 큰 등불을 든 사람들을 선두로 해서 사방에서 바삐 오간다. 가마와 등불은, 그야말로 이 좁은 거리에서 하루 종일 방울 소리를 울리며 혹사당하던 참을성 많은 노새들의 진정한 후계자다. 별들이 꼬박꼬박 태양을 따라가듯 이들은 노새의 뒤를 따른다.

나는 언제나 궁전의 거리를 잊을 수 있을까. 누오바 거리와 발비 거리를, 혹은 어느 여름날 가장 화창하고 가장 짙푸른 여름 하늘 아래에서 처음 봤던 누오바 거리를! 거대한 궁전 건물들의 좁은 전망이 아래쪽의 짙은 그림자를 내려다보다가 점점 작아져서 청명함의 가장 고귀한 조각이 되는 그 거리를! 7월과 8월에도 그 청명함은 너무 특별해서 호평 받을 만하다. 사실대로 말하면, 때때로 이른 아침을 제외하고, 수많은 한여름 주간 중에서 푸른 하늘을 볼 수 있는 날은 8일도 되지 않는다. 어쩌다 바다와 창공이 하나의 깊고 눈부신 푸른 세상이 되는 때 말이다. 평소에는 영국인조차도 날씨에 대해 투덜거릴 정도로 구름과 안개로 가득하다.

그런 화려한 궁전들의 무수한 세부 장식 중 일부의 안쪽 벽에는 아직 반다이크의 걸작들이 살아 숨 쉰다. 커다랗고 육중한 돌 발코니들을 하나씩 차곡차곡 쌓아올려 다른 것들보다 더 큰 형태로 여기저기 높은 곳에 우뚝 세워둔 거대한 대리석 연단, 문 없는 현관, 단단하게 빗장을 걸어 잠근 아래층 창문들, 누구나 지나다니는 넓은 층계, 두툼한 대리석 기둥들, 견고한 지하 감옥처럼 생긴 아치들, 황량하면서도 꿈결 같은 소리가 울리는 천장이 둥근 방들. 나는 잇따르는 궁전의 구석구석을 볼 때마다 이런 장식들에 매번 눈길이 쏠리고 또 쏠린다. 포도나무가 초록색 아치를 만든 건물과 건물 사이에 자리 잡은 테라스 정원, 작은 숲을 이룬 오렌지 나무, 거리 위 20, 30, 40피트 높이로 활짝 핀 발그레한 협죽도. 눅눅한 구석은 곰팡이가 피고 물감이 번져 썩어가고 있지만, 물기가 없는 곳은 여전히 아름다운 색채와 관능적인 모습을 뽐내는 현관 벽화. 화환과 왕관을 들고 위로 날아오르거나 아래로 내려앉는 형상을 한 채 벽감 안에 세워진, 담요처럼 보이는 것을 펼쳐 들었지만 실제로는 해시계인, 비교적 최근에 장식한 정면의 작은 큐피드 상들 때문에 다른 곳의 것들보다 여기저기 더 낡고 색이 옅어 보이는, 궁전 바깥쪽의 빛바랜 조각상들. 옆으로 난 골목길을 굽어보는, 대리석 테라스들이 설치된 작은 궁전들(그래봤자 아주 큰 궁전들이지만)의 가파르고 가파른 언덕길. 정말 아름답고 웅장한 성당들과 반쯤은 벗은 아이들과 지저분한 사람들이 떼를 지어 몰려들고, 악취가 뿜어져 나오는 지독하게 불결한 미로로 이어지는, 위풍당당한 건물들이 밀집한 대로에서 벗어난 가파른 샛길. 이 모든 것이 한 데 어우러져 놀라운 광경을 만들어 낸다. 생기가 넘치면서도 죽어 있고, 떠들썩하면서도 조용하고, 요란하면서도 수줍게 움츠러들고, 잠에서 깨어난 듯하면서도 깊은 잠에 빠진 이곳은 이방인에게는 계속해서 걸으며 둘러

제노바와 그 주변

보고 싶게 만드는 일종의 도취 같은 것이다. 꿈속의 모순과, 터무니없는 현실의 고통과 기쁨이 담긴 이곳은 보는 사람을 어리둥절하게 만드는 판타스마고리아다!

갑자기 일부 궁전들에 적용된 원래와 다른 쓰임새에는 독특한 면이 존재한다. 이를테면 영국의 은행업자[3] (훌륭하고 친절한 내 친구)는 누오바 거리의 꽤 큰 궁전에 자신의 영업소를 두고 있는데, 그 궁전 현관(구석구석 공들여 벽화를 그려뒀지만 런던의 경찰서만큼 더럽다)에서는 숱 많은 검은 머리에다 매부리코를 한 사라센인(거기에 달라붙은 사람)이 지팡이를 팔고, 출입구 반대편에서는 화려한 두건을 쓴 여인(사라센인의 아내가 아닐까)이 직접 실로 뜬 물건들을 팔거나 때때로 꽃을 판다. 좀 더 안으로 들어가면 맹인 두세 명이 가끔 그곳에서 구걸을 한다. 이따금 두 다리를 잃은 사내가 보행기를 타고 그들 곁으로 다가서지만, 그의 생기 넘치는 얼굴과 멀쩡하고 건강한 몸 때문에 그가 마치 허리까지 땅속으로 꺼진 사람처럼 보이거나 누군가에게 말을 걸려고 지하실 계단을 반쯤 올라온 사람처럼 보인다. 좀 더 안으로 들어가면 대낮부터 누워서 잠을 자는 사람들을 볼 수 있다. 어쩌면 손님을 기다리는 가마꾼인지도 모르겠다. 만약 그렇다면 가마도 그들 곁에 함께 세워뒀겠지만. 현관 왼편의 작은 방은 모자를 파는 가게다. 2층이 영국 은행이다. 같은 층에 제법 큰 집도 있다. 위층에 뭐가 있는지는 아무도 모른다. 아마도 당신이 그곳에 있다면 위층으로 올라갈 것이다. 하지만 이런저런 생각을 하며 아래층으로 내려온 나는 왔던 길을 돌아 거리로 나가는 대신, 현관 반대쪽의 엄청나게 큰 문을 밀고 들어간다. 문이 등 뒤에서 세상 가장 음산하면서도 쓸쓸한 소리를 내며 닫히면, 당신은 백 년 동안 아무도 발을 들여놓지 않은 듯한 마당(같은 건물에 딸린 마당) 앞에 서게 된다. 정적을 깨는 소리 하나 없다. 누구 하나 어두컴컴한 창밖으로 머리를 내밀어, 금이 간 돌바닥 사이에 자라난 잡초가 자신을 뽑아 버리면 어쩌나 하는 두려움에 떨게 하지도 않는다. 맞은편에는 인공적으로 높이 쌓아올린 바위 표면에 항아리를 든 채 몸을 기울인 거대한 인물상이 새겨져 있다. 먼 옛날 바위 위로 작은 물줄기를 쏟아내던 항아리에는 납으로 만든 담뱃대 끝에 담배꽁초가 매달려 있다. 하지만 이 거인의 눈구멍은 물줄기처럼 말라붙지는 않았다. 항아리를 거의 뒤집을 듯 기울이고 선 조각상은 새파랗게 질린 아이처럼 '모두 사라졌어!' 하고 마지막으로 소리를 지른 후 돌처럼 무거운 침묵에 빠진 듯하다.

상점들의 거리에서도 집들은 여전히 크지만, 다른 곳의 집들보다 훨씬 작은 대신 까마득히 높다. 집들은 무척 지저분한 데다 내 후각이 확실하다면 배수가 잘 안 되는 것이 분명해서, 뜨끈뜨끈한 담요 안에 넣어둔 지독하게 상한 치즈 같은 묘한 냄새를 풍긴다. 높은 건물들이 많은데도 불구하고 곳곳을 비집고 생겨나는 집들 때문에 도시에는 빈 공간이 없어 보인다. 다 허물어져가는 곳이라도 자그마한 틈이나 모퉁이만 있으면 어디든 집들이 들어서 있다. 성당 담벼락 구석이나 귀퉁이 또는 온벽에 틈이 있으면, 마치 그곳에서 자라난 곰팡이처럼 사람이 산다고 봐도 좋다. 정부 청사나 구 상원 의사당 같은 커다란 건물 주변에도 커다란 짐승의 사체에 사는 기생충처럼 작은 상점들이 달라

붙어 있다. 그래서 어디로 눈을 돌리더라도, 아래를 보든 위를 보든 어디를 보든, 그곳에 불법 주택들이 자리하고 있다. 그들은 뒤로 기울고, 앞으로 기울고, 옆 건물에 기대고, 혼자 내려앉거나 다른 집에 해를 끼치며 불규칙적인 형태로 변해서 결국 길을 막아선다. 그리고 더는 아무 것도 볼 수 없게 만든다.

제노바에서 가장 불결한 지역은 부둣가인 것 같다. 아마도 도착하던 날 저녁에 봤던 엄청난 양의 쓰레기가 내 기억 깊숙이 남아 있기 때문인지도 모르겠다. 이 부근의 집들 역시 아주 높은 데다 각양각색의 변형된 모양으로 지어졌고, 수많은 창문마다 무언가를 내걸어(대부분의 집들이 그렇듯이) 바람결에 퀴퀴한 곰팡내를 실어 나른다. 그것들은 때로는 커튼, 때로는 카펫, 때로는 침대, 때로는 옷가지들인데, 어쨌든 거의 언제나 그곳에 무언가가 걸려 있다. 이런 집들의 지하실 앞에는 옛날 지하 납골당처럼 거대하고 어두컴컴한 데다 낮은 점포들이 길 위로 늘어서 있다. 그 위를 덮은 돌덩이와 석회는 시커멓게 변했고, 검은 돌무더기 곁으로 온갖 오물과 쓰레기가 자연스럽게 쌓인 것 같다. 몇몇 아치 지붕들 아래로 마카로니와 폴렌타 장수가 좌판을 펼쳐 놓았지만, 전혀 맛있어 보이지 않는다. 바로 근처 어시장(좀 더 정확히 말하면 처리해야 할 생선이 있을 때마다 좌판을 펼치는 땅바닥과 낡은 칸막이벽, 창고 같은 곳)과 같은 원리로 운영되는 청과물시장에서 나오는 쓰레기가 이 지역의 장식에 한몫을 한다. 온갖 상거래가 이뤄지고 하루 종일 사람들로 붐비기 때문에 이곳도 나름대로의 멋스러움이 있다. 포르토 프랑코, 즉 자유무역항(영국의 보세 창고처럼 외국에서 들여온 물건을 사서 가지고 나갈 때까지 관세를 내지 않는 항구)이 이곳에도 존재한다. 삼각모를 쓴 거들먹거리는 관리 두 명이 (그들이 선택한다면) 당신의 몸을 수색하기 위해, 그리고 수도사들이나 부녀자들이 들어오지 못하도록 막기 위해 출입구를 지킨다. 신성함과 아름다움은 공통적으로 밀수의 유혹에 약하다고 알려져 있기 때문이다. 다시 말해서 헐렁한 옷 주름 아래 밀수품을 숨길 수 있다는 뜻이다. 그래서 신성함과 아름다움은 결코 출입이 허락되지 않는다.

몇몇 호감 가는 인상의 성직자들을 데려 온다면 제노바의 거리들은 훨씬 좋아질 것이다. 길에서 마주치는 네댓 명의 사람 중에 신부나 수사가 한 명씩 있고, 근처 길을 지나가는 전세마차 안팎으로 적어도 한 명의 순회 성직자가 분명히 있다. 나는 이 무리들보다 불쾌하게 생긴 얼굴을 어디에서도 보지 못했다. 만약 조물주의 필적을 알아볼 수 있다면, 게으름과 기만과 지적 무기력을 세상 어느 계급보다 이들에게서 더 다양하게 찾을 수 있지 않을까.

피프스[4]는, 어느 성직자가 제사장직에 대한 자신의 경의를 보여주기 위해, 만약 자신이 신부와 천사를 동시에 만난다면 신부에게 먼저 예를 표하겠다고 설교하는 것을 들었다. 한편 보카치오는, 신의 계시를 받은 전령임을 자처하는 카르투지오회 수도사 하나가 자신을 찾아와서 그의 저작들을 꾸짖자 크게 괴로워하며 페트라르카에게 편지를 보냈다. 제자의 편지를 받은 페트라르카는 그였다면 그 전령의 얼굴, 눈매, 이마, 몸짓, 말투를 보고 계시의 진위를 판단하겠다고 답했다. 나는 오히려 페트라르카의 생각과 비슷하다. 같은 관점에서 나는 인가받지 못한 하늘의 전령들이 제노바 거리를 몰래 걸어 다니거나 이탈리아 곳곳에서 빈둥거리며 지내는 것은 아닐까 생각한다.

학식은 높지 않지만, 위계상으로는 카푸친회 수도사들이 어쩌면 사람들의 가장 친한 친구일지도 모르겠다. 그들은 상담자이자 위안자로서 세상 사람들에게 직접 다가가 어울리는 듯하다. 아픈 사람들에게도 가까이 다가갈 뿐만 아니라, 다른 수도회와 달리 나약한 일원들을 악의적으로 통제하기 위해 가족들의 비밀을 꼬치꼬치 캐묻지도 않고, 사람들을 억지로 개종하려는 욕망도 훨씬 덜 한 데다, 한 번 개종한 사람은 그가 영혼과 육체를 망가뜨리도록 그냥 내버려 둔다. 이 고장 어딜 가나 이른 아침 허름한 옷을 입고 시장에서 구걸하는 카푸친회 수도사들의 모습을 볼 수 있다. 또한 왕성하게 거리로 모여든 예수회 수도사들은 두 명씩 짝을 지어 검은 고양이처럼 소리 없이 곳곳을 돌아다닌다.

일부 좁은 골목에는 서로 다른 업종의 상점들이 모여 있다. 그런 곳에 보석상 거리와 서점 거리도 있지만, 마차도 통과할 수 없고 햇살도 거의 들어오지 않는 어둡고 갑갑한 곳에 지금도 웅장한 옛 궁전들이 자리하고 있다. 사람들이 구경할 수 있도록 물건들을 진열하거나 내보이겠다고 생각하는 상인들은 거의 없다. 이방인이 무언가를 사고자 한다면 그 물건을 찾을 때까지 직접 가게 안을 둘러봐야 하고, 손이 닿는 곳에 물건이 있으면 그걸 손에 쥐고 얼마인지 물어봐야 한다. 모든 물건이 절대 있을 것 같지 않은 곳에서 팔린다. 커피를 사고 싶다면 사탕 가게로 가면 된다. 고기를 사고 싶다면 낡은 바둑판무늬 커튼 뒤로 들어가 아래로 여섯 계단쯤 내려가면 되는데, 마치 그 물건이 독약이라도 되는 것처럼, 제노바의 법은 그것을 발설하는 사람에게 사형을 내리기라도 하는 것처럼 찾기 어려운 후미진 구석에 보관되어 있다.

    대부분의 약재상들은 빈둥거리기에 딱 좋은 곳이다. 지팡이를 든 노인들은 약재상의 시원한 그늘에 몇 시간씩 앉아서 변변찮은 제노바 신문을 차례로 돌려보고는, 졸린 듯이 관대하게 기사에 관해 드문드문 이야기를 나눈다. 그런 무리 중 두세 사람은 위급한 일이 생길 경우 자신의 신분을 밝히고 도착한 심부름꾼을 따라 서둘러 길을 나설 준비가 된 가난한 내과의사들이다. 손님이 가게로 들어설 때마다 무슨 일인지 들어보려고 목을 쭉 뺐다가, 그저 약을 사러 온 손님이라는 것을 알고 한숨을 쉬며 다시 따분한 구석으로 돌아가는 모양새를 보고 이들을 알아볼 수 있다. 이발소가 제법 많지만, 직접 면도하는 사람은 거의 없어서 그곳에서 빈둥거리며 시간을 보내는 이는 거의 없다. 하지만 약재상에는, 지팡이 머리 부분에다 두 손을 포개고 약병들 사이에 깊숙이 들어앉은 무리들이 늘 있다. 너무 조용한 데다 움직임이 없어서 손님들은 컴컴한 가게 안에서 그들을 보지 못하거나 그들을 말들에게 먹이는 약으로 착각하기도 한다. 어느 날 내가 짙은 초록색 옷에다 마개처럼 생긴 모자를 쓴 유령 같은 사내를 보고 착각한 것처럼.

    여름밤이면 제노바 사람들은 그들의 선조들이 도시 안팎의 빈 구석마다 집을 즐겨 지었던 것처럼 도시 곳곳에 자리를 잡는다. 모든 길들과 골목들 안에, 작은 오르막길마다, 낮은 담벼락마다, 계단마다에 사람들이 벌떼처럼 모여든다. 그럴 때면(특히 축일이 되면) 성당에서 종소리가 쉴 새 없이 울려 퍼진다. 고른 음조나 익히 듣던 종소리 대신 소름 끼치는 불규칙한 소리로 뎅~뎅~뎅 하고 열다섯 번 정도 울리고 나서 그때마다 갑자기 멈추는데, 이게 사람을 미치게 한다. 이런 임무는 주로 사내아이가 철탑 안으로 들어가 종에 달린 추나 작은 줄을 당겨서 완수하고, 그들은 같은 일을 하는 다른 아이들보다 더 크게 종을 울리려고 애쓴다. 그 소음은 특히 악마에게 불쾌하게 들려야 하지만, 첨탑 안을 올려다보며 이 어린 기독교인들의 행동을 관찰하고 있노라면(그리고 들으면) 사람들은 자연스럽게 그들을 악마라고 여길지도 모른다.

초가을에는 축일이 아주 많다. 이 축일들 때문에 모든 상점들이 1주일에 두 번 문을 닫는다. 그리고 하룻밤은 특정 성당 주변의 모든 집들이 등불을 밝힌 가운데 성당 바깥에 횃불을 켠다. 도시 성문 밖 탁 트인 곳에서도 횃불이 작은 숲을 이루는데, 이런 의식의 일부는 조금 떨어진 지역에서 보면 더 예쁘고 더 두드러져 보인다. 그곳에서 당신은 가파른 산허리까지 등불을 밝힌 작은 집들을 볼 수 있고, 별이 총총한 밤 길가에 덩그러니 놓인 작은 집 앞에서 끝이 가는 초로 만든 장식용 줄을 지나가게 된다.

축일이 되면 그 축일에 기리는 성인을 모신 성당을 아주 화려하게 장식한다. 황금색으로 수를 놓은 가지각색의 장식용 줄들을 아치에 매달고, 제단을 꾸미고, 때로는 높다란 기둥들을 바닥에서부터 꼭대기까지 천으로 단단히 감싼다. 대성당은 성 로렌조를 기리는 곳이다. 성 로렌조의 축일에 우리는 해가 뉘엿뉘엿 넘어갈 무렵 그곳으로 들어갔다. 대개 이런 장식들은 멋스럽지 않지만, 그 효과는 정말 대단했다. 성당 전체가 붉은 옷을 입은 듯했고, 떨어지는 해가 정문에 걸어둔 커다란 붉은색 커튼 사이로 비쳐 들어오는 모습은 그 자체로 장관이었다. 해가 완전히 지고나자 중앙 제단에서 반짝이는 촛불들과 천정에 매달린 작은 은색 등불을 제외하고 성당 내부가 천천히 어둠에 잠겼다. 그 모습이 아주 신비롭고도 인상적이었다. 하지만 저녁까지 어떤 성당에 앉아 있는 것은 순한 아편을 먹는 것과 같다.

축제에서 모금한 돈은 주로 성당을 장식하거나, 악단을 부르거나, 초를 마련하는 데 쓰인다. 남은 돈이 있을 경우(그런 일은 좀처럼 생기지 않는다고 믿지만) 연옥 안의 영혼들이 그 이득을 차지한다. 그 영혼들은 또한, 시골의 통행료 징수소 같은 알 수 없는 작은 건물들 앞에서 헌금함을 흔드는 어린 소년들의 노력에서도 도움을 받는다. 축일에 이런 건물들(늘 닫혀 있지만)의 문을 열어젖히면 그 안에서 성상과 꽃들이 모습을 드러낸다.

도시 성문 바로 밖 알바로 길 위에 있는 제단과 헌금함이 놓인 작은 건물 또한 연옥의 영혼들을 위한 것이다. 그곳에 자선을 베푸는 사람들을 더욱 자극하기 위해 삐걱거리는 문의 안팎과 회칠을 한 벽에 화형을 당하는 영혼들의 끔찍한 모습이 그려져 있다. 그들 중 하나는 흰 콧수염에다 공들여 매만진 듯한 흰 머리를 하고 있는데, 마치 미용실 창문으로 붙잡혀 나와 바로 용광로로 던져진 것 같은 모습이다. 그곳에 그가 있다. 세상에서 가장 기괴하고 소름끼치게 생긴 우스꽝스러운 늙은 영혼이. 가난한 제노바 사람들의 만족과 발전(그리고 헌금)을 위해 영원히 진짜 태양 아래에서 부풀어 오르고 가짜 불 속에서 녹아내리는 그가.

제노바와 그 주변

제노바 사람들은 흥이 많지 않은 사람들이라 축제일에도 좀처럼 춤을 추는 모습을 볼 수 없다. 오락을 즐기려고 여자들이 주로 찾는 곳은 성당이거나 길거리이다. 그들은 아주 무던하고 예의 바른 데다 부지런하다. 그들이 부지런하다고 해서 청소를 하는 것은 아니다. 집은 무척 지저분하고, 화창한 일요일 아침에 그들이 주로 하는 일은 문가에 앉아 서로의 머릿속을 뒤적이는 일뿐이다. 하지만 집들이 다닥다닥 붙은 까닭에, 제노바가 봉쇄 되었던 시절 이 구역이 마세나 장군의 공격을 받았다하더라도 수많은 불행 중 적어도 하나의 좋은 점은 얻었으리라.

　　개울과 도랑과 공공 빨래터마다 여자 농부들이 자리를 잡고 맨발과 맨다리를 드러낸 채 쉬지 않고 옷을 빤다. 그 모습을 본 사람들은, 과연 이렇게 먼지가 많은 곳에서 깨끗하게 빤 저 옷을 누가 입을지 궁금해 하지 않을 수 없다. 그 풍습은 매끈한 돌 위에 젖은 옷을 올려놓고 납작한 나무 방망이로 힘껏 빨래를 두드리는 것이다. 여인네들은 인류의 타락과 관련된 것을 빨래에 복수라도 하듯 화가 난 사람처럼 방망이를 휘두른다.

　　그럴 때면, 빨래터 주변이나 다른 평평한 돌 위에 불쌍한 아이의 팔과 다리를 커다란 보자기로 온통 단단하게 감싸 놓은 모습을 흔히 볼 수 있다. 때문에 아이는 발가락이나 손가락 하나도 움직이지 못한다. 이런 풍습(옛 그림에서 자주 볼 수 있다)은 서민들 사이에서는 일반적인 것이다. 아이는 어디로 기어갈 가능성도 없이 아무 데나 방치되거나, 우연히 선반에서 떨어지거나, 침대에서 굴러 떨어지거나, 여기저기 매달린 고리에 걸어두거나, 누구에게도 최소한의 불편을 끼치는 일 없이 영국의 어느 헌옷 가게에 걸린 인형처럼 달랑달랑 매달아 둔다.

제노바에 도착하고 얼마 지나지 않은 어느 일요일, 나는 시내에서 몇 마일 떨어진 산 마르티노의 작은 시골 성당에서 세례식을 보며 앉아 있었다. 그곳에서 나는 신부와 큰 초를 든 수행원, 남자 하나, 여자 하나, 그리고 몇몇 사람들을 보았다. 하지만 나는 그 의식이 모두 끝날 때까지도 그것이 세례식이라거나, 의식이 진행되는 내내 사람들이 짧은 부지깽이 같은 손잡이를 잡고 손에서 손으로 건네주던 알 수 없는 뻣뻣한 물건이 아기라는 사실을 전혀 알아차리지 못했다. 잠시 뒤 아기를 건네받은 나는 (아기는 세례반 위에 눕혀 놓았다) 얼굴이 시뻘겋게 변한 아기가 너무도 조용하게 옴짝달싹하지 않는다는 사실을 알았다. 그 후로 나는 길거리를 지나가는 수많은 불구자들을 보고도 놀라지 않게 되었다.

보통 거리 모퉁이에는 성인들과 성모 마리아를 모시는 사당이 많다. 기독교 신자들이 가장 좋아하는 제노바의 기념물은, 가래와 다른 농기구 옆에 무릎을 꿇고 앉은 농부 앞으로 아기 예수를 안은 성모 마리아가 구름을 타고 나타나는 그림이다. 이곳에서 조금 떨어진 언덕 위에 자리 잡은 아주 평판이 좋은 예배당, 마돈나 델라 과르디아의 전설을 그린 그림이다. 농부는 산꼭대기에서 밭을 갈며 홀로 외롭게 살았던 것 같다. 독실한 신자였던 그는 날마다 하늘에 대고 성모 마리아에게 기도를 올렸다. 농부의 오두막이 너무도 가난했기 때문이다. 어느 날 그림에서처럼 성모 마리아가 나타나 "왜 사제도 없이 혼자 하늘에 대고 기도하느냐?"라고 물었다. 농부는 근처에 성당도 없고 사제도 없기 때문이라고 설명했다. 이탈리아에서는 아주 보기 드문 푸념이 아닐 수 없다. 그러자 천상에서 온 손님이 이렇게 말했다. "그렇다면 믿음을 가진 사람들이 기도를 올릴 수 있도록 여기에 예배당을 지어야겠구나." 그러자 농부가 이렇게 말했다. "하지만, 산티시마 마돈나시여. 저는 가난한 놈입니다. 돈 없이 예배당을 지을 수는 없습니다. 유지도 해야 합니다, 마리아님. 예배당을 지어 놓고 내버려두는 것은 나쁜 짓이니까요. 큰 죄악이죠." 이 말을 듣고 성모 마리아가 크게 감동했다. "가라!" 성모 마리아가 말했다. "왼쪽 골짜기에 마을이 하나 있다. 그리고 오른쪽 골짜기에도 마을이 하나 있다. 그곳 사람들이 예배당을 지을 돈을 기꺼이 내어놓으리라. 그들을 찾아가 네가 본 것을 말하라. 나의 성당을 지을 충분한 돈이 곧 마련되리란 것을 의심치 말라. 그 후에 훌륭하게 유지되리란 것도 의심치 말라." 모든 것이 (기적적으로) 사실로 밝혀졌다. 이 예언과 계시의 증거로 마돈나 델라 과르디아 예배당은 지금도 번성한다.

 제노바 성당들의 화려함과 다양함은 아무리 말해도 지나치지 않다. 특히 많은 성당들이 그렇듯 귀족 가문에서 돈을 대어 지어졌고 지금은 천천히 보수 작업이 진행 중인 아눈치아타 성당이 그렇다. 성당은 바깥 출입구부터 저 높은 둥근 지붕의 꼭대기까지 정교하게 그림을 그려 넣고 금을 박아 놓아서, 마치 (시몬이 그의 매력적인 책 『이탈리아와 시칠리아 여행』에서 묘사했듯이) 법랑을 입힌 커다란 코담배 갑처럼 보인다. 대부분의 화려한 성당들은 약간의 아름다운 그림들과, 거의 세계 공통으로 감상적인 수도사들이 팔다리를 쭉 뻗고 누운 초상화와 함께 나란히 놓인 값비싼 색다른 장식물들과, 지금껏 본 적 없는 진정한 쓰레기인 눈부신 금속 조각들을 보유하고 있다.

아마도 대중들의 마음과 주머니를 연옥의 영혼들에게 자주 돌렸던 결과가 아닐까 생각한다. 하지만 이곳에서는 죽은 자들의 몸에다 친절을 베푸는 일은 거의 없다. 극빈자들을 위해 성벽 바로 밖 귀퉁이와 바다가 가까운 성벽 모퉁이 뒤에 공동으로 사용하는 구덩이(1년 중 매일 하나씩)가 있다. 구덩이는 매일 죽은 사람들을 맞이하기 위해 각각의 차례가 올 때까지 평소에는 덮어 둔다. 제노바 군대에는 언제나 약간의 스위스 사람들이 있다. 이들 중 누군가가 죽으면 제노바에 거주하는 동포들이 기금을 내어 그들의 장례를 치른다. 죽은 이들을 위해 이들이 제공하는 관들은 관계자들에게 경탄의 대상이 되곤 한다.

그토록 많은 구덩이에 시신들을 아무렇게나 던져 넣는 행위는 확실히 부정적인 영향을 미친다. 죽음을 역겨운 연상으로 에워싸며 서서히 죽음을 맞이하게 될 이들에게로 옮겨간다. 무관심과 회피라는 자연스러운 결과가 따르고 큰 슬픔을 누그러뜨리는 모든 작용들은 엄격하게 방해를 받는다.

나이든 기사나 그 비슷한 신분의 사람이 죽으면 성당에서는 의자를 쌓아 올려 상여를 만드는 의식을 치른다. 검은색 벨벳 관보를 덮고, 그 위에 고인의 모자와 칼을 올려놓은 다음, 둘레에 정사각형 모양으로 의자를 놓고, 고인의 친구들과 지인들에게 미사에 참석해 달라고 정식으로 초청장을 보낸다. 미사는 수많은 촛불을 밝힌 중앙 제단에서 행해진다.

신분이 더 높은 사람이 숨을 거두거나 임종의 순간이 다가오면, 그와 아주 가까운 사람들은 대개 잠깐 동안 기분 전환을 위해 시골로 떠나거나 시체를 자신들이 직접 돌보지 않고 다른 이들이 처리하도록 내버려 두고 자리를 비운다. 장례 행렬을 지으며 관을 들고 의식을 치르는 일은 콘프라테르니타라고 불리는 단체에서 맡는다. 그들은 참회를 자처하며 죽은 자들을 위해 돌아가며 이런 의식을 도맡아 치른다. 하지만 그들은 약간의 긍지와 겸손의 뜻에서 전신을 헐렁한 옷으로 가리고 머리에 두건을 쓴 채 숨 쉴 구멍과 눈구멍만 내놓는다. 이런 풍습의 효과는 꽤 오싹하다. 특히 제노바 소속 '푸른 콘트라테르니타'의 경우, 조금도 과장하지 않고, 그들은 아주 추한 방문객들이다. 그들의 모습은—길에서 경건하게 의식을 치르는 그들의 모습을 갑자기 맞닥뜨리면—마치 자신들이 잡아먹을 시체를 들고 나르는 유령이나 마귀 같다.

많은 이탈리아 풍습 중에서도 이 풍습은, 자칫 앞으로 저지르게 될 악행을 대비해 천국에서 아주 쉽게 꺼내 쓸 수 있는 계좌를 만드는 도구로 쓰이거나, 과거에 저지른 악행을 씻는 속죄의 방법으로 남용될 여지가 있다. 하지만 훌륭하고 실용적인 풍습이라는 점과 분명히 좋은 뜻이 담겨 있다는 점은 인정해야 한다. 이와 같은 자발적인 봉사는 성당의 돌바닥에 대고 수없이 절을 하거나 1~2년간 푸른색 옷만 입겠다고 성모 마리아 앞에서 맹세하는 억지 참회보다 확실히 더 낫다. 푸른 옷을 입는 풍습은 하늘에 큰 기쁨을 주기 위한 것으로 추정된다. 푸른색은 (잘 알려진 것처럼) 성모 마리아가 가장 좋아하는 색이다. 이런 신념에 차서 그 행동에 몰두하는 여성들을 길거리에서 자주 마주친다.

지금은 거의 문을 열지 않는 낡은 극장 한 곳을 제외하면 제노바에는 세 개의 극장이 있다. 가장 중심이 되는 제노바의 오페라 극장 카를로 펠리체는 아주 크고 화려하며 아름다운 극장이다. 우리가 극장에 들어갔을 때 어느 희극 극단이 연기를 하고 있었고, 그 공연에 이어 2류 오페라 극단이 들어왔다. 극장이 가장 활발하게 돌아가는 때는 봄철 사육제 기간이다. 나는 이 극장을 찾을 때마다(무척 자주 갔었다), 보기 드물게 딱딱하고 매정한 관객들에게 깊은 인상을 받았다. 그들은 늘 야유를 퍼붓기 위해 잠복하고 있는 사람처럼 배우들의 사소한 실수도 기분 좋게 받아들이지 않고 화를 냈다. 남자 배우와 여자 배우를 가리지 않았다. 선천적으로 아주 작은 불만도 표현하지 않는 사람들이다 보니 이 기회를 최대한 활용하려고 벼르는 모양이다.

그곳엔 공짜로 관현악단 석에서 발을 동동 구르도록 특권을 얻은 피에몬테 관리들도 다수 있었다. 피에몬테의 책임자는 이들에게 공공 공연장이나 반 공공 공연장을 공짜나 헐값에 제공해야 한다고 주장한다. 그 결과 콧대 높은 비평가가 된 그들은 불행한 극장 관리자에게 돈을 줄 때보다 훨씬 가혹한 비평을 내린다.

테아트로 디우르노나 낮 공연장은 야외에 천막을 친 공연장으로, 햇살이 남아 있는 시원한 오후 네다섯 시에 공연을 시작해서 세 시간가량 지속한다. 객석에 앉아 근처 언덕과 집들의 풍경을 눈에 담고, 창가에서 공연을 즐기는 이웃들을 보며, 공연 장면과 완전히 겹치는 성당과 수도원에서 울려 퍼지는 종소리를 듣고 있노라면 묘한 기분이 든다. 하지만 천천히 어둠이 깔리는 한가운데서 맑고 상쾌한 야외 공기를 마시며 공연을 보는 신선함을 제외하면, 공연 자체는 재미있거나 특색 있지 않다. 배우들도 변변찮다. 때로 골도니[5]의 작품을 연기하기도 하지만 대개가 프랑스 작품이다. 국적이라는 것은 전제적인 정부와 예수회 수도사들에게 둘러싸인 왕들에게는 위협이 되기 마련이다.

밀라노에서 온 유명한 극단의 인형 극장은 내가 본 것 중 가장 재미있는 구경거리다. 그렇게 절묘하게 웃기는 인형극은 본 적이 없다. 인형들은 크기가 4피트에서 5피트 정도 돼 보이지만, 실제로는 그보다 훨씬 작다. 오케스트라의 한 연주자가 우연히 무대 위에 모자를 올려놓았는데, 모자가 인형 배우를 가릴 만큼 커 보였기 때문이다. 그들은 희극이나 발레 공연을 주로 한다. 어느 여름밤 내가 본 희극에서는 어떤 희극 인형 배우가 호텔 종업원으로 나온다. 나는 태어나서 그렇게 활동적인 배우는 처음 본다. 그는 온 힘을 다해 연기한다. 남들보다 다리 관절이 더 많은 그가 진짜 사람의 눈 같은 눈으로 관현악단 석을 향해 윙크하는 모습이 이방인의 눈에는 참으로 이상하게 보인다. 하지만 서민들이 주를 이루는 관객들은, (다른 일에서도 늘 그렇듯이) 그가 마치 진짜 사람이라도 되는 것처럼 당연하게 받아들인다. 그는 활기가 넘친다. 쉴 새 없이 다리를 흔들어대며 윙크를 한다. 머리가 희끗희끗한 뚱뚱한 아버지가 몸집이 커다란 딸을 전통적인 방식으로 축복하는 장면도 나온다. 진짜 인간을 제외하고 무엇이 그토록 지루할 수 있겠는가. 그건 예술의 승리다.

발레 공연에서는, 마법사가 결혼식을 올리던 신부를 데리고 도망치는 장면이 나온다. 신부를 동굴로 데려간 마법사가 그녀를 달래보려고 애쓴다. 그 둘이 소파(평범한 소파! 대사를 상기시켜 주는 사람 반대편에 위치한 출입구 쪽 평범한 장소에 놓인)에 앉아 있는 가운데 연주자들이 줄지어 들어온다. 그 중 한 명이 북을 두드리며 박자에 맞춰 발을 구른다. 그래도 신부의 마음이 풀리지 않자 이번에는 무용수들이 등장한다. 먼저 넷이 들어오고 뒤이어 화려한 옷을 입은 둘이 들어온다. 그들이 춤을 추는 방식, 그들이 뛰어오르는 높이, 그들이 피루엣[6]을 하는 불가능하고 인간미 없는 정도, 파격적인 다리 노출, 음악에 맞춰 발가락 끝으로 잠시 멈추는 착륙, 여자가 턴을 할 때 남자의 물러섬, 남자가 턴을 할 때 여자의 물러섬, 파드되[7]의 마지막 열정, 그리고 훌쩍 뛰어오르며 퇴장! 나는 다시는 차분한 얼굴로 진짜 발레를 보지 못하리라.

어느 날 밤 나는 '세인트헬레나 혹은 나폴레옹의 죽음'이라는 인형극을 보러 갔다. 극은 세인트헬레나의 자신의 방에 앉아 있는 머리가 큰 나폴레옹의 공개로 시작됐다. 하인이 그에게 다음과 같은 불분명한 말로 소식을 전하며 들어왔다.

"야우드세온 경이 왔는뎁쇼?"

고약한 생김새에다 괴물처럼 균형이 맞지 않는 얼굴과 포악하고 완고한 성격을 보여주는 두꺼운 아래턱을 가진 나폴레옹에 비하면, 허드슨 경(당신은 그의 군복을 본 적이 있을 것이다!)은 엄청나게 거대한 사람이었다. 그가 자신의 포로를 '보나파르트 장군'이라고 부르며 그의 신경을 긁기 시작했다. 그러자 나폴레옹이 비통한 목소리로 "야우드세온 라우 경, 나를 그렇게 부르지 마시오! 나는 프랑스의 황제 나폴레옹이오! 그렇게 알고 썩 나가시오!"라고 말했다. 야우드세온 경은 이에 전혀 굴하지 않고 영국 정부의 법령, 지켜야하는 규제, 방들의 비품, 네댓 명으로 제한하는 하인으로 그를 위로하며 말을 이어갔다. "내게 하인 네댓 명이라니!" 나폴레옹이 말했다. "나에게! 얼마 전까지 10만 대군을 혼자 진두지휘하던 나인데! 이 영국 장교가 내게 네댓 명이라는 소리를 하다니!" 대사 내내 나폴레옹(그는 실제 나폴레옹의 말투를 똑같이 흉내 냈으며, 짧은 독백이 많았다)은 관객들의 호응을 얻기 위해 '이 영국 장교들'과 '영국 군인들'이라는 대목에서 더욱 격렬하게 말했다. 관객들은 괴롭힘을 당하는 허드슨 경을 보며 무척 즐거워했고, 허드슨 경이 "보나파르트 장군"(그는 나폴레옹을 항상 그렇게 불렀다. 항상 같은 정정을 요구 받으며)이라고 말할 때마다 그를 증오했다. 이탈리아 사람들이 나폴레옹에게 동정심을 느낄 이유가 별로 없는데 관객들이 왜 그렇게 반응하는지 모르겠다. 오직 하늘만이 알지 않을까.

영국인으로 위장한 프랑스 장교가 탈출 계획을 제안하기 위해 등장한 것을 제외하면 극에서 구성이랄 것은 전혀 없었다. 허드슨 경은 (그전에 나폴레옹은 자신의 자유를 훔치는 것을 정중하게 거절했다) 발각된 프랑스 장교에게 교수형을 내렸다. 허드슨 경이 "야스!"(그가 영국인이라는 것을 보여주려고)라고 끝맺어 인상적이었던 아주 긴 대사는 우레와 같은 박수갈채를 받았다. 이 비극으로 큰 충격을 받고 자리에 쓰러진 나폴레옹을 인형 둘이 데리고 나갔다. 다음 장면으로 보아 그는 충격에서 벗어나지 못한 듯했다. 깨끗한 옷차림으로 침대(진홍색과 흰색 커튼이 달린)에 누운 그를 보여줬기 때문이다. 그가 그럴 듯한 죽음을 맞이하는 동안, 그곳에는 때 이른 상복을 입은 여인이 아이 둘과 함께 무릎을 꿇고 그의 머리맡에 앉아 있었고, 나폴레옹의 입에서 마지막으로 나온 말은 '바털루'였다.

　　말할 수 없이 우스운 장면이었다. 나폴레옹의 장화는 정말 놀랍도록 제멋대로였고, 경탄할만한 물건들처럼 자발적으로 움직였다. 나폴레옹이 긴 독백을 할 때면 장화는 스스로 반으로 접히거나, 탁자 밑으로 들어가거나, 허공에 매달리거나, 예상치 못한 곳으로 그와 함께 미끄러졌다. 불행하게도 나폴레옹의 얼굴에 담긴 깊은 애수 때문에 그 장면은 더욱 우스꽝스럽게 보였다. 허드슨 경과의 대화를 끝내기 위해 나폴레옹은 탁자로 가야만 했다. 그리고는 그가 책을 읽었다. 그때 고집스럽게 관현악단 석을 노려보는 감상에 젖은 그의 눈과 장화를 벗을 때 쓰는 기구[8]처럼 그가 책 위로 몸을 기울이는 장면은 그야말로 장관이었다. 그가 침대에서 커다란 깃이 달린 옷을 입고 작은 손을 침대보 밖으로 내놓는 연기도 대단히 훌륭했다. 모윔처럼, 길고 부드러운 머리카락을 가진 인형으로 표현된 의사 앙통마르시의 연기도 그랬다. 그는 줄이 뒤엉키는 바람에 침상 주변을 독수리처럼 맴돌며 허공에서 의학적 견해를 밝혀야만 했다. 그의 연기도 훌륭했지만, 공연 내내 가장 훌륭했던 것은 허드슨 경의 연기였다. 그는 착각의 여지가 없는 확실한 악당에다 짐승이었다. 허드슨 경은 특히 마지막 장면의 연기가 좋았다. 의사와 하인이 "황제가 숨을 거뒀습니다!"라고 말하자 그가 시계를 꺼내들고 무언가를 감으며(시계는 아니었다) 특유의 잔인한 목소리로 "하! 하! 6시 11분 전이군! 장군은 죽었다! 그리고 염탄꾼은 교수형에 처해졌다!"라고 큰 소리로 외쳤다. 이것을 끝으로 의기양양하게 막이 내려갔다.

제노바와 그 주변

사람들은 이탈리아에서 팔라초 페스키에레, 즉 연못의 궁전만큼 아름다운 곳은 없다고 말한다(나도 그렇게 생각한다). 우리는 알바로의 분홍색 감옥에서 석 달의 임대기간이 끝나자마자 이곳으로 거처를 옮겼다.
　제노바 성내 언덕 위에 서 있지만 도심과는 약간 떨어져 있는 저택은 조각상, 항아리, 분수, 대리석 수반, 테라스, 오렌지 나무와 레몬 나무 산책길, 장미 넝쿨과 동백나무의 작은 숲으로 꾸며진 아름다운 정원으로 둘러싸여 있다. 모든 방들이 비율과 장식 면에서 굉장히 아름답다. 그 중에서도 높이가 50피트나 되는 곳에 위치한, 그 끝에 놓인 세 개의 큰 창문을 통해 제노바의 전경과 항구와 근처 바다를 내려다볼 수 있는 커다란 홀은 세상에서 가장 황홀하고 매혹적인 전망을 제공한다. 이보다 더 쾌적하고 살기 좋은 집은 상상하기 어려우리라. 햇살 속에서건 달빛 아래에서건 이곳보다 더 기분 좋은 경치는 생각할 수 없다. 이곳은 수수하고 소박한 집이라기보다 동양의 어느 이야기에 나오는 마술에 걸린 장소에 더 가깝다.
　당신은 이 방에서 저 방으로 옮겨 다닐지도 모르고, 마치 어제 칠한 것 같은 선명한 색 때문에 벽과 천정에 붙은 몽상적인 것들이 싫증나지 않을 수도 있고, 한 층이나 여덟 개의 방으로 이어지는 커다란 홀조차도 탁 트인 산책길이라거나, 위층에 우리가 사용하지도 않고 거의 가지도 않고 가는 길조차 모르는 복도와 침실이 있다거나, 건물의 사면에서 완전히 다른 경치가 내다보인다거나 하는 얘기는 그리 중요하지 않다. 하지만 홀에서 바라보는 경치는 내게 환상 같다. 차분한 현실 속에서 하루에도 백 번씩 그 홀을 거닐었던 것처럼 나는 상상 속에서도 이곳을 찾는다. 그리고 행복으로 가득 찬 완벽한 꿈속에서, 나는 정원에서 풍겨오는 달콤한 향기에 둘러싸인 채 밖을 바라보며 이곳에 선다.

    이곳에서는 맑은 하늘을 향해 솟은 수많은 성당, 수도원, 수녀원과 더불어 아름다운 혼돈 속에 제노바의 전경이 펼쳐진다. 내가 선 아래쪽은 그 끝에 철제 십자가가 걸린, 회랑 같은 외딴 수녀원의 난간 지붕이 막 시작되는 곳이다. 그곳에서 나는 때때로 이른 아침이면 검은 베일을 쓴 수녀들이 슬픔에 찬 듯 소리 없이 오가다가 자신들과 상관없는 세상이 깨어나는 모습을 엿보려고 이따금씩 멈춰 서는 모습을 보았다. 왼편은 날씨가 맑을 때면 가장 밝게 빛나지만 폭풍우가 다가오면 가장 음산해지는 언덕, 올드 몬테 파치오다. 오른편의 높은 곳은 벽으로 둘러싸인 요새(좋은 왕이 도시를 지배하기 위해 지었다. 시민들이 불만을 품을 경우 귓전에서 제노바 사람들을 통제한다)가 차지하고 있다. 요새 앞쪽 그 너머로는 드넓은 바다가 펼쳐진다. 등대에서 시작해 점차 가늘어지는, 멀리서 보면 작은 조각처럼 보이는 해안선은 니스로 이어지는 아름다운 해안길이다. 장미가 피어 온통 붉고 작은 분수들이 있어 상쾌한, 지붕과 집들 사이로 보이는 손에 잡힐 듯 가까운 정원은 공공 산책로 아쿠아 솔라다. 그곳에서 군악대가 흥겹게 연주를 하고, 흰 천막이 빽빽하게 무리를 이루고, 제노바의 귀족들이 완벽하지는 않지만 최소한의 대형 마차와 의상을 갖춰 입고 주위를 끊임없이 돌고 돌고 또 돈다. 돌을 던지면 닿을 듯한 거리에 테아트로 디우르노의 관객들이 얼굴을 이쪽으로 향하고 객석에 앉아 있다. 하지만 이쪽에서는 무대가 보이지 않기 때문에 관객들이 심각한 표정을 짓다가 갑자기 이유 없이 웃음을 터뜨리는 모습이 무척 이상하게 보인다. 막이 내려갈 때 저녁 공기를 가르며 계속되는 박수갈채를 듣는 것은 더욱 이상하다. 하지만 일요일 밤의 공연이므로 배우들이 최선을 다해 연기한 가장 매력적인 연극이었으리라. 그리고 지금 만년필이나 연필로는 묘사할 수 없을 것 같은 붉은색, 녹색, 금색의 장엄한 빛줄기 속으로 해가 넘어가고, 저녁 기도 종소리에 맞춰 어스름한 빛도 없이 어느새 어둠이 깔린다. 그리고는 제노바 시내와 시골길에 등불이 반짝이기 시작하고, 바다 저 멀리서 돌아가는 등대가 마치 구름 뒤에 숨었다가 갑자기 빛을 비추는 밝은 달처럼 저택의 정면과 현관 지붕을 잠시 환하게 비추고는 이내 그것들을 짙은 어둠에 잠기게 한다. 내가 알기로는 이게 바로 제노바 사람들이 해가 진 뒤에 이 저택을 피하고 저택에서 유령이 나온다고 생각하는 유일한 이유다.

내 기억은 앞으로 다가올 많은 밤마다 유령처럼 이곳을 찾겠지만 나쁜 일은 일으키지 않겠다고 맹세한다. 그 유령은 내가 어느 맑은 가을 저녁에 그랬듯이 때때로 빛나는 경치 속으로 날아가 마르세유에서 아침 공기를 들이마실 것이다.

뚱뚱한 미용사는 여전히 덧신을 신고 미용실 문 밖에 앉아 있지만, 창가에서 빙글빙글 돌아가던 아가씨들은 여자의 타고난 변덕으로 회전을 멈추고 추종자들이 볼 수 없는 구석으로 예쁜 얼굴을 돌린 채 활력을 잃고 꼼짝하지 않는다.

기선은 제노바에서 출항해 기분 좋게 열여덟 시간을 달려왔고, 우리는 니스에서 해안길을 거슬러 올라 돌아갈 예정이었다. 바닷가 올리브나무 숲과 바위들과 언덕들 사이로 그림처럼 하얗게 무리를 이룬 아름다운 도시들의 겉모습만 봐야한다는 것이 못내 아쉬웠다.

저녁 여덟 시에 니스를 향해 출발한 배는 크기가 아주 작은 데다 물건들로 가득 차서 발 디딜 틈조차 없었다. 배 안에는 빵과 커피 말고는 먹고 마실 거리가 전혀 없었다. 하지만 아침 여덟 시쯤 니스에 도착할 예정이었기 때문에 문제될 것은 전혀 없었다. 그래서 우리는 무의식중에 우리를 향해 반짝이는 별들에게 감사하며 그들에게 윙크를 보내기 시작할 무렵, 북적거리지만 시원한 선실 안으로 들어가 아침까지 깊은 잠을 잤다.

전에 없이 따분하고 지루한 작은 배가 니스 항구에 들어섰을 때는 정오가 되기 한 시간 전이었다. 그곳에서 우리는 아침을 먹을 생각밖에 없었다. 하지만 우리는 양모를 가득 싣고 있었다. 양모는 마르세유 세관에 관세를 내지 않고 열두 달 이상 머물 수 없다. 이 법을 피하기 위해 팔리지 않은 양모를 허위로 옮기는 것은, 거의 열두 달이 다 됐을 때 다른 곳으로 옮겼다가 바로 가져오는 것은 관례고, 이는 새 화물로서 보세 창고에 거의 열두 달 이상 보관할 수 있다. 우리의 양모는 원래 동양의 어느 지역에서 왔다. 우리가 항구로 들어갔을 때 우리의 양모는 아시아 물건으로 인정되었다. 때문에 휴일을 즐기려는 사람들을 가득 태우고 우리 배를 맞으러 나왔던 작은 배들이 당국의 저지를 받았다. 우리는 격리 조치되었고, 이를 도시 전체에 알리기 위해 부둣가의 돛대 꼭대기로 커다란 깃발이 엄숙하게 올라갔다.

정말 무더운 날이었다. 우리는 면도도, 씻지도, 입지도, 먹지도 못했고, 도시를 바라보며 이 할 일 없는 항구에 누워 있어야 하는 부조리를 도저히 즐길 수가 없었다. 도시의 멀리 떨어진 위병소에서는 삼각모를 쓰고 온갖 종류의 구레나룻을 기른 사내 여러 명이 무엇이 문제이건 간에 최소한 1주일은 붙잡혀 있어야 할 거라는 몸짓을 하며(우리는 망원경으로 그들을 노려보았다) 우리의 운명을 토론하고 있었다. 하지만 이런 위기 속에서도 용감한 안내원은 승리를 거머쥐었다. 안내원은 원래 호텔과 연결되어 있었는지, 아니면 단지 그 상황 때문에 관련 기관과 연락을 취했는지 누군가에게(나는 아무도 보지 못했다) 전보를 보냈다. 답장을 받고 30분도 되지 않아 위병소에서 큰 소리가 들려왔다. 선장을 부르는 소리였다. 모두가 작은 배에 오르는 선장을 도왔다. 모두가 각자의 짐을 챙기며 곧 나갈 거라고 말했다. 노를 저어가던 선장이 갤리선의 튀어나온 작은 모퉁이 뒤로 사라졌다. 얼마 지나지 않아 그가 무언가를 가지고 무척 못마땅한 얼굴로 돌아왔다. 용감한 안내원이 뱃전에서 그를 맞으며 자기 거라도 되는 것처럼 물건을 받아 들었다. 아마포로 감싼 바구니였다. 큰 포도주 두 병, 구운 닭고기, 마늘을 넣고 다진 소금에 절인 생선, 큰 빵 한 덩어리, 복숭아 열두어 개와 기타 잡다한 것들이 들어 있었다. 우리가 아침거리를 고르자 용감한 안내원이 함께 다과를 들자며 같은 배에 타고 있던 다른 한 무리를 불렀다. 용감한 안내원은 그들에게 그들 비용으로 두 번째 바구니를 주문할 것이기 때문에 겸손한 마음에 사양할 필요는 없다고 장담했다. 실제로 그는 주문을 했고—어떻게 하는지는 아무도 몰랐다—이윽고 다시 불려갔던 선장이 무언가를 들고 부루퉁한 얼굴로 돌아왔다.

인기 많은 안내원은 전처럼 주인 노릇을 하며 늘 지니고 다니던 접는 칼을 꺼내 음식을 나누었다.

    이 뜻밖의 보급품으로 배에 탄 사람들 모두가 즐거워했다. 하지만 5분 만에 술에 취해버린 말 많은 키 작은 프랑스인과 모두의 마음을 사로잡으며 나 또한 그가 세계 최고의 수도사라고 믿게 된 건장한 카푸친회 수도사만큼은 아니었다.

    그는 친근하고 솔직해 보이는 인상에다 풍성한 갈색 턱수염을 늘 어뜨린 쉰 살쯤 된, 눈에 띄게 잘 생긴 남자였다. 그가 아침 일찍 우리를 찾아와서는 배가 확실히 열한 시까지 니스에 도착할 수 있는지를 물었다. 배가 그 시각까지 도착하면 미사를 치른 뒤 금식을 하며 성찬에 만족해야 하기 때문에 특별히 알고 싶다고 말했다. 만약 그 시각 안에 도착할 가능성이 없다면 당장 아침을 먹겠다고 했다. 수도사는 용감한 안내원을 선장으로 착각해서 그런 질문을 했던 것이다. 사실 안내원은 배에 탄 다른 어떤 사람보다 선장다워 보였다. 배가 제 시각에 도착한다고 확신한 수도사는 아무것도 먹지 않은 채 가장 매력적이면서도 재치 있는 농담을 던지며 여러 사람들과 이야기를 나눴다. 그는 수도사를 놀리는 농담에 평신도를 놀리는 농담으로 답하며, 성직자이긴 하지만 배 위에서 가장 덩치 큰 사람 둘을 이빨로 하나씩 들어 올려 갑판 위를 돌아다닐 수도 있다고 너스레를 떨었다. 아무도 그에게 그럴 기회를 주지 않았지만, 나는 감히 그가 그걸 해낼 거라고 장담한다. 가장 볼품없고 이상하게 생긴 카푸친회 수도사의 옷을 입고도 그는 용감하고 당당해 보였으니까.

제노바와 그 주변

이 모든 것은 점점 수도사를 격려하며 불행한 운명만 아니었다면 프랑스인으로 태어났을 것 같은 그를 동정하는 듯 하던 말 많은 프랑스인에게 큰 기쁨을 주었다. 그의 선심은 생쥐가 사자에게 마음을 쓰는 격이었지만, 그는 굉장히 생색을 내고 싶어 했다. 그런 감정의 온기에 싸인 그가 수도사의 등을 토닥거리려고 이따금씩 발뒤꿈치를 들어올렸다.

바구니가 도착했을 때는 이미 미사에 너무 늦어버린 때라서 수도사는 씩씩하게 할 일을 시작했다. 차가운 고기와 빵을 엄청나게 먹어치우고, 포도주를 여러 모금 마시고, 담배를 피우고, 코담배를 들이마시고, 주변 사람들과 끊임없이 이야기를 나누고, 이따금 뱃전으로 달려가 해변에 서 있는 누군가에게 오후에 열릴 대규모 종교 행렬에 참석해야 하기 때문에 어떻게든 여기서 나가야 한다고 신호를 보내면서. 그는 이 일을 끝낸 후 기분 좋게 너털웃음을 지으며 돌아오곤 했다. 그럴 때마다 프랑스인은 만 개의 주름이 지도록 작은 얼굴을 찡그리며 "거참 재미있군. 참 용감한 친구야."라고 말했다. 마침내 밖에서는 태양의 열기가 안에서는 포도주가 프랑스인을 졸리게 했다. 덩치 큰 제자에 대한 그의 후원이 절정에 이르렀을 때쯤 프랑스인은 양모 사이에 몸을 누이고 코를 골기 시작했다.

우리는 네 시가 되어서야 풀려났고, 지저분한 양모를 뒤집어쓴 채 코담배 냄새를 풍기던 프랑스인은 수도사가 배에서 내릴 때까지도 여전히 자고 있었다. 종교 행렬에서 단정한 모습을 보여줘야 했던 우리는 자유의 몸이 되자마자 몸을 씻고 옷을 갈아입기 위해 서둘렀다. 우리가 지나가는 종교 행렬을 보려고 중심가에 자리를 잡을 때까지도 프랑스인의 모습은 보이지 않았다. 그때 그가 별처럼 반짝이는 굵은 줄무늬 양복 조끼가 잘 보이도록 외투를 뒤로 젖히고는 애써 정리한 앞쪽 자리로 사람들을 비집고 들어가더니, 자신이 모습을 드러냈을 때 수도사가 어리둥절해하도록 옷매무새와 지팡이를 정돈했다.

작은 무리를 지어 수많은 사람들이 참가한 종교 행렬은 무척이나 길었다. 사람들은 저마다 다른 이에 대한 언급 없이 자발적으로 콧노래를 불러 세상 가장 음울한 결과를 낳았다. 큐피드, 왕관, 성인들, 미사전서, 보병대, 작은 초, 수도사, 수녀, 유물과 진홍색 양산 아래로 녹색 모자를 쓰고 걷는 성당의 고위 성직자들에게 둘러싸인 천사들, 십자가들, 납작한 판자에 실린 성모 마리아와 여기저기 높은 곳에 매달린 의식용 가로등이 눈에 띄었다. 우리는 카푸친회를 찾아 열심히 주위를 두리번거렸다. 이윽고 갈색 예복에 끈으로 된 허리띠를 묶은 수도사들이 무리를 지어 다가오는 모습이 보였다.

나는, 굵은 줄무늬 양복 조끼를 입은 자신의 모습을 보게 됐을 때 수도사가 속으로 '나의 은인이 아니신가! 저렇게 기품이 넘치다니!'라고 외치며 당황할 거라는 생각으로 싱글싱글 웃고 있는 그 작은 프랑스인을 보았다. 아! 저 프랑스인이 저토록 기만을 당한 적이 있을까. 우리의 친구 수도사는 팔짱을 낀 채 걷다가, 뭐라고 설명할 수 없지만, 무덤덤하고 아무렇지도 않은 표정으로 프랑스인의 얼굴을 똑바로 바라보았다. 얼굴에는 그를 알아보았다거나 반가워하는 기색은 전혀 없었다. 빵, 고기, 포도주, 담배나 코담배도 전혀 의식하지 않는 것 같았다. "그 사람이잖아." 나는, 약간의 의심을 담아 작은 프랑스인이 내뱉는 말

제노바와 그 주변

을 들었다. 아, 물론 그 수도사였다. 그와 아주 닮은 형제도 조카도 아니었다. 바로 그 사람이었다. 수도사는 교단에서 누구보다 우월한 존재인 것처럼 근엄하게 걸었다. 그의 역할도 멋져 보였다. 마치 평생 우리를 만난 적도 없고 우리가 보이지도 않는다는 듯, 그가 가장 최근에 사귄 친구인 우리를 향해 보내는 차분한 시선은 '저토록 완벽한 명상은 없을 것이다'라는 생각이 들게 할 정도였다. 콧대가 꺾인 프랑스인이 결국 모자까지 벗었지만, 수도사는 변함없이 태연하게 평온함을 유지하며 지나갔다. 굵은 줄무늬 양복 조끼는 사람들 속으로 사라져 더 이상 보이지 않았다.

종교 행렬은 도시의 모든 창문을 흔들어 놓은 소총 발포와 함께 끝났다. 다음 날 오후 우리는 유명한 해안길을 따라 제노바를 향해 출발했다.

사흘간 덜컹거리는 쌍두마차로 우리를 제노바까지 태워다주기로 약속한 마부는 반은 프랑스 사람이고 반은 이탈리아 사람이었다. 조심성은 없지만, 잘생긴 이 친구는 길을 가는 내내 끝도 없이 명랑하게 노래를 불렀다. 그는 만나는 시골 처녀들마다 말을 붙이고, 웃어 주고, 채찍을 휘두르는 모습을 보여 주며 '몽유병의 여인'이라는 오페라의 시시콜콜한 노래를 불렀다. 딸랑딸랑 방울소리를 내며 작은 마을들을 지나치는 그의 모습은 용감하면서도 기운차 보였다. 하지만 대단치 않은 불운한 상황이 닥치자 그가 아주 특이한 모습을 보였다. 우리는 좁은 곳으로 들어서려다 마차가 부서지는 바람에 길 위에 멈춰 서고 말았다. 그러자 온갖 무시무시한 사건들이 한꺼번에 자신의 저주받은 머리 위로 떨어지기라도 하는 것처럼 그가 양손으로 머리카락을 움켜쥐었다. 그는 불어로 욕하고 이탈리아어로 기도했고, 큰 절망에 빠져 발을 구르며 마차를 오르내렸다. 여러 명의 마부와 노새 몰이꾼들이 부서진 마차 쪽으로 모여들었다. 그때 누군가가 마차를 고치려면 모두가 협력해서 길을 터 줘야 한다고 제안했다. 확신하건대, 그때까지도 우리 일행은 마차에 그대로 남아 있었지만, 우리의 친구에게는 그런 생각이 결코 떠오르지 않았으리라. 큰 힘을 들이지 않고 일은 해결되었다. 하지만 그 중간 중간에도 이 친구는 자신의 고난을 밝혀줄 한 줄기 희망조차 없다는 듯 머리카락을 움켜쥐었다. 다시 마부 석에 앉아 달그락거리며 기분 좋게 언덕을 내려갈 수 있게 되자, 그는 어떤 불행의 힘도 자신을 우울하게 만들 수 없다는 듯 다시 노래와 시골 처녀들에게로 돌아갔다.

이 아름다운 길 위에 자리 잡은 아름다운 도시와 마을의 낭만은 그곳으로 들어가는 순간 모두 사라져 버린다. 대부분의 마을들이 너무도 궁핍하기 때문이다. 길은 좁고 어두운 데다 더러우며 주민들은 야윈 데다 지저분하다. 그리고 리비에라 지방에서든 제노바에서든, 뻣뻣한 흰머리를 틀어 올려 머리꼭지에서 묶은 깡마른 노파들의 모습은 몹시도 흉하다. 그들이 물레의 가락을 들고 컴컴한 문간에 서 있거나 외진 곳에 모여 중얼거리는 모습을 보면 마치 마녀 집단 같다. 빗자루라든가 다른 청소도구를 가졌을 거란 생각은 절대 하지 않지만. 포도주를 담아 두는 돼지가죽도 마찬가지다. 돼지가죽은 장식용이 아닌 용도(머리와 다리는 잘라내고 살찐 돼지의 형태를 유지한 채 꼬리를 묶어 거꾸로 매달아두기 때문에)로 햇볕이 잘 드는 곳에 널어 둔다.

하지만 가파른 산허리의 나무들 사이에 푹 파묻혀 지붕들과 탑들만 옹기종기 모여 있는 도시라든가 아름다운 만의 가장자리에 자리 잡은 도시들은 가까이 다가가서 볼수록 더욱 매력적이다. 초목은 어디에서나 울창하면서도 아름답고, 야자나무는 새로운 풍경에 새로운 볼거리를 더한다. 산레모(도시 전체가 어두운 데다 개방된 아치를 토대로 세워져서, 도시 아래를 거닐 수 있는 아주 색다른 곳이다)라는 도시는 아름다운 테라스 정원들이다. 또 다른 도시들은 조선공의 망치 소리요, 해변의 작은 선박들이 만든 건물이다. 넓은 만에는 유럽의 함대들이 정박해 있는 것 같다. 어딜 가나 여기저기 모인 집들이 멀리서 그림 같은 황홀함과 꿈결 같은 모습을 선사한다.

길은 절벽 아래에서 부서지는 반짝이는 바다 높이로 이어지며, 해안가로 가기 위해 내륙 쪽으로 방향을 틀며, 계곡의 자갈 바닥을 가로지르며, 바닷가로 내려가며, 각양각색의 깨진 바위 틈 사이로 휘감아들며, 오래 전 바르바리 해적들의 침략으로부터 해안을 지키기 위해 쌓아두었던 탑들 중에 덩그러니 버려진 탑 곁으로 다가가며 매순간 새로운 아름다움을 전한다. 멋진 풍경을 지나고 평탄한 해변을 따라 교외 지역을 거쳐 제노바에 이를 때면 모든 거대한, 다루기 힘든, 사람이 절반만 사는 변두리에 위치한 오래된 집으로 더 상쾌해진, 웅장한 도시와 항구의 변화무쌍한 모습이 새로운 호기심을 일깨운다. 절정으로 다다르던 길이 도시 관문에 이를 때쯤이면 아름다운 항구와 근처 언덕들과 더불어 제노바의 전경이 눈앞에 자랑스럽게 터져 나온다.

파르마, 모데나,
볼로냐를 향해

11월 6일에 제노바를 떠난 나는 여러 좋은 곳들(영국도 그 중 하나다) 중에서도 먼저 피아첸차로 향했다. 밤새 주기적으로 구슬프게 울어대는 큰 개 한 마리를 거느린 어느 부인과 용감한 안내원과 함께 여행용 승합 마차를 타고 출발했다. 무척이나 습하고 추운 데다 매우 어둡고 음산한 날이었다. 우리는 겨우 시속 4마일 정도로 이동하며 휴식을 취하기 위해 어디를 들르지도 않았다. 다음날 아침 열 시 우리는 알레산드리아에서 차체가 파리를 태우기에도 작을 것 같은 마차로 갈아탔다. 이번에는 아주 나이든 신부와 젊은 예수회 수도사—성무일도서와 다른 책 여러 권을 휴대한 수도사는 마차에 오르려고 애쓰다 검정 양말과 검정 무릎 바지 사이로 드러난 분홍색 다리에 깊은 상처가 났는데, 햄릿의 한 장면(극에서는 양쪽 다리가 다 보였지만)이 떠올랐다—와 지방 변호사, 그리고 일찍이 인간에게서 볼 수 없었던 유달리 번

들거리는 얼굴에다 딸기코를 한 신사와 동행했다. 이렇게 우리는 오후 네 시가 되도록 여행을 계속 이어갔다. 여전히 길은 무겁게 질척거렸고, 마차는 아주 천천히 움직였다. 설상가상으로 다리에 쥐까지 난 나이든 신부가 10분마다 아주 고통스럽게 비명을 질러대서 그때마다 우리는 마차를 세우고 힘을 합쳐 그를 밖으로 옮겨야만 했다. 이 소동과 여행길이 우리의 주된 대화거리였다. 오후로 접어들면서 내가 탄 마차 칸에서 두 명의 승객이 내리고 한 명의 승객—멋진 보라색 콧수염을 한 끔찍하게 못생긴 이 토스카나 사내는 모자를 쓰면 수염의 양끝이 잘 보이지 않았다—만 남게 되었다. 나는 좀 더 편하게 자리를 잡고 앉아서 밤 열한 시가 가까울 때까지 이 신사(말도 잘하고 재미있는 사람이었다)와 여행을 계속했다. 그때쯤 마차꾼이 더는 못 가겠다고 통보해서 우리는 스트라델라라는 곳에서 마차를 멈춰 세웠다.

 마당 주변으로 이상하게 생긴 긴 방들이 늘어선 여인숙은 우리의 마차, 수레 한두 개, 닭 여러 마리와 장작들이 한 데 뒤섞여 엉망진창이었다. 그 때문에 뭐가 닭이고 뭐가 수레인지 도무지 분간할 수 없었다. 졸린 눈으로 횃불을 든 사내를 따라 우리는 냉기가 흐르는 커다란 방으로 들어갔다. 방에는 전나무 식탁 같은 두 개의 어마어마하게 큰 판 위에 어마어마하게 넓은 침대 두 개가 놓여 있었다. 창문 네 개에다 의자 두 개가 놓인 방 한가운데 맨바닥에는 비슷한 크기의 전나무 식탁 같은 것이 하나 더 놓여 있었다. 누군가가 그곳이 내가 묵을 방이라고 했다. 나는 토스카나 사내와 늙은 신부, 젊은 수도사, 변호사(딸기코는 그 고장 사람이라 이미 집으로 돌아간 뒤였다)를 멀뚱멀뚱 바라보

파르마, 모데나, 볼로냐를 향해

며 30분 넘게 방안을 이리저리 오갔다. 그들도 각자 침대에 앉아서 나를 쳐다보았다.

다소 지루하고 유별난 상황은 저녁 준비가 끝났다는 안내원(그 동안 그는 요리를 하고 있었다)의 알림으로 중단된다. 우리는 하던 일을 멈추고 신부의 방(내 방과 비슷하게 생긴 옆방이었다)으로 향한다. 첫 번째 요리는 그릇에 물을 가득 붓고 많은 양의 쌀을 넣어 끓인 다음 치즈로 맛을 낸 양배추다. 추위에 떨던 우리는 따끈한 음식을 보는 것만으로도 즐겁다. 두 번째 요리는 콩팥과 살코기를 함께 볶은 돼지고기다. 세 번째는 붉은 닭고기 두 조각. 네 번째는 붉은 칠면조 고기 두 조각. 다섯 번째는 송로버섯과 마늘이 들어간 스튜가 한 그릇 가득 나온다. 나머지는 뭔지 모르겠다. 이것으로 식사가 끝난다.

방으로 돌아온 내가 방이 너무 눅눅하다고 생각할 무렵, 갑자기 문이 열리더니 용감한 안내원이 버넘의 숲[9]이 움직이듯 땔감을 잔뜩 들고 안으로 들어온다. 그가 눈 깜짝할 사이에 장작에 불을 붙이고 사발에다 따뜻한 브랜디와 물을 따른다. 계절마다 다른 것들을 담고 다니는 안내원의 병 속에 지금은 아무것도 섞지 않은 브랜디만 담겨 있기 때문이다. 위업을 달성한 그는 그 밤을 즐기기 위해 자리를 뜬다. 그로부터 내가 잠들기 전 한 시간 동안 그가 별채(베개 아래쪽이 분명하다)에서 허물없는 친구들과 담배를 피우며 농담을 주고받는 소리가 들린다. 그는 평생 이 집에 와 본 적이 없다. 하지만 그는 어딜 가나 채 5분도 안 돼 모두와 친구가 된다. 그 동안 그가 열렬한 헌신으로 여인숙의 모든 관계자들을 매료시킨 게 분명하다.

이때가 밤 열두 시다. 새벽 네 시가 되자 새로 피어난 장미보다 생기 넘치는 모습으로 그가 다시 자리에서 일어난다. 그는 주인에게 허락도 구하지 않고 불을 피우고, 남들은 차가운 물 밖에 마실 수 없을 때 찻잔 가득 뜨거운 커피를 내리고, 어둑한 거리로 나가 누군가가 젖소를 몰고 나타나기를 기다리며 신선한 우유를 큰 소리로 외친다. 말들을 기다리는 동안 나도 터벅터벅 시내로 걸어간다. 시내는 싸늘하고 눅눅한 바람이 아치 사이로 이리저리 불어오는 하나의 작은 광장 같다. 하지만 곧 짙은 어둠이 깔리더니 비가 억수같이 쏟아진다. 만일, 시험 삼아 내일 다시 내가 그곳으로 불려간다면 그곳이 어떤 모습일지는 나도 모르겠다. 그런 일은 없겠지만.

한 시간쯤 지나서 말들이 도착한다. 그 동안 마부는 때로는 기독교식으로 때로는 이교도식으로 계속해서 말들에게 욕설을 퍼붓는다. 욕설이 길어질 때면 그 둘을 섞어 기독교식으로 시작해서 서서히 이교도식으로 바뀌기도 한다. 말을 데려오기 위해 여러 명의 심부름꾼을 보낸다. 말을 쫓아서가 아니라 먼저 보낸 심부름꾼을 쫓아서. 처음 보냈던 심부름꾼이 돌아오지 않은 데다 나머지도 마찬가지기 때문이다. 마침내 말들이 심부름꾼들에게 둘러싸여 나타난다. 모두가 말들에게 욕지거리를 퍼붓는 가운데 누군가는 엉덩이를 걷어차고 누군가는 그들을 질질 끌며 나타난다. 이제 늙은 신부, 젊은 수도사, 변호사, 토스카나 사내와 우리 둘은 마차에 오른다. 마당 곳곳에 자리한 오두막 문간에서 사람들이 졸린 듯한 목소리로 "잘 가게 안내원! 여행 잘 하게나, 내 친구!"라고 외치는 소리가 들린다. 마차가 이리저리 흔들리며 진흙탕 길로 들어서자 안내원도 활짝 웃는 얼굴로 그들에게 인사를 건넨다.

스트라델라의 여인숙에서 네댓 시간 거리에 위치한 피아첸차의 호텔 앞에서 우리는 정다운 인사를 나누며 뿔뿔이 흩어졌다. 늙은 신부는 바닥에 채 발을 딛기도 전에 다시 다리에 쥐가 나서 젊은 수도사가 책 꾸러미를 계단에 올려놓고 열심히 그의 다리를 주물러야만 했다. 앞뜰 정문에서 변호사를 기다리던 의뢰인은 요란한 소리를 내며 변호사의 양 볼에 입을 맞췄는데, 나는 그가 아주 나쁜 상황에 처했거나 지갑이 텅 빈 것은 아닐까 생각했다. 담배를 입에 문 토스카나 사내는 헝클어진 콧수염의 양끝을 매만지려고 모자를 손에 든 채 천천히 걸어갔다. 주변을 둘러보기 위해 나와 함께 길을 나선 용감한 안내원은 그들 일행에게서 들었던 개인사와 가족들 이야기로 나를 즐겁게 해주기 시작했다.

피아첸차는 낡고 쇠락한 갈색의 도시다. 폐허가 된 성벽에다 인적은 드물고 풀만 무성한 외딴 도시. 앙상한 소들이 너저분한 풀밭을 돌아다니는 반쯤 말라붙은 도랑들. 우울하게 얼굴을 찡그리며 마주보는 황량한 집들의 거리. 생기 없는 초라한 행색의 군인들이 게으름과 가난을 저주하며 맞지도 않는 군복을 흉하게 구기며 지나가고, 지저분한 아이들이 즉석에서 만든 장난감(돼지와 진흙)을 가지고 개울에서 놀고, 뼈만 남은 개들은 아치의 통로를 드나들며 끊임없이 먹을 것을 찾아 종종걸음을 치지만, 어디에도 먹을 것은 보이지 않는다. 비밀스러우면서도 엄숙한 궁전이 두 개의 거대한 석상의 호위를 받으며 텅 빈 도시 한가운데에 근엄하게 서 있다. 천일야화 시대에 위세를 떨치던 대리석 다리를 가진 왕은 궁전 안에서는 만족스럽게 살았을지 모르겠지만, 살과 피로 된 상반신을 하고 밖으로 나갈 힘은 없었으리라.

햇살 아래 잠든 이런 장소들을 산책한다는 건 반쯤은 슬프면서도 반쯤은 달콤한 선잠처럼 얼마나 기묘한 일인가! 매번 방향을 틀 때마다 세상의 모든 케케묵고 음울한 데다 신에게 버림받은 마을들이 모습을 드러낸다. 이곳이 고대 로마의 주둔지였던 시절, 성채와 시끄러운 요새가 자리했던 작은 언덕에 앉은 나는 지금껏 게으름이 무엇인지 모르고 살았음을 깨닫는다. 우리 안의 쥐들이 양모 아래로 잠을 자러 가기 전의 상태가 나와 같을까. 아니면 땅 속으로 들어가기 전 거북이의 상태가 이러할까.

점점 나 자신이 녹슬어간다는 기분이 든다. 생각을 떠올리려고만 해도 삐걱거리는 소리가 들리는 것 같다. 어딜 가든 해야 할 일도 하지 않으면 안 될 일도 없다. 더는 인간의 진보도, 움직임도, 노력도, 발전도 없다. 수세기 전 멈춘 모든 계획이 심판의 날을 기다리며 쉬기 위해 누워 있다.

하지만 용감한 안내원이 살아 있는 한 그런 일은 없을 것이다! 본 적 없는 높다란 역마차에 앉아, 정원 담벼락 너머를 훔쳐보듯 앞 유리창을 통해 밖을 바라보며, 피아첸차에서 딸랑거리는 마차를 타고 흔들흔들 길을 나서는 그의 모습을 보라. 그 사이 이탈리아의 온갖 초라함을 한 몸에 담은 기수는, 그 자신 만큼이나 초라한 도시 외곽의 펀치 인형극 벽보에 있는 작은 성모 마리아의 뭉툭한 코를 모자로 건드리기 위해, 활기찬 대화를 나누며 잠시 멈춰 선다.

파르마, 모데나, 볼로냐를 향해

제노바와 그 주변 지역에서는 포도나무를 격자로 엮은 다음 투박한 사각 기둥으로 받쳐두는데, 그게 그 자체로는 그렇게 예쁘지가 않다. 하지만 이곳에서는 포도나무들이 주변의 나무들을 휘감고 울타리를 타고 가도록 내버려 둔다. 이런 목적으로 포도나무들로 가득한 농장에서는 각각의 포도나무들이 서로를 휘감고 엉키도록 일정한 간격을 두고 나무를 심는다. 이 시기의 포도나무 이파리는 가장 밝은 황금색과 가장 깊은 붉은색을 띠며, 매혹적이면서도 우아한 절정의 아름다움을 선보인다. 이렇게 멋진 모양과 색깔을 따라 수십 마일의 길이 이어진다. 야생 꽃 줄, 멋들어진 화환과 왕관, 다양한 형태의 화관, 재미 삼아 그들을 포로로 만들며 커다란 나무 위로 던져 놓은 요정들의 그물, 바닥 위로 떨어져 더미를 이루는 예쁜 모양의 잎사귀들은 얼마나 화려하고 아름다운가! 여기저기 한 데 묶여 화관을 쓴 것 같은 길게 늘어선 나무들의 모습이 마치 서로 손을 잡고 들판에서 춤을 추는 것 같지 않은가!

파르마는 이탈리아 도시 치고는 거리가 붐비는 편인 데다 활기가 넘친다. 그래서 특색이 덜한 다른 고장들처럼 그렇게 전형적인 모습은 아니다. 성당과 세례당과 종탑(대리석과 붉은 돌 위에 괴기스러운 괴물과 꿈을 꾸는 듯한 인물들을 수도 없이 새겨 넣은 칙칙한 갈색의 옛 건물들)이 무리지어 당당하게 쉬고 있는 구석진 광장을 제외하면 말이다. 그들을 바라보고 있노라면 조용한 그들의 존재를 방해하는 거라곤, 금이 간 돌담의 틈이나 건물의 작은 구석에 둥지를 틀고 그 사이를 오가는 새들의 지저귐뿐이다. 새들은 사람들이 만든 사원의 차가운 그늘에서 햇살이 가득한 하늘로 날아오르느라 분주하다. 하지만 사원 안의 사람들은 그렇지 않다. 그들은 내가 제노바와 다른 곳에서 들었던 것과 똑같은 지루한 성가를 듣고 있거나, 똑같은 성상과 촛불 앞에 무릎을 꿇고 앉아 있거나, 똑같이 어두운 고해소에서 머리를 숙인 채 속삭인다.

이런 것들과 함께 이 성당은 아주 애처롭고도 울적한 느낌을 주는 부패해서 훼손된 그림들로 뒤덮여 있다. 인간의 모습처럼, 빛이 바래서 사라지는 위대한 예술 작품—화가의 영혼이 담긴—을 보는 건 괴로운 일이다. 성당 안에는 둥근 천장에 그려진 코레지오의 프레스코화 썩는 냄새가 진동한다. 한때 그들이 얼마나 아름다웠는지는 하늘만이 알 것이다. 감정가들은 이제야 넋을 잃고 그림에 관심을 보인다. 하지만 수많은 팔다리가 미로처럼 혼란스럽게 뒤엉킨 모습은 어떤 정신 나간 외과의사라 할지라도 꿈에서조차 상상하기 어려우리라.

구석의 제단이나 무덤 뒤쪽은 말할 것도 없고, 지붕을 떠받치는 대리석 기둥들 뒤에 적어도 거지 한 명씩은 숨어 있을 것 같은 곳에 무척 흥미로운 지하 성당이 있다. 이런 은신처에서 유령 같은 모습을 한 남자들과 여자들이 뒤틀린 사지와 덜렁거리는 턱, 마비된 몸, 백치 같은 머리와 다른 슬픈 질병을 가진 남자들과 여자들을 데리고 구걸하기 위해 절뚝거리며 밖으로 나온다. 성당 천정에서 본 엉망이 된 프레스코화의 인물들이 갑자기 되살아나서 이곳 지하 성당으로 온다고 해도 이보다 더한 혼란이나 당혹스러운 팔다리를 보여주지는 못하리라.

그곳에는 페트라르카의 기념비도 있고, 아름다운 아치와 커다란 성수반이 놓인 세례당도 있다. 회랑에 걸린 무척 인상적인 그림들 중

파르마, 모데나, 볼로냐를 향해

몇몇은 벨벳 모자를 머리에 썼다기보다 얹어 둔, 수염이 텁수룩한 화가들이 베껴서 그린 그림이다. 파르네제 궁전도 그곳에 있다. 허물어져가는 궁전 내부의 웅장하면서도 낡고 음울한 극장은 지금껏 내가 본 것 중 가장 쓸쓸한 쇠퇴를 보여준다.

편자 모양의 이 극장은 거대한 목조 건축물이다. 아래층의 좌석은 로마식으로 배열이 되어 있고, 위층은 귀족들이 앉던 칸막이 좌석이라기보다는 도도하게 자리 잡은 크고 넓은 방들이다. 그 화려했던 의도와 계획을 떠올리며 구경꾼의 마음속에서 짙어진 극장에 들이닥친 황폐함은 벌레들에게나 친숙할 뿐이다. 이곳에서 연극이 펼쳐진 지 110년이 지났다. 지붕의 갈라진 틈새로 하늘이 반짝이고, 칸막이 좌석은 낡고 부서져 쥐들만이 세 들어 살고, 습기와 곰팡이가 빛바랜 색을 더럽히며 판자 위로 유령 같은 지도를 만들고, 무대 위 화려한 장식을 달던 곳에는 넝마 조각들만 매달려 있고, 썩고 문드러진 무대 위로 기울어진 좁다란 목재 관람석은 그것을 맞은편으로 던지거나 스스로 디딤판 아래로 내려앉아서 방문객을 저 우울한 구렁 속으로 묻어버릴 것만 같다. 슬픔과 쇠퇴는 어디에나 아로새겨져 있다. 공기에서는 썩어가는 냄새와 흙 맛이 난다. 길을 잃은 햇살과 더불어 안으로 흩어져 들어오는 바깥세상의 잡음도 이곳에서는 묵직하게 소리를 낮춘다. 세월이 부드러운 손에 상처를 내서 거칠게 만들 듯 벌레와 구더기와 부패는 손길이 닿는 곳마다 나무의 표면을 바꿔 놓았다. 유령이 연극을 한다면 아마도 이런 으스스한 무대 위에서 하지 않을까.

중심가 양쪽으로 늘어선 주랑의 거무칙칙한 색깔이 청명한 하늘

색깔 덕분에 기운을 북돋우고 기분을 좋게 하는 모데나에 도착했을 때는 날씨가 무척 화창했다. 나는 한낮의 모든 찬란한 아름다움을 지나쳐, 희미한 촛불이 타고 있는 가운데 사람들이 성지를 향해 모두 한 방향으로 무릎을 꿇은, 집전 신부들이 언제나 그렇듯 낮은, 단조로운, 느린, 구슬픈 음색으로 늘 부르던 찬송가를 읊조리는, 장엄 미사가 열리는 어둑한 성당으로 들어갔다.

정체된 도시를 들를 때마다 여전히 무기력한 상태로 단조롭게 뛰는 심장이 참 이상하다고 생각하며 다른 쪽 문을 통해 밖으로 나온 나는, 지금껏 한 번도 들어보지 못한 날카로운 트럼펫 소리에 소스라치게 놀랐다. 곧바로 파리에서 온 곡마단이 모퉁이를 돌아 맹렬하게 다가왔다. 그들은 외벽을 장식한 돌과 대리석에 새겨진 그리핀, 사자, 호랑이와 다른 괴물들을 말발굽으로 조롱하며 성당 담벼락 아래로 모여들었다. 먼저, 머리숱이 많고 모자는 쓰지 않은 위풍당당한 귀족이 '마제파! 오늘밤!'이라고 적힌 커다란 깃발을 치켜들고 나타났다. 이어서 헤라클레스처럼 커다란 조롱박 모양의 곤봉을 어깨에 걸친 멕시코 장군이 나타났다. 그리고 고대 로마의 전투용 마차 여섯에서 여덟 대가 저마다 아주 짧은 속치마에다 부자연스럽게 꼭 끼는 분홍색 바지를 입은 아름다운 여인들을 태우고 등장했다. 여인들은 불안과 걱정이 잠재된 표정으로 관중들을 향해 환하게 웃고 있었는데, 나는 각각의 마차가 열린 뒷모습을 드러내고 울퉁불퉁한 도로 위에서 분홍색 다리가 수직의 상태를 유지하려고 애쓰는 엄청난 고통을 보여줄 때까지 그 이유를 알지 못했다. 이 일로 나는 고대 로마인들과 브리튼 족들에 대한 새

파르마, 모데나, 볼로냐를 향해

로운 견해가 생겼다. 행렬은 두 명씩 말에 탄 열두어 명의 각기 다른 나라에서 온 불굴의 용사들이 순종적인 모데나의 주민들을 거만하게 내려다보며 지나가는 것으로 끝이 났다. 그들 중 몇몇은 이따금 몸을 굽혀 광고지 형식의 선물을 사람들에게 나눠 주기도 했다. 사자와 호랑이들 사이를 이리저리 돌고 나서 트럼펫을 불어 저녁에 열릴 공연을 알린 그들은 새롭고 더욱 커진 침울함만 남긴 채 줄지어 광장 반대편으로 사라졌다.

    행렬이 완전히 빠져나간 다음 날카로운 트럼펫 소리가 저 멀리서 부드럽게 들려왔다. 마지막 말의 꼬리가 덧없이 모퉁이를 돌자 이 행렬을 보려고 성당에서 빠져나온 사람들도 다시 안으로 들어갔다. 하지만 입구 근처 인도에서 무릎을 꿇고 이 장면을 아주 관심 있게 지켜보던 어느 늙은 여인은 그 자리에서 꼼짝하지 않았다. 그 순간 난처하게도 나와 여인은 서로 눈이 마주치고 말았다. 하지만 당황스러움도 잠시, 마음을 담아 십자를 그은 여인은 행렬 속 인물과 꼭 닮은 멋진 속치마와 금빛 왕관을 쓴 인물상 앞에서 얼굴을 바닥으로 향한 채 팔다리를 쭉 뻗고 엎드렸다. 그 순간 그녀는 모든 것을 천국의 환영이라고 생각하는 것 같았다. 어쨌든 그녀의 고해 신부가 된 격이었던 나는 곡마단에 관심을 보인 그녀를 용서할 수밖에 없었다.

    성당에는 어깨가 굽고 눈매가 날카로운 왜소한 노인이 있었다. 그는 14세기에 모데나 사람들이 볼로냐 사람들로부터 빼앗아 온 양동이(오래된 탑에 보관된)를 보러가지 않는다고 나를 안 좋게 생각하는 눈치였다. 그 즈음 양동이 사건으로 전쟁이 일어났고, 타쏘네가 지은 영웅풍을 모방한 시도 나왔다. 하지만 나는 탑에서 밖을 바라보는 것만으로도 충분했고, 양동이를 상상하는 것만으로도 만족스러웠다. 또 우뚝 솟은 종탑의 그늘과 성당 주변을 어슬렁거리는 편이 내게는 더 좋았다. 나는 지금까지도 이 양동이에 대해 아는 것이 없다.

실제로 우리는, 그 노인(혹은, 머레이 씨의 안내서)이 우리를 모데나의 경이로움을 제대로 볼 줄 모르는 사람이라고 여기기 전에 이미 볼로냐에 있었다. 하지만 새로운 풍경을 뒤로 하고 떠나는 건 나에게 크나큰 기쁨이고, 더 새로운 풍경을 마주하며—게다가 나는 잘 다듬어진 데다 건조한 사람들의 입을 오르내린 볼거리에는 비뚤어진 기질도 가지고 있지 않던가—계속 나아가고 있지만 가는 곳마다 이런 권위에 죄를 지을까 두렵다.

어쨌든 나는 다음 일요일 아침 볼로냐의 공동묘지에서 여러 명의 농부들과 함께 위풍당당한 대리석 무덤들과 줄기둥 사이를 걷고 있었다. 우리는 그곳의 명예를 지나치게 열심히 알리고 싶어 하는 그 고장의 키 작은 관광 안내원의 도움을 받았다. 그는 내 시선을 허름한 기념비에서 다른 곳으로 돌리려고 애쓰는 한편, 멋진 기념비들의 극찬에도 여념이 없었다. 이 안내원(그는 재미있는 사람이었고, 얼굴에서는 반짝이는 치아와 눈밖에 보이지 않는 것 같았다)이 생각에 잠긴 듯한 눈빛으로 어느 작은 잔디밭을 바라보는 모습을 보고, 내가 거기에 묻힌 사람이 누구냐고 그에게 물었다. "불쌍한 사람들입니다, 선생님." 나를 돌아보려고 멈춰 선—그는 늘 몇 걸음 앞서 걸었고, 기념비를 소개할 때마다 모자를 벗었다—그가 어깨를 으쓱하며 미소를 띤 채 말했다.

파르마, 모데나, 볼로냐를 향해

"그저 불쌍한 사람들입니다, 선생님! 아주 기분 좋은 날이네요! 아주 상쾌해요. 얼마나 푸르고 시원합니까. 초원에 온 것 같군요! 저곳에 다섯 명이 묻혀 있습니다." 이탈리아 농부들이 늘 그렇듯 그가 오른손 손가락을 모두 펴 보이며 말했다. "저의 어린 자식 다섯이 저기에 묻혀 있습니다, 선생님. 바로 저기요. 저기 오른쪽. 그래도 뭐! 저는 신에게 감사합니다! 기분 좋은 날이네요. 얼마나 푸르고 시원합니까! 초원이나 다름없네요!"

내 얼굴을 빤히 바라보던 그가 안타까워하는 내 모습을 보더니 코담배(안내원들은 코담배를 피운다)를 들이마시고는 고개를 살짝 숙였다. 어느 정도는 그런 이야기를 하게 된 것에 대한 항의의 뜻으로, 또 어느 정도는 그의 아이들과 그 자신이 가장 좋아하는 성인을 기리는 뜻으로. 인간이 할 수 있는 가장 자연스럽고도 마음에서 우러나는 작은 인사였다. 어느새 그가 모자를 완전히 벗고 다음 기념비를 소개하겠다고 나섰다. 그의 두 눈과 치아가 전보다 훨씬 밝게 빛났다.

볼로냐와
페라라를 지나서

　키 작은 안내원이 자신의 아이들을 묻은 공동묘지에 아주 말쑥한 관리원 하나가 있었다. 약간의 특별한 봉사를 해주는 대가로 이 관리원에게 몇 푼(영국 돈으로 10펜스 정도)의 돈을 쥐어준다고 해서 불쾌하게 생각하지 말라고 안내원이 나에게 속삭이며 제안했다. 의심의 눈초리로 그의 삼각모와 부드러운 가죽 장갑, 잘 차려입은 제복, 반짝이는 단추를 본 나는 심각하게 머리를 흔들며 안내원을 꾸짖었다. 멋진 겉모습만 봐서는 그가 영국 상원의 흑장관[10] 같아 보였고, 제레미 디들러[11]가 "'10펜스 같은' 그를 쫓아내라."라고 말한 것처럼 그의 생각도 어처구니없을 것 같았기 때문이다. 하지만 내가 실례를 무릅쓰고 돈을 내밀자 그는 아주 기분 좋게 돈을 받았고, 받은 돈의 두 배는 줘야 볼 수 있을 것 같은 과장된 몸짓을 하며 삼각모를 벗었다.
　방문객들에게 기념비를 설명하는 것이 그의 업무인 것 같았다. 아무튼 그는 그렇게 하고 있었다. 거인국의 걸리버 같은 그를 사랑하는 내 나라의 제도와 비교하고 있자니 자부심과 기쁨의 눈물을 감출 수가 없다. 그는 거북이처럼 천천히 걸었다. 방문객들이 마음껏 호기심을 채울 수 있도록 그도 그들의 발걸음에 맞춰 쉬엄쉬엄 걸었고, 사람들이 묘비의 비문을 읽을 수 있도록 긍정적으로 허락해주었다. 그는 초라하지도, 건방지지도, 인색하지도, 무지하지도 않았다. 그는 제 나라 말을 완벽하게 구사했고, 스스로 사람들을 가르치는 사람이라고 여기며 자신과 사람들 모두를 정당하게 존중해야 한다고 생각하는 것 같았다. 웨스트민스터 사원은 기념비를 관람하도록 무료로 사람들을 들여보내주지도 않지만(볼로냐에서 그런 것처럼), 더는 그런 사람을 관리인으로 두지도 않는다.[12]

다시 눈부신 하늘 아래 고대의 침울한 도시와, 그보다 더 오래된 거리의 보도 위로 늘어선 육중한 회랑들과 도시의 새로운 구역의 좀 더 밝고 기분 좋은 아치길이다. 다시 돌 틈 사이로 더 많은 새들이 날아다니는 성스러운 건물들의 갈색 더미와 기둥 바닥에 자리 잡은 더욱 심술궂은 표정을 한 괴물들이다. 다시 화려한 성당들, 나른한 미사들, 피어오르는 향, 딸랑거리는 종들, 밝은 예복을 입은 신부들, 그림들, 작은 초들, 레이스로 장식한 제단포들, 십자가들, 성상들과 조화들이다.

엄숙하면서도 학구적인 기운이 도시를 감싸고 그 위로 기분 좋은 침울함이 드리운 볼로냐는 많은 도시들 중에서도 마음속에 독특한 인상을 남기는 곳이다. 비록 여행자의 기억 속에서는 뻣뻣하게 인사를 주고받듯이 비스듬히 기울어진 벽돌 탑 두 개(그 자체로는 썩 보기 좋다고 할 수 없지만)이상은 표시하지 못하지만. 이게 좁은 거리 끝에서 볼 수 있는 가장 특별한 풍경이다. 대학들과 성당들은 물론이고 궁전들도 그렇다. 특히 기억 속에 한 자리를 차지한 귀도, 도메니키노, 루도비코 카라치가 그린 흥미로운 그림들로 가득한 미술 전문학교가 그렇다. 그 외에 도시를 기억할 만한 것들은 별로 없지만, 산 페트로니오 성당 바닥에 무릎을 꿇은 사람들 사이로 태양 빛이 시간을 표시하며 지나가는 자오선은 무척 기발하면서도 흥미롭다.

    수해로 피렌체로 가는 길이 끊긴 볼로냐는 발이 묶인 관광객들로 북적였다. 나는 너무 구석에 위치해서 찾기도 어려운 어느 호텔의 꼭대기 방에 묵었다. 침대 하나가 기숙학교용으로 쓸 수 있을 만큼 커서 잠도 쉽게 오지 않았던 방이다. 창문 위 넓은 차양에 자리 잡은 제비들을 제외하면 사람이라곤 찾아볼 수 없는 이 외로운 은신처에, 영국과 관련된 생각만 하는 종업원 중 상관으로 보이는 사람이 찾아왔다. 이 순진한 편집광의 주요 관심사는 바이런 경Lord Byron이었다. 아침 식사 시간에 내가 바닥 깔개가 계절에 맞게 참 편안하다고 말했을 때, '비론 선생Milor Beeron'도 그런 깔개를 무척 좋아했다고 그가 대답해서 우연히 그 사실을 알게 됐다. 게다가 그는 내가 우유를 마시지 않은 것을 보고는 비론 선생 역시 우유를 건드리지도 않았다고 감격에 겨워 소리쳤다. 처음에 나는 순진하게도 그가 바이런 경의 하인이었을 것으로 생각했다. 하지만 그는 영국 신사들에게 바이런 경에 대해 이야기하는 버릇이 있을 뿐이라고 했다. 그게 전부였다. 그는 바이런 경에 대해 모르는 것이 없다고 했다. 그 증거로 그는 저녁식사에 나온 몬테풀

치아노 포도주(그가 소유한 땅에서 자란 포도로 만든 포도주였다)에서부터 그 큰 침대(그가 만든 침대였다)에 이르기까지 모든 이야기를 바이런 경과 연결 지었다. 그는 내가 호텔을 떠날 때에도 마당에서 마지막 인사를 건네며 내가 가려는 길이 바이런 선생이 가장 좋아하던 길이라고 말했다. 그리고는 바닥에서 달그락거리는 말발굽 소리가 나기도 전에 신나게 위층으로 뛰어 올라갔는데, 나는 그가 다른 구석방에 묵고 있는 영국인에게 방금 떠난 손님이 살아 있는 바이런 경의 화신이었다고 말하기 위해 그랬으리라 감히 장담한다.

교황령으로 들어간 뒤 우리는 밤중에—거의 자정이 다 되어—볼로냐로 들어가 줄곧 그 길을 달렸다. 낡은 로마 교황의 문장으로 보아 교황령은 아주 잘 관리되고 있는 것 같지 않았다. 날이 어두워진 뒤라서 마차꾼은 길을 가다가 강도를 만날까 무척 걱정했다. 용감한 안내원까지 그 생각에 전염되어, 두 사람은 뒤에 묶어둔 큰 여행 가방을 살피려고 여러 차례 말을 멈추고 마차를 오르내렸다. 제발 누구든 그 짐을 가져갔으면 고맙겠다고 내가 느낄 정도였다. 그래서 언제 볼로냐를 벗어나든 저녁 여덟 시 전까지는 페라라에 도착할 수 있도록 하자고 합의를 봤다. 최근에 내린 폭우로 시내와 하천이 넘쳐 점점 평지가 늪처럼 변해가긴 했지만, 기분 좋은 오후와 저녁의 여행길이었다.

해질녘 말들이 쉬는 동안 혼자서 걷던 나는, 우리 모두가 인지하는 독특한 정신 작용의 하나로 내게 무척이나 낯익은 어떤 작은 장소에 닿았다. 지금도 뚜렷이 보인다. 특별한 것은 없었다. 붉게 타는 빛 속에서 저녁 바람에 가장자리 나무들이 흔들리는 슬픔에 잠긴 연못이었다.

볼로냐와 페라라를 지나서

한 무리의 조용한 시골 처녀들이 하늘을 향해 고개를 들었다가 가끔 물속을 들여다보며 작은 다리 난간에 기대고 있고, 멀리서는 은은한 종소리가 들리고, 모든 것을 밤으로 몰아가는 어두운 그림자가 드리운 전경이었다. 내가 어느 전생에 그곳에서 살인을 당했다하더라도 그보다 더 또렷이 피의 강렬한 으스스함을 느끼며 그곳을 떠올리지는 못했으리라. 그리고 나는 가상의 기억으로 더욱 굳어진, 그 순간에 떠오른 이 희미한 회상을 잊을 수 있다고 생각하지 않는다.

그 어떤 엄숙한 도시보다 더 외롭고, 더 인적이 드물고, 더 황폐한 옛 도시 페라라! 고요한 거리에는 풀들이 너무 높이 자라서 누구라도 해가 비치는 동안 말 그대로 건초를 만들 수 있을 것만 같다. 하지만 음산한 페라라에서는 태양도 그 명랑한 빛을 잃은 데다 그곳을 오가는 사람들도 너무 적어서 주민들 스스로 풀이 되어 광장에서 자라는 것만 같다.

왜 구리 세공인은 방문객들에게 망치소리를, 마치 치명적으로 뛰는 자신의 심장박동처럼 느끼게 하며 이탈리아 도시의 호텔 옆이나 맞은편에 자리를 잡고 있는 걸까! 왜 침실을 한 바퀴 빙 두른 질투심 많은 복도는, 그곳을 닫히지도 열리지도 않는 불필요한 문으로 채워 칠흑 같은 어둠에 휩싸이게 하는 걸까! 왜 의심 많은 마귀들은 밤새 꿈속에서 입을 벌리고 서 있는 것으로도 모자라 높은 벽에 조그만 열린 창을 만들어 벽 뒤에서 생쥐나 쥐 소리가 날 때마다, 마치 누군가가 그 창으로 올라와 안을 들여다보려고 발가락으로 벽을 긁는다고 생각하게 만드는 걸까! 왜 장작은 저렇게 쌓아 두어서 불을 붙였을 때의 효력보다 뜨거움의 고통을, 언제든 추위와 질식의 고통을 떠올리게 하는 걸까! 무엇보다, 왜 이탈리아 호텔들에서 내부 건축의 가장 큰 특징은 연기가 아닌 불이 굴뚝을 타고 올라가는 걸까!

답은 중요하지 않다. 나로서는 구리 세공인, 문, 조그만 창, 연기, 장작을 환영한다. 남자든 여자든, 종업원들의 웃음 띤 얼굴과 예의 바른 태도와 서로를 즐겁게 해주겠다는 쾌활한 소망을 달라. 명랑하고 즐거운 데다 소박한 태도—흙 속에 묻힌 보석 같은—라면 내일 다시 나는 그들의 것이다!

아리오스토의 집, 타소의 감옥, 고딕 양식의 낡은 성당과 몇몇 성당들도 물론 페라라의 명소다. 하지만 담쟁이가 깃발들 대신 흔들리고 무성한 잡초들이 사람들의 발길이 닿지 않은 계단을 천천히 기어오르는, 길게 뻗은 고요한 거리와 버려진 궁전들이야말로 가장 멋진 풍경이다.

어느 청명한 날 아침 해가 뜨기 30분 전 쯤, 길을 떠나면서 내가 바라본 이 쓸쓸한 도시의 모습은 비현실적일 만큼 아름다웠다. 사람들이 아직 깨어나지 않았다는 건 문제될 것이 없었다. 모두가 자리에서 일어나 바삐 움직인다고 해도 그곳의 적막함에는 별반 차이가 없었을 테니까. 아무도 없는 그림이나 고독한 생존자 하나 없는 죽은 자들의 도시를 보는 것처럼 멋졌다. 역병이 거리와 광장과 시장을 휩쓸고 지나갔거나, 약탈과 공격으로 낡은 집들이 부서지고, 문과 창문이 깨지고, 지붕에 구멍이 생긴 것인지도 모른다. 도시 한쪽으로 우울한 풍경 속의 유일한 표지처럼 하늘 높이 탑이 솟아 있었다. 다른 한쪽으로는 연못에 둘러싸인 거대한 성이 서 있었다. 그 자체로 음침한 도시였다. 이 성의 어두운 지하 감옥에서 파리시나와 그녀의 연인이 한밤중에 참수를 당했다. 그곳을 다시 돌아봤더니, 붉은 불빛이 반짝이기 시작하며 그 옛 날에도 수없이 내부를 그렇게 물들였던 것처럼 불빛이 성의 외벽을 붉게 물들였다. 이 성과 도시에 생명의 징후가 보이지 않았다면, 도끼가 두 연인의 죽음 위로 떨어졌던 그 순간부터 인간들은 이곳을 피했으리라. 그리고 이곳에는 어떤 소리도 울려 퍼지지 않았을 것이다.

둔탁하면서도 강력하게
단두대로 내리꽂히던 도끼 소리 밖에는.[13]

우리는 물이 엄청나게 불어나서 무서운 속도로 흐르는 포 강을 부교로 건넌 다음 오스트리아 영토로 들어가 다시 여행을 시작했다. 수십 마일에 이르는 그곳의 많은 부분이 물에 잠긴 상태였다. 용감한 안내원은 우리의 영구 여권 문제로 30여 분간 군인과 처음으로 시비가 붙었다. 하지만 이런 일은 제복을 입은 염치없는 관리들이 여권을 보겠다며—다른 말로는 돈을 달라며—판자로 만든 초소에서 나올 때마다 청각 장애에 시달리는 용감한 안내원에게는 일상적인 오락거리에 지나지 않았다. 또 몇 푼 쥐어주고 편안히 갈 길을 가자는 나의 애원에도 귀가 먹는 이 안내원은 엉터리 영어로 그 관리를 욕하는 것에도 익숙했다. 그러는 동안 마차 창문으로 내가 본 이 불운한 사내의 얼굴은, 무슨 말인지 전혀 알아듣지 못해서, 마치 번민에 찬 초상화 액자 같았다.

이날 길을 가던 우리는 당신이 만나고 싶어 할 만큼 거칠고 잘 생긴 방랑자 같은 기수를 만났다. 덥수룩한 검은 머리카락이 얼굴 전체를 덮은 데다 멋진 구레나룻이 목까지 이어진, 키가 크고 건장한 체격에 피부가 가무잡잡한 친구였다. 군데군데 붉은색 장식이 달린 암녹색의 낡아빠진 옷에다 부러지고 때가 묻은 깃털이 묶인 춤이 높고 뾰족한 모자를 쓰고 어깨에는 타는 듯한 붉은 목도리를 걸치고 있었다. 그는 안장이 아닌 말들의 꼬리 가운데, 역마차 앞부분에 달린 발판 같은 곳에 앉아서도 아주 느긋하고 평온해 보였다. 언제라도 말들에게 머리를 차이기에 딱 좋은 위치였다. 우리가 적당히 빠른 속도로 달리고 있을 때 용감한 안내원이 이 기수에게 좀 더 빨리 가달라고 넌지시 제안했다. 이 제안을 큰 소리로 비웃은 그가 채찍을 머리 주위로 휘두르고는(그런 채찍이라니! 손수 만든 활에 가까웠다), 말의 높이보다 훨씬 높이 발뒤꿈치를 들어 올리더니 발작을 일으키며 차축 근처에서 사라졌다. 나는 당연히 그가 수백 야드 뒤 길 위에서 나뒹굴 거라고 생각했지만, 바로 다음 순간 그의 높고 뾰족한 모자가 불쑥 위로 올라왔다. 그는 곧 편안한 의자라도 놓인 것처럼 자리에 누워 혼자만의 생각으로 즐거워하며 이렇게 소리쳤다. "하하! 다음은 뭐요! 기가 막히는군! 더 빨리 가자고? 슈~후~우!" 그가 상당히 거만한 투로 이렇게 빈정거렸다. 그날 저녁 다음 목적지에 도착할 수 있을지 걱정됐던 나는 얼마 지나지 않아 직접 그 실험을 되풀이해 보았다. 정확히 같은 결과가 나왔다. 경멸하는 듯한 몸짓으로 채찍을 휘두르고, 발뒤꿈치가 높이 올라가고, 높고 뾰족한 모자가 아래로 내려갔다가 다시 나타나더니 또다시 자리에 누워 이렇게 혼잣말을 했다. "하하! 다음은 뭐요! 더 빨리 가자고? 세상에! 슈~후~우!"

볼로냐와 페라라를 지나서

이탈리아의 꿈

지금껏 나는 여러 날 동안, 낮에는 전혀 쉬지 않고 밤에만 아주 잠깐씩 쉬면서 여행을 이어왔다. 내 앞을 연이어 빠르게 지나가던 새로운 풍경들이 어렴풋한 꿈처럼 되살아났고, 인적이 드문 길을 달려갈수록 수많은 사물들이 내 마음속을 아주 혼란스럽게 헤집고 다녔다. 그중 일부는 간격을 두고 마음속을 쉴 새 없이 오가다가 이따금씩 내가 똑바로 쳐다볼 수 있도록 가만히 멈춰 서 있기도 했다. 몇 분 뒤 그것은 환등기로 비춘 그림처럼 다시 스르르 사라지곤 하다가 내가 어떤 장면은 또렷이, 어떤 장면은 희미하게, 어떤 장면은 전혀 보지 못하는 사이 뒤쪽에서 어른거리다가 그 장면을 뚫고 나와 내가 최근에 구경했던 많은 장소들을 보여주곤 했다. 이 영상들은 제 차례가 되어 보이는가 싶더니 금세 다른 것으로 변해 버렸다.

어느새 나는 다시 갈색의 낡고 지저분한 모데나의 성당들 앞에 서 있었다. 험상궂은 괴물들을 토대로 하고 있는 특이한 기둥들을 알아차리는 순간, 숙연한 분위기의 오래된 대학이 있고 가운을 입은 사람들이 여기저기 무리를 지어 거닐던, 파두아의 조용한 광장에 서 있는 그들을 보는 듯했다. 그러다 나는 주택들과 정원들과 과수원들이 유달리 깨끗한 것에 감탄하며 몇 시간 전에 봤던, 쾌적한 도시의 변두리를 걷고 있었다. 그 모습이 사라지자 이윽고 볼로냐에서 봤던 두 개의 탑이 나타났다. 열정적인 사랑을 증명하듯 연못에 둘러싸인 페라라의 거대한 성이 고독하고 풀만 무성한 쇠락한 도시의 주인처럼 붉은 햇살 속에 다시 모습을 드러내자 탑들은 모습을 감췄다. 말하자면 여행자들이 흔히 겪기 쉬운, 머릿속이 온통 뒤죽박죽되는 유쾌한 혼란이 일어난 것이다. 내가 탄 마차가 흔들릴 때마다, 어둠 속에서 반쯤 졸며, 머릿속에서는 새로운 기억이 홱 하고 나타났다 사라지고 또 다른 새로운 기억이 홱 하고 나타났다. 그런 상태로 나는 잠에 빠져 들었다.

얼마 뒤 (내 짐작에) 마차가 서는 바람에 나는 눈을 떴다. 깊은 밤이었고, 우리는 물가에 있었다. 똑같이 음울한 색으로 칠한 작은 집이거나 선실 같은 것을 갖춘 검은 배 한 척이 보였다. 내가 배에 오르자 사공 두 명이 노를 저어 바다 저 멀리 보이는 커다란 불빛을 향해 배를 움직였다.

때때로 쓸쓸한 바람소리가 들렸다. 바람은 물결을 일으켜 배를 흔들며 별들을 향해 검은 구름을 날려 보냈다. 나는 그 시간에 육지를 뒤로 하고 물 위를 떠다니며 바다 위 불빛을 향해 나아가는 것이 참으로 이상하다고 생각했다. 빛은 이내 더욱 밝게 빛나기 시작했다. 배가 기둥과 말뚝으로 표시된 꿈같은 뱃길을 따라 가까이 다가가자, 한 덩어리를 이루고 있던 빛이 물 위에서 반짝이며 여러 개의 작은 촛불로 변했다.

    시커먼 물 위로 5마일쯤 떠돌았을까, 나는 꿈속에서 배가 근처의 장애물에 부딪히며 잔물결을 일으키는 소리를 들었다. 유심히 살펴보던 나는 어둠 사이로 검고 큼지막한 무언가—강기슭인가 했지만, 그것은 뗏목처럼 수면 가까이 평평하게 놓여 있었다—를 보았고, 우리는 미끄러지듯 그걸 지나갔다. 둘 중 윗사람으로 보이는 사공이 묘지라고 했다.

    외로운 바다에 누워 있는 묘지에 호기심과 놀라움으로 한껏 고무된 내가 다시 뒤를 돌아봤을 때, 묘지는 서서히 물러나 어느새 내 시야에서 사라졌다. 이곳이 어디인지 어찌된 영문인지를 알아차리기도 전에 나는 우리가 유령의 거리로 미끄러지듯 들어가고 있다는 사실을 깨달았다. 검은 배가 거리 양쪽 물 위로 솟은 집들의 창문 아래로 조용히 지나갔다. 창문에서 새어나온 불빛이 반사된 빛으로 검은 물줄기의 깊이를 재며 반짝였다. 하지만 모든 것은 너무도 고요했다.

    그렇게 우리는 온통 물이 가득 차서 흐르는 좁은 거리와 골목길을 따라가며 이 유령의 도시 속으로 계속 들어갔다. 길이 갈라서는 어떤 모퉁이들은 너무 좁고 뾰족해서 길고 가는 모양의 배로는 그곳을 돌아 들어갈 수 없을 것만 같았다. 하지만 낮게 읊조리는 듯한 소리로 위험을 알린 사공들은 배를 멈춰 세우지도 않고 그곳을 부드럽게 지나갔다. 때로 우리처럼 검은 배를 부리는 사공들이 그 소리를 흉내 내며 속도를 늦추고(나는 우리 배가 속도를 늦춘다고 생각했다) 검은 그림자처럼 우리를 스쳐가기도 했다. 똑같은 칙칙한 빛깔의 다른 배들이 곧

바로 바다를 향해 열린 비밀스러운 문 같은 색칠한 기둥에 묶여 있는 것 같았다. 어떤 배는 텅 비어 있었고, 어떤 배에는 사공들이 잠들어 있었다. 나는, 횃불을 든 사람들의 시중을 받으며 화려하게 차려입은 어떤 형체들이 궁전 내부에서 어둑한 아치 길을 지나 배 쪽을 향해 내려오는 것을 보았다. 그들의 모습은 잠깐씩 보였다가 사라지곤 했는데, 곧 무너져 내려 우리를 뭉개버릴 것만 같은 다리 하나가 배에 아주 낮고 가깝게 붙어 있었기 때문이다. 꿈을 혼란스럽게 하는 많은 다리 중 하나였다. 다리는 어느새 그들을 완전히 가려 버렸다. 그렇게 우리는 이 이상한 곳—우리 주변은 모두 물이었고, 다른 곳(주택들과 성당들과 위풍당당한 건물들이 우뚝 솟아 있는)에는 물이 없었다—의 중심부를 향해 들어갔다. 마찬가지로 어디나 놀랄 만큼 고요했다. 이윽고 우리는 잘 포장된 넓은 부두 같은 곳을 지나며 넓게 트인 물줄기를 가로질렀다. 그곳 부두 같은 곳에서는 환한 등불이, 난공불락의 요새였지만, 흰 서리나 거미줄만큼이나 가벼워 보이는 길게 늘어선 아치와 회랑들을 비추고 있었다(나는 그곳에서 처음으로 걸어 다니는 사람들을 보았다). 배가 물로부터 커다란 저택에 이르는 일련의 계단에 닿았다. 그곳에서 나는 수많은 복도와 회랑을 지나 잠시 쉬려고 몸을 뉘였다. 나는 창 아래로 검은 배들이 잔물결을 일으키며 오가는 소리를 듣다가 잠이 들었다.

    이 꿈속에서 갑자기 낮의 찬란한 아름다움이 나타났다. 낮이 주는 상쾌함과 역동성과 상승효과, 물 위에서 반짝이는 햇살, 청명한 푸른 하늘과 살랑대는 바람은 어떤 말로도 표현할 수 없다. 나는 창을 통해

이탈리아의 꿈

작은 배와 범선들을, 돛대와 돛과 밧줄과 깃발들을, 배에서 짐을 부리며 바삐 움직이는 선원들을, 화물과 술통과 온갖 종류의 물품들로 뒤덮인 넓은 부두를, 바로 근처에 당당하게 정박한 거대한 배들을, 화려한 탑들과 돔형 지붕으로 왕관을 쓴 섬들을 내려다보았다. 경이로운 성당 꼭대기의 금빛 십자가가 바다로부터 야기된 빛 속에서 반짝였다! 나는 파도를 문 앞까지 밀어 보내며 거리를 물로 가득 채우는 녹색의 바닷가로 내려가 빼어난 아름다움과 웅장함을 간직한 어떤 장소로 갔다. 눈을 뗄 수 없는 그곳의 매력에 주변의 모든 것들은 초라하게 빛을 잃었다.

그건 다른 모든 것들처럼 깊은 바다에 닻을 내린 드넓은 광장 같았다. 광장 한가운데는 한창 전성기에 있는 세상의 그 어떤 건물보다 더 웅장하고 장엄한 모습을 간직한 오래된 궁전이었다. 요정의 손으로 만든 작품처럼 가볍고 수백 년의 공격도 허사로 만들었을 만큼 대단히 견고한 수도원과 회랑들이 주변을 둘러싸고 있었고, 동양의 화려한 상징으로 가득한 성당이 그들을 감싸고 있었다. 궁전 입구에서 그리 멀지 않은 곳에서는 홀로 선 높은 탑이 자랑스러운 머리를 하늘로 외로이 들어 올린 채 아드리아 해를 바라보고 있었다. 물가에 서 있는 붉은 화강암으로 만든 불길한 기둥 두 개 중 하나의 꼭대기에는 검과 방패를 든 인물상이, 다른 하나의 꼭대기에는 날개 달린 사자상이 붙어 있었다. 그 곁에 자리한 황금색과 짙은 푸른색의 번쩍이는 천체를 높이 떠받친 또 하나의 탑은 모든 것이 호화로운 그곳에서도 장식이 가장 화려했다. 천체 표면에는 황도 12궁이 그려져 있었고, 그 주위를 가짜 태양이 궤도를 따라 움직이는 사이 위에서는 두 명의 청동 거인이 망치로 종을 두드려 낭랑한 소리로 시간을 알렸다. 새하얀 돌로 지은 높은 집들 사이에 자리한 직사각형의 광장은 화사하고 아름다운 회랑으로 둘러싸여 이 황홀한 광경의 한 부분을 차지하고 있었다. 그리고는 곳곳에서 깃발을 단 화려한 돛대들이 올라가더니 비현실적인 땅 위에 난 포장도로부터 점점 멀어져 갔다.

 나는 성당으로 들어간 것 같았고, 건물 전체를 가로지르며 수많은 아치들 사이를 오갔다. 웅장하고 몽환적인 거대한 건물은 낡은 모자이크로 금빛을 발하는, 좋은 향기가 가득한, 향로의 연기가 자욱한, 보관함에서 반짝이는 진귀한 돌과 금속으로 만든 보물이 있어 귀중한, 성인들의 성체가 있어 거룩한, 스테인드글라스 창으로 오색찬란한, 조각을 새겨 넣은 나무와 채색한 대리석으로 어둑어둑한, 엄청난 높이와 너른 공간으로 모호한, 은색 등불과 깜빡이는 빛으로 빛나는, 구석구석 비현실적인, 환상적인, 엄숙한, 상상을 초월하는 곳이었다. 나는 고요한 화랑과 대회의실을 서성이다 오래된 궁전으로 들어간 것 같았다. 그곳 화랑과 대회의실의 벽에 걸린 그림 속에서는 물의 왕국의 옛 통치자들이 근엄한 자태로 바라보고 있었고, 뱃머리를 높이 쳐든 전함들도 화폭 속에서 옛 모습 그대로 전쟁을 하며 승리를 거두고 있었다. 나는 사라져버린 그곳의 긍지와 권력에 대해 곰곰이 생각하며 위엄과 승리를 기리는 궁전의 넓은 방(지금은 아무것도 없이 텅 비어 있다)을 이리저리 거닐었던 같다. 모든 것은 과거의 일이기 때문에. 어디선가 목소리가 들렸다. "궁전의 몰락에 대한, 고대 궁전의 징표와 위안이 되는

이탈리아의 꿈

근거를 이곳에서 찾을 수 있으리라. 지금도!"

나는 궁전 근처의 감옥과 연결된 어떤 질투심이 많은 방들로 이끌려 들어가는 꿈을 꿨다. 좁은 거리 위를 가로지르는 높은 다리가 궁전과 감옥을 갈라놓고 있었다. 꿈속에서 나는 그것을 '탄식의 다리'라고 불렀다.

하지만 나는 먼저 돌로 만든 벽에 난 들쭉날쭉한 구멍 두 개를 지나갔다. 나는 꿈속에서 병적인 공포를 느끼며 지금은 이빨이 없는 사자의 입 같은 그곳을, 어두운 밤이면 늙고 사악한 평의회에 대한 죄 없는 사람들의 맹렬한 비난이 무수히 쏟아지던 장소라고 생각했다. 때문에 나는 그런 죄수들이 심문을 받기 위해 끌려갔던 평의회실과 그들이 유죄 선고를 받고 지나쳤던 문(목숨과 희망이 있는 사람에게는 늘 닫혀 있는 문)을 봤을 때 가슴이 아팠다.

하지만 내가 밝은 햇살을 뒤로 하고 횃불을 손에 든 채 아래위 두 개의 층으로 이뤄진 음침하고 무시무시한 감옥으로 내려갔을 때, 그 충격은 더욱 컸다. 감옥은 무척 어두웠다. 방마다 두꺼운 벽에 난 작은 구멍은 오래 전 매일 30분 동안 죄수들에게 빛을 비춰 주기 위해 횃불을 꽂아두던—나는 꿈을 꿨다—곳이었다. 죄수들은 잠깐씩 비추는 이 가냘픈 빛에 의지해 시커먼 감옥 안에다 비문을 새겼다. 나는 그 글자들을 보았다. 뭉툭한 손톱 끝으로 힘겹게 새긴 노동의 흔적이 여러 세대를 거치면서도 그들의 극심한 고통과 그들보다 더 오래 살아남았기 때문이다.

나는 그곳으로 들어가기도 전에 죽음의 낙인이 찍혀 어느 누구도 스물네 시간 이상 머문 적이 없다는 작은 방을 보았다. 바로 옆은 또 다른 음울한 방이었다. 한 밤 중에 그곳으로, 낮에 보면 무시무시한 고해 신부―갈색 예복에 갈색 두건을 쓴 수도사―가 찾아왔다. 그곳은 자유롭고 밝은 기운이 흐르지만, 밤이 되면 희망의 파괴자요 죽음의 사자가 되는 어두운 감옥이었다. 나는 똑같이 두려운 시간에 속죄의 고행을 당한 죄수들이 목 졸려 죽은 바로 그곳에다 발을 올려놓고 죄악의 문―입구가 낮고 잘 보이지 않는―을 손으로 쳤다. 바로 그 문을 통해 묵직한 자루를 배로 옮긴 뒤 노를 저어 가 죽음이 그물을 던지는 곳에다 빠뜨렸다.

이 지하 감옥의 일부의 요새와 그 주변으로, 거친 벽의 바깥쪽을 핥고 그 안쪽을 얼룩과 끈적끈적한 물질로 더럽히며, 마치 바로 그 돌들과 막대기들에 막아야 할 입이라도 있는 것처럼 눅눅한 잡초와 쓰레기를 감옥과 틈 사이로 쑤셔 넣으며, 비밀스러운 희생자들의 시체를 제거하기 위해 매끄러운 길―잔인한 관리처럼 언제든 그들과 함께 가며 그들을 이끌 준비가 된 길―을 제공하며, 그때는 하나인 것처럼 나의 이 꿈을 가득 채우던 그 물이 밀려들었다.

나는 거인의 계단으로 불리던 궁전의 계단―왕위에서 물러나는 늙은 왕이 계승자를 알리는 종소리를 들으며 이 계단을 천천히 힘없이 내려오는 장면이 떠올랐다―을 내려오며, 네 마리의 대리석 사자들이 지키고 있는 옛 무기고에 닿을 때까지 검은 배를 타고 미끄러지듯 움직인 것 같았다. 어떤 사자의 몸에는 내 꿈을 더욱 거대하고 예측할 수 없게 만드는, 어느 시대인지 어느 나라의 말인지도 모를 글자가 새겨

이탈리아의 꿈

져 있었다. 그래서 그 의미는 모두에게 수수께끼다.

이 도시의 영광은 이제 사라졌으니, 그곳에는 배를 만드는 망치소리도 들리지 않고 진행되는 작은 일도 없었다. 도시는 이제 낯선 자들이 조타기를 잡고 낯선 깃발을 내거는, 말 그대로 바다 위를 떠다니는 난파선 같았다. 대양과 하나가 되겠다며 옛 수장과 함께 당당하게 출항하던 화려한 바지선은 이제 그곳에 없었다. 거대한 도시를 회상하며 만든 조그마한 모형이 그 자리를 대신할 뿐이었다. 그 모형은, 바다나 땅 위에서 위풍당당한 배들마저 빛을 잃게 만들었던 감동적일만큼 거대한 기둥과 아치와 지붕들(먼지 속에서 강자와 약자를 어리둥절하게 만들었던 존재)이 어떻게 그림자도 없이 사라져버렸는지를 말해 주었다.

무기고는 아직 남아 있었다. 약탈당해서 손상을 입긴 했지만 무기고는 무기고였다. 축 쳐진 채로 생기 없는 상자 안에 보관된 투르크족에게서 빼앗은 사나운 군기와 더불어. 위대한 전사들이 입던 화려한 갑옷들과, 석궁과 화살, 화살로 가득한 화살집, 창, 대검, 단도, 철퇴, 방패, 큼지막한 날이 달린 도끼도 보관되어 있었다. 용감한 말들에게 덮어 씌워 괴물처럼 보이게 하던 단련한 강철판과 독이 묻은 화살을 쏘아 소리 없이 적을 죽이던 용수철 무기(쉽게 가슴팍에 넣고 다닐 수 있는)도 보였다.

나는 저주받은 고문 도구들로 가득한 장이거나 상자 같은 것을 하나 보았다. 무시무시한 경련을 일으키게 하고, 꼬집고, 뼈를 갈아 부수고, 천 번의 죽음과 같은 고통을 주며 그들을 찢고 비틀던 고문 도구들이었다. 그 앞으로는 살아 있는 죄수의 머리에 씌워 그의 머리를 단단히 조이고 짓누르던 철모 두 개가 보였다. 그 옆에는 죄수들을 고문하던 악마들이 팔꿈치를 편하게 얹고 그 안에 갇힌 가련한 이들의 통탄과 자백을 들을 수 있도록 작은 손잡이 같은 것이 달려 있었다. 투구의 모습은 인간의 형상과 으스스할 정도로 닮아서—고통스럽게 하며 경련을 일으키는, 일종의 땀을 흘리게 하는 틀이었다—속이 비어 있다고 생각하기 어려웠다. 내가 다시 배를 타고 풀과 나무가 자라는 바다 위의 공원이나 산책로 같은 곳으로 노를 저어 갈 때, 투구 안에 남아 있던 끔찍한 뒤틀림이 나를 따라오는 것만 같았다. 하지만 그 끝에 닿았을 때—꿈속에서 나는 그곳에 서 있었다—나는 그건 까맣게 잊고 찰랑거리는 잔물결을 따라 지는 해를 가만히 바라보았다. 내 앞에서는 하늘과 바다가 진홍빛으로 물들고, 뒤에서는 도시 전체가 물 위에서 붉은빛과 자줏빛의 광선으로 변해 갔다.

이 특이한 꿈속의 호화로운 경탄에 취한 나는 시간의 존재를 잊은 건 물론이고 시간의 흐름조차 알아채지 못했다. 하지만 그 안에서도 낮과 밤은 존재했다. 해가 높이 떠 있을 때에도, 등불이 흐르는 물에 비쳐 일렁일 때에도 나는 물 위에 떠 있다고 생각했다. 내가 탄 검은 배가 거리를 미끄러져 갈 때마다 출렁이는 물결이 미끌미끌한 담벼락과 집들에 부딪쳐 철썩이는 소리를 들으며.

간혹 성당이나 거대한 궁전의 입구에서 내린 나는 방에서 방으로, 복도에서 복도로, 고대 유적들과 화려한 제단의 미로 속을, 반쯤은 무섭고 기괴한 가구들이 썩어 가는 쇠락한 방을 돌아다녔다. 그곳에 변치 않는 아름다움과 변치 않는 표정, 열정과 진실, 힘으로 충만한 그림

이탈리아의 꿈

들이 있었다. 그림들은 수많은 망령들 사이에 서 있는 다수의 젊고 생기 넘치는 존재들 같았다. 나는 가끔 그림들이 그때의 미인들, 폭군들, 선장들, 애국자들, 상인들, 신하들, 신부들과 도시의 옛 모습과 겹쳐진다고 생각했다. 뿐만 아니라 그때의 돌덩이들과 벽돌들과 공공장소가 한 데 뒤섞여 벽 위에서 되살아났다고 생각했다. 그 무렵 나는 파도가 아랫부분까지 밀려드는 대리석 층계를 내려가 배에 올라탄 뒤 다시 꿈속을 돌아다녔다.

좁은 골목길을 떠내려가던 나는 목수들이 자신들의 일터에서 대패와 끌로 작업을 하며 얇게 깎은 부스러기를 물 위로 던지는 모습을 보았다. 그 부스러기들은 마치 잡초처럼 물 위에 떠 있거나 한 덩어리로 뒤엉켜 내 앞을 떠내려갔다. 나는 오랫동안 물에 잠겨 있어서 썩고 문드러진 열린 문들을 지나갔다. 그 문틈으로 특이한 그림자를 드리운 포도나무 덩굴의 잎사귀들이 밝은 초록빛을 띠며 반짝였다. 우아하게 면사포를 쓴 여인들이 오가고, 게으름뱅이들이 포석과 계단 위에서 햇볕을 쬐며 누워 있는 부두와 테라스를 지나갔다. 마찬가지로 게으름뱅이들이 어슬렁거리며 주위를 살피는 다리들을 지나갔다. 가장 높은 집들의 가장 높은 창문들 앞으로 아찔한 높이에 똑바로 선 돌 발코니 아래를 지나갔다. 비현실적인 모든 시대와 나라들을 상상하며—고딕 양식에서부터 사라센 양식까지—정원, 극장, 사당, 거대한 건축물들의 터를 지나갔다. 높고 낮은, 검고 흰, 곧고 비뚤어진, 초라하고 웅장한, 부실하고 튼튼한 건물들을 지나갔다. 서로 뒤엉킨 배들과 바지선들 사이를 이리저리 지나가다 마침내 대운하로 들어섰다. 그곳, 잘못된 꿈속에서 나는 상점들과 사람들로 시끌벅적한 다리 위를 오가는 늙은 샤일록[14]과 꽃을 꺾으려고 격자모양의 차양 사이로 허리를 숙인 데스데모나[15]로 생각되는 인물을 보았다. 그리고 나는 꿈속에서 셰익스피어의 영혼이 몰래 이 도시를 훔쳐보며 물 밖 어디쯤에 있다고 생각했다.

한 밤 중 대성당 바깥의 성모 마리아상 앞에 놓인 봉헌 등불이 타고 있을 때, 나는 날개 달린 사자가 자리한 드넓은 광장이 밝은 빛으로 가득하고 광장을 둘러싼 상점들이 사람들로 북적이는 상상을 했다. 사람들은 화려한 커피 하우스로 향하고 있었다. 그곳은 밤새 문을 닫지 않고 열어 두는 것 같았다. 청동 거인들이 자정을 알리는 종을 울렸을 때, 나는 이 도시의 모든 생기와 활기가 그곳으로 모여든다고 생각했다. 조용해진 부두를 따라 노를 저어 가던 나는 여기저기 드문드문 망토를 뒤집어 쓴 채 돌바닥 위에 누워 잠을 자는 뱃사공들을 보았다.

하지만 부두와 성당, 궁전과 감옥을 둘러싼 물은 그것들의 벽을 갉아 먹고 도시의 비밀스러운 곳까지 밀려들며 늘 그렇게 천천히 움직이고 있었다. 나는 조용히 그리고 조심스럽게 늙은 뱀처럼 도시를 굽이굽이 휘감은 물이, 자신의 지배자임을 자처하던 옛 도시의 그 깊은 곳의 돌멩이 하나라도 누군가가 쳐다볼 때를 기다리고 있다고 생각했다.

그렇게 물은 내가 베로나의 오래된 시장에서 눈을 뜰 때까지 나를 먼 곳으로 띄워 보냈다. 그 뒤로 나는 물에 관한 이 이상한 꿈에 대해 몇 번이고 다시 생각해 보았다. 지금도 그 도시가 그곳에 있을지, 그 도시의 이름이 혹시 베네치아는 아닌지.

이탈리아의 꿈

베로나, 만토바, 밀라노를 지나
생플롱 고개를 넘어
스위스로

나는 『로미오와 줄리엣』에 싫증나지 않을까 하는 걱정 때문에 베로나에 가기가 조금 두려웠다. 하지만 베로나의 오래된 시장으로 들어서면서 모든 기우는 사라졌다. 색다르고 화려한 건물들이 빚어내는 독특하고 아름다운 분위기는 가장 낭만적인 이 도시에서도 단연 으뜸이었다.

시장에서 나오자마자 지금은 작고 초라한 여관으로 퇴색한 캐퓰릿 가로 가는 것은 너무도 당연했다. 시끄러운 마부들과 진흙투성이의 수레꾼들이, 물을 튀기는 거위들과 온몸에 흙탕물을 뒤집어 쓴 거위 새끼들과 뒤섞여 발목까지 올라오는 진창에서 서로 앞마당을 차지하겠다며 다투고 있었다. 또한 출입구에는 맹렬하게 헐떡이는 험상궂게 생긴 개 한 마리가 있었는데, 그 개가 옛날에 그곳에 살았다면 틀림없이 로미오가 담장을 넘는 순간 그의 다리를 덥석 물었으리라. 과수원은 이미 오래전에 다른 사람들에게 소유권이 넘어가서 여러 조각으로 나뉘어져 있었다. 하지만 그 중 하나가 아직 이 집에 딸려 있었고, 오래전부터 내려오는 가문의 문장인 돌에 새긴 모자 Cappello도 여전히 안뜰로 들어가는 출입구에 자리하고 있었다. 거위들, 수레꾼들, 수레들과 그 개가 이야기를 떠올리는데 다소 방해가 되었다는 것은 인정할 수밖에 없다. 그 집에 빈 방이 있었다면, 그래서 쓰지 않는 방들을 구경할 수 있었다면 더 좋았으리라. 여관은 말할 수 없을 정도로 편안했고, 정원이 있던 곳도 마찬가지였다. 뿐만 아니라, 그 집은 적당한 크기에도 불구하고 사람들이 보고 싶어 할 만큼 궁금증을 일으키는 선망의 대상이었다. 그래서 나는 옛 캐퓰릿 가의 실제 저택으로서 그 집에 매우 만족했고, 거위들을 바라보며 문지방에 축 늘어져 있던 극도로 감상적이지 않은 여주인에게도 고마운 마음이 들었다. 적어도 그녀는 덩치가 무척 크다는 점에서 캐퓰릿 가의 사람과 닮아 있었다.

줄리엣의 집에서 줄리엣의 무덤으로 발걸음을 옮기는 것은 방문자에게나 아름다운 줄리엣, 아니 횃불들에게 늘 밝게 타오르라고 말하던 당당한 줄리엣에게나 당연한 수순이다. 나는 안내원 한 명과 함께 한때 오래되고 오래된 수도원에 딸려 있던 오래되고 오래된 정원으로 향했다. 부서진 문 앞에서, 우리는 옷을 빨던 눈망울이 초롱초롱한 여인에게 입장을 허락 받았다. 우리는 몇 걸음을 걸어 낡은 돌담의 파편들과 담쟁이덩굴의 색을 닮은 흙무더기 사이에서 싱그러운 식물들과 어린 꽃들이 예쁘게 자라고 있는 곳으로 내려갔다. 초롱초롱한 눈빛의 여인이 손수건으로 팔에 묻은 물기를 닦아내고는 작은 통 혹은 수조처럼 생긴 것을 가리키며 이렇게 말했다. "가련한 줄리엣의 무덤입니다." 그 여인이 믿는 것을 그저 믿어줄 수밖에 없었던 나는 그녀에게 고마움을 전하며 손에 들고 있던 현금으로 통상적인 사례를 했다. 줄리엣의 쉼터가 잊혔다는 것은 실망스럽다기보다 오히려 기뻤다. 요릭의 영혼[16]에게는 머리 위 인도를 걷는 사람들의 발걸음 소리와 하루에도 스무 번씩 자신의 이름이 불리는 소리가 위로가 되었을지 모르겠지만, 줄리엣에게는 여행객들이 다니는 길에서 벗어나 봄비와 달콤한 바람과 햇살 외에는 무덤을 찾는 방문객이 없는 곳에 누워 있는 편이 훨씬 나으리라.

유쾌한 베로나여! 테라스 산책로와 난간을 두른 회랑에서 내다보이는 아름다운 옛 궁전들과 먼 곳의 매력적인 시골 풍경. 천 5백 년 전의 그림자를 오늘의 햇살 위로 던지며 여전히 아름다운 거리에 가로놓인 로마식 관문들. 대리석을 쌓아서 지은 성당들, 높은 탑들, 화려한 건축물들과, 한때 몬테규 가와 캐퓰릿 가의 고함 소리가 울려 퍼지고,

베로나의 연로한 시민들도
그들에게 어울리는 장신구를 벗어 던지고
낡은 미늘창을 휘두르게 만들었던,[17]

진기한 데다 고풍스럽고 조용한 대로들. 빠르게 흐르는 강, 그림처럼 아름다운 오래된 다리, 거대한 성, 바람에 흔들리는 사이프러스 나무들과 언제나 밝고 생기 넘치는 정경! 멋진 베로나여!

브라 광장─흐르는 시간의 익숙한 현실 속에 자리 잡은 옛 영혼─

한가운데에 고대 로마의 거대한 원형 경기장이 있었다. 좌석 한 줄 한 줄이 아주 잘 보존된 데다 조심스럽게 다뤄져서 훼손되지 않은 옛 모습 그대로였다. 몇몇 아치 위로는 옛 로마의 숫자들이 보였고, 복도와 계단과 짐승들을 위한 지하 통로와 험악한 수천 명의 관중들이 원형 경기장의 피투성이 구경거리에 열광하며 드나들던 구불구불한 통로도 있었다. 지금은 담벼락의 움푹 들어간 곳과 그늘진 곳을 대장장이들과 이런저런 장사꾼들이 차지하고 있었고, 난간 위로는 녹색의 잡초와 풀들이 자라났다. 하지만 그 외에 크게 달라진 것은 없었다.

아주 흥미롭게 경기장을 둘러본 나는 좌석 제일 윗줄로 올라가서 멀리 알프스 산맥이 둘러싼 사랑스러운 도시의 전경을 바라보다가, 마치 챙이 넓고 춤이 낮은 거대한 밀짚모자의 안쪽이 내 앞에 펼쳐진 듯한 아래쪽의 건물들로 눈길을 돌렸다. 감정이 가라앉은 기억으로 종이에 적는 이 비유는 상투적이고 터무니없는 것처럼 보이겠지만, 그 순간만큼은 거부할 수 없이 그런 생각이 들었다.

조금 전 도착한 곡마단—감히 말하는데, 모데나의 성당에서 어느 늙은 여인 앞에 나타났던 바로 그 곡마단—이 경기장 한쪽 끝에 작은 곡마장을 만들고 공연을 펼친 바닥에 말들의 발자국이 선명하게 남아 있었다. 나는 돌로 된 낡은 좌석에 앉아 있는 몇몇 구경꾼들, 요란하게 치장한 기사, 우스꽝스러운 꼽추의 모습을 떠올릴 수밖에 없었다. 무엇보다 나는 영국의 순회 공연단이 펼치는 가장 우스운 장면을 로마 사람들이 본다면 그들이 그걸 얼마나 이상하게 여길까 생각했다. 꼬리가 발뒤꿈치까지 내려오는 파란 외투에다 연노랑 반바지를 입고 흰 모자를 걸친 배불뚝이 영국 귀족과, 짚으로 만든 모자와 녹색 면사포를 두르고 붉은색 짧은 외투에다 늘 커다란 손가방과 양산을 펼쳐 들고 다니는 영국 귀부인이 앞다리를 든 말을 타고 다니는 장면 말이다.

나는 그날 남은 시간 내내 시내의 구석구석을 걸었고, 가능하다면 지금까지도 걸을 수 있을 것 같았다. 그 중 한 곳은 지금 막 오페라 <로미오와 줄리엣>(베로나에서 늘 인기 있는)의 공연을 마친 아주 예쁘고 현대적인 극장이었다. 주랑 아래 어떤 곳은 그 자신이 에트루리아의 유물이었을지도 모를 노인이 관리하는 그리스인, 로마인, 에트루리아인의 유물 전시장이었다. 그는 자물쇠를 풀고도 그 철문을 열어젖힐 힘조차 없는 것은 물론이고, 골동품을 설명하는 그의 목소리가 들리지도 않을 만큼 작은 데다, 그것들을 볼 시력조차 없을 정도로 너무 늙어 있었다. 그림들이 너무 형편없어서 오히려 서서히 낡아가는 그들을 보는 것이 기쁠 정도였던 그림 전시장도 있었다. 하지만 성당에서 건, 궁전 안에서 건, 거리에서 건, 다리 위에서 건, 강가에서 건 베로나는 언제나 유쾌했고, 내 기억 속에서도 늘 그럴 것이다.

그날 밤 나는 여관의 내 방에서 『로미오와 줄리엣』—물론 어떤 영국인도 그곳에서 그 책을 읽은 적은 없으리라—을 읽었고, 다음날 아침 동이 틀 무렵 승합마차를 타고 만토바를 향해 떠나면서 스스로에게 이렇게 되뇌었다(『파리의 미스터리』를 읽는 안내원 옆 자리에 앉아서).

베로나 성벽 바깥에는
연옥, 고통, 지옥 뿐 아무것도 없다.

이곳에서 쫓겨나는 건 세상에서 쫓겨나는 것,
세상에서의 추방은 곧 죽음이다.[18]

그러다 로미오가 겨우 25마일밖에 떨어지지 않은 곳으로 추방당했다는 사실을 알고 그의 정열과 배짱에 대한 나의 확신이 조금 흔들렸다.

로미오가 살던 시절에도 만토바로 가는 길이 이처럼 아름다웠을까! 그때도 길은 반짝이는 개울물과 수려한 나무들의 숲이 점점이 흩어진 푸른 목초지 사이로 굽이쳐 지나갔을까! 저 지평선에 걸린 자줏빛 산들도 분명 있었을 것이고, 영국의 '호신용 몽둥이'처럼 생긴 커다란 은색 머리핀을 꽂고 다니는 시골 처녀들의 옷차림도 크게 달라지지 않았으리라. 추방당한 연인의 가슴에서도 밝아오는 아침의 희망과 해돋이의 장관이 전혀 낯설게 느껴지지 않았을 것이며, 무수히 많은 탑들, 성벽들, 강들과 함께 만토바가 저 멀리서 모습을 드러냈으리라. 로미오도 똑같이 덜그럭거리는 두 개의 도개교를 건너며 심하게 몸이 흔들리고 꺾였을 것이고, 똑같이 덮개를 씌운 긴 나무다리를 지나 늪 같은 강을 등진 채 활기라고는 찾아볼 수 없는 만토바의 낡은 성문 앞에 다다랐으리라.

어떤 사람이 그의 거주지에 어울리고 거주지도 그에게 어울린다면, 그 깡마른 약제사[19]와 만토바야말로 완벽한 짝이다. 아마도 당시에는 더욱 고무적이었으리라. 그렇다면 약제사는 시대를 앞서 간 사람이고, 1844년의 만토바가 어떤 모습일지도 예상했으리라. 열심히 정진한 덕분에 선견지명을 얻은 것이다.

베로나, 만토바, 밀라노를 지나 생플롱 고개를 넘어 스위스로

내가 골든 라이언 호텔에 여장을 풀고 방에서 용감한 안내원과 계획을 세우고 있을 때, 누군가가 안뜰을 둘러싼 회랑으로 통하는 문을 조심스럽게 두드리는 소리가 들렸다. 그러더니 신사 분들에게 도시를 안내할 안내원이 필요하지 않은지 물으며, 굉장히 초라한 행색을 한 왜소한 사내가 안을 들여다보았다. 반쯤 열린 문간에 선 그의 얼굴에는 간절함이 가득했고, 남루한 옷차림, 구겨진 작은 모자, 손에 쥔 닳아서 올이 너덜너덜해진 장갑―급하게 껴입었지만, 가장 말쑥한 옷들임이 분명했다―에서는 가난이 묻어났다. 그를 내치는 것은 그를 짓밟는 것이나 다름없다고 생각했다. 나는 즉시 그를 고용했고, 그가 곧바로 안으로 들어왔다.

내가 안내원과 대화를 마저 끝내는 동안, 사내는 만면에 웃음을 머금고 팔로 내 모자를 터는 시늉을 하며 구석 자리에 서 있었다. 만약 그에게 줄 사례금이 프랑이 아니라 나폴레옹 금화였다면, 일을 하게 돼서 저토록 기뻐하는 것처럼 그의 초라함에도 어렴풋한 빛이 비치지 않았을까.

"자!" 나설 채비를 끝내고 내가 말했다. "이제 밖으로 나가볼까?"

"신사 분들이 원하신다면 그렇게 해야죠. 화창한 날입니다. 바람이 약간 불지만, 멋진 날이네요, 전부 멋져요. 신사 분들께 문을 열어드리죠. 자, 여기는 호텔 안뜰입니다. 골든 라이언의 안마당이죠! 신사 분들, 계단을 조심하십시오."

우리는 거리로 나왔다.

"여기는 골든 라이언 거리입니다. 여기는 골든 라이언 바깥이고요.

저기 위쪽에 재미있게 생긴 창문 보이시죠. 유리가 깨진 그 창문이 바로 신사 분들이 머무시는 방의 창문입니다!"

나는 이 놀라운 대상들을 모두 쳐다본 뒤 그에게 만토바에 볼거리가 많은지 물어보았다.

"흠! 솔직히 말하면, 없습니다. 많지 않죠! 그저 그렇습니다." 그가 미안하다는 듯 어깨를 으쓱하며 말했다.

"성당은 많소?"

"아뇨. 프랑스 놈들이 못 짓게 했죠."

"수도원이나 수녀원은?"

"없습니다. 그것도 프랑스 놈들 때문이죠! 나폴레옹이 다 막았습니다."

"상점은?"

"그것도 별로 없습니다."

"외국인은 많소?"

"아이고 세상에!"

나는 그 친구가 기절할 것 같다고 생각했다.

"그렇다면, 저쪽의 큰 성당 두 곳을 본 다음에는 무얼 할 건가?" 내가 물었다.

거리를 올려다보던 그가 다시 거리를 내려다보고는 소심하게 턱을 문질렀다. 그때, 여전히 나의 관용에 완벽하게 거부할 수 없는 겸허한 호소를 유지한 채, 마치 그의 마음속에 한줄기 빛이라도 비친 것처럼 내 얼굴을 흘낏 쳐다보며 그가 말했다.

"작게 도시를 한 바퀴 돌 수도 있습니다, 나리!"

베로나, 만토바, 밀라노를 지나 생플롱 고개를 넘어 스위스로

그 제안에 기뻐하지 않을 수 없었던 우리는 즐거운 마음으로 그와 함께 길을 나섰다. 안정을 되찾으며 마음을 터놓게 된 그는, 여느 관광안내원이 그렇듯 만토바의 많은 부분을 포기했다.

"밥도 먹어야죠." 그가 말했다. "아, 이런! 장사가 안 되는 곳이 틀림없네요!"

그는 성 안드레아 성당—웅장한 성당—과, 그 주위로는 촛불이 타고 있고, 몇몇 사람들이 무릎을 꿇고 앉아 있으며, 그 아래에는 고대 로마의 성배도 보관되어 있다고 전해지는 포장길로 둘러싸인 부분을 최대한 활용했다. 우리는 이 성당의 구경을 마치고 다음 성당(성 피에트로 성당)을 지나 문이 닫힌 박물관으로 갔다. "늘 이렇다니까요." 그가 말했다. "흥! 어차피 안에 볼 것도 많지 않습니다!" 그래서 우리는 악마가 (특별한 이유 없이) 하룻밤 사이에 지었다는 디아볼로 광장을 보러 갔고, 다음에는 비르질리아나 광장을, 그 다음에는 베르길리우스[20]의 동상을 보러 갔다. 이 왜소한 친구는 그 순간만큼은 모자를 벗어두고 '우리의' 시인이라고 힘주어 말했다. 그 다음 우리는 근처에 화랑이 자리한 황량한 농가 마당 같은 곳으로 들어갔다. 이 조용한 곳의 문을 여는 순간 5백 마리쯤 되는 거위들이 우리를 향해 뒤뚱거리며 걸어와서는 주위를 둘러싸더니, 마치 "오! 그림을 보겠다는 사람이 왔어! 올라가지마! 올라가지마!"라고 말하듯이 목을 쭉 빼고 끔찍한 소리를 내며 떠들었다. 우리가 위로 올라간 사이, 거위들은 이따금씩 목소리를 낮추고 서로에게 꽥꽥 하는 소리를 낼 뿐 문가에 모여 아주 조용히 기다리고 있었다. 하지만 우리가 다시 나타나자 그들은 망원경처럼 목을 쭉 빼고 시끄럽게 소리를 질렀다. 틀림없이 "그래서, 이제 갈 거야, 그렇지? 그림은 어땠어? 마음에 들어?"라고 말했을 것이다. 거위들은 바깥 출입문까지 따라 나와 조롱하듯 우리를 만토바로 쫓아냈다.

신전을 지켜낸 거위들은 학식을 갖춘 돼지에 견줄만하다. 얼마나 대단한 화랑이던지! 나는 예술에 관한 한 조슈아 레이놀즈 경[21]의 예술론보다 거위들의 의견을 따르련다.

이런 불명예스러운 호위를 받으며 우리가 거리에 섰을 때, 나의 왜소한 친구는 처음에 작게 도시를 한 바퀴 돌자던 제안을 끝내버렸다. 하지만 테 궁전(이곳이 이상하고 정신없는 곳이라는 이야기를 많이 들었다)을 방문하고 싶다는 나의 제안이 그에게 새로운 기운을 불어넣었다. 우리는 함께 그곳으로 발걸음을 옮겼다.

미다스 왕의 큰 귀에 얽힌 비밀은, 갈대에다 대고 속삭였던 그의 하인이 만토바에 살았다면 보다 멀리 퍼지지 않았을까. 만토바는 비밀을 만천하에 알릴만큼 갈대와 골풀로 가득했다. 갈대밭으로 둘러싸인 습지에 세워진 테 궁전은 내가 본 곳 중에서도 가장 독특한 장소였다.

무척 황량하지만, 그 황량함 때문만은 아니었다. 무척 눅눅하지만, 그 습기 때문도 아니었다. 인적이 드문 데다 방치되었지만, 그 적막함 때문만도 아니었다. 다른 무엇보다 줄리오 로마노[22]가 실내를 장식한 (섬세하게 작업한 작품 중에서) 기묘한 악몽들 때문이었다. 벽난로 위 선반에는 심술궂은 표정을 한 거인이, 다른 방에는 유피테르와 전쟁을 벌이는 열두어 명의 거인들이 그려져 있었다. 놀랄 만큼 추하고 기괴한 그림은 과연 누가 그런 상상을 할 수 있을까 하는 생각이 들게 할 정도로 훌륭했다. 겉모습과 팔다리가 이리저리 뒤틀린 채 부어오른 얼굴과 갈라진 볼을 한 괴물들의 모습은, 쓰러져가는 건물의 무게에 눌려 비틀거리며 폐허에 압도된 것처럼, 거대한 바위 덩어리들을 들어 올리며 자신들이 그 아래에 파묻히는 것처럼, 머리 위로 쓰러질 듯 비틀거리는 무거운 지붕의 기둥들을 지탱하느라 헛되이 애쓰는 것처럼 묘사되어 있었다. 말하자면 온갖 종류의 포악하면서도 악마적인 파괴 행위를 행하고 또 당하는 모습이라고나 할까. 그 모습은 무척 거대한 데다 기묘함을 극도로 과장했고, 색채는 요란해서 어울리지 않았으며, 전체적인 인상은 보는 사람으로 하여금 피가 머리로 솟구치는 것 같은 느낌을 줬다. 이 기괴한 작품들은 어딘가 몸이 아파보이는 여인이 보여줬다. 감히 내가 말하지만, 여인의 그런 모습은 습지에서 불어오는 해로운 바람 탓으로 보였다. 하지만 나는 그녀가 거인들에게 지나치게 사로잡혀 있다는 느낌을 지울 수 없었다. 거인들은 주변으로 안개가 낀 갈대와 골풀 사이, 궁전 안의 메마른 저수지에서 홀로 죽게 될 거라고 위협하며 끊임없이 그녀를 따라다녔다.

　만토바를 이리저리 걸으며 우리는 거의 모든 거리에서 탄압받은 성당들을 보았다. 지금은 창고로 쓰이거나 전혀 쓰임이 없는 성당들이었다. 모두가 망가질 대로 망가지고 파괴되어 곧 통째로 무너질 것만 같았다. 질퍽한 도시는 너무도 따분하고 무미건조해서 그곳의 진흙은 일반적인 형태가 아니라 고인 물처럼 지면에 고정된 채 덮여 있는 듯했다. 하지만 그곳에서도 상거래와 돈벌이가 진행되고 있었다. 유대인들이 가득한 상가였기 때문이다. 자신들이 파는 잡화, 모직물, 화려한 손수건과 각종 장신구들을 바라보며 가게 밖에 앉아 있는 이 특별한 사람들은 런던의 하운드디치에 자리 잡은 그들의 동포들처럼 모든 면에서 경계심이 많은 데다 사무적이었다.

　호텔 주변에 사는 기독교인들 중에서 이틀 반 안에 밀라노까지 태워다 주고 다음날 아침 성문이 열리자마자 출발하겠다는 마부를 고른 뒤, 나는 골든 라이언 호텔의 내 방으로 돌아왔다. 나는 정면에 연기 나는 난로가 있고 등 뒤로 옷장이 놓인, 호화로운 내 방의 두 개의 침대 사이 좁은 통로에서 만찬을 들었다. 다음날 아침 여섯 시 정각, 우리는 어둠 속에서 도시 전체를 감싼 차고 축축한 안개를 헤치며 딸랑거리는 소리를 내고 있었고, 마부(예순 살 언저리쯤 되어 보이는 만토바 토박이)는 정오가 되기도 전에 밀라노로 가는 길을 묻기 시작했다.

　길은 한때는 작은 공화국이었지만, 지금은 가장 인적이 드문 데다 가난에 찌든 도시 중 하나인 보촐로를 거쳐 갔다. 그곳에서 초라한 여관 주인이 한 무리의 시끄러운 여인들과 아이들에게 약간의 돈을 나눠 주고 (그에게 축복을 내리시길! 이것은 그에게 주 1회의 습관 같은 것이었다) 있었다. 문밖에서 그들의 옷이 비바람에 펄럭였다. 그들은 여관 주인의 자비를 얻기 위해 그곳으로 모여 들었다. 길은 그날도 그 다음날도 안개, 진흙, 비, 땅 위로 낮게 자라도록 만든 포도밭 사이를 지나갔다. 첫 번째 잠자리는 이 타락한 시대에 더는 나오지 않는 바이올린[23]은 말할 것도 없고 거무스름한 벽돌로 만든 성당과 까마득히 높은 토라초 종탑이 인상적인 크레모나였다. 두 번째 잠자리는 로디였다. 그리고 우리는 더 많은 진흙, 안개, 비, 습지를 지나쳤다. 자신들의 불만거리에 신념이 강한 영국인들이 영국에서만 볼 수 있을 거라고 말할 법한 짙은 안개를 지나고 나서야 우리는 밀라노의 포장길로 들어섰다.

밀라노의 안개가 너무 짙어서 그 유명한 성당의 첨탑이 봄베이에 있다면 모를까 당시에는 전혀 볼 수 없었다. 하지만 원기를 회복하려고 그곳에서 며칠을 머문 데다 다음해 여름에도 밀라노를 갔었기 때문에, 나는 그 찬란한 건물의 위엄과 아름다움을 감상할 충분한 기회를 가졌다.

모든 기독교인의 경의를 성당에 잠든 성인에게 바치리라! 달력에는 훌륭하고 참된 성인들이 많지만, 그 중에서도 나는 산 카를로 보로메오에게—프림로즈 부인[24])의 말을 인용하자면— '내 뜨거운 마음을' 바친다. 나는 아픈 자들에게 자비로운 의사요, 가난한 자들에게 아낌없이 베푸는 친구요, 편협한 신앙심 때문이 아니라 로마 가톨릭의 거대한 폐해에 대담하게 맞선 사람으로서 그를 존경한다. 그는 부정하고 위선적인 성직자들의 형제애를 개혁하기 위해 노력했다는 이유로, 성직자들로부터 사주를 받은 성직자에게 제단 앞에서 거의 죽임을 당할 뻔했다. 하늘이 산 카를로 보로메오를 보호했듯이 그를 본받는 사람들도 보호하기를! 지금도 개혁을 추진하려는 교황은 어느 정도 보호가 필요하다.

산 카를로 보로메오의 시신이 안치된 지하 예배당은 다른 곳에서는 볼 수 없는 오싹할 만큼의 인상적인 대비를 보여준다. 성인의 주요 사건들을 드러내며 그곳을 밝히는 촛불들이 능숙한 솜씨로 정교하게 작업한 금과 은 세공으로 만든 조각상을 언뜻언뜻 비춘다. 사방에서는 보석들과 귀금속들이 반짝반짝 빛난다. 윈치로 제단 앞부분을 천천히 들어 올리면, 설화석고[25])를 통해 금과 은으로 장식한 화려한 무덤 안의 쭈글쭈글해진 미라와 함께 다이아몬드, 에메랄드, 루비 등 온갖 값비싼 멋진 보석들을 박아 넣은 주교의 예복이 보인다. 화려한 장식들 한가운데, 가련한 땅에 누워 있는 쪼그라든 몸뚱이는 거름 더미 위에 놓인 것보다 더 초라하다. 모든 보석들의 번득임과 광채에 한 줄기 빛조차 비치지 않지만, 그것들은 한때 눈이 있던 먼지투성이의 구멍을 조롱하는 듯하다. 벌레들에게는 무덤에서 번식하는 것이 이익인 까닭에, 화려한 예복에 쓰인 명주실은 벌레들의 번식을 위한 식량인 듯하다.

산타 마리아 델레 그라치에 수도원의 낡은 식당에는 세상에서 가장 유명할 것으로 생각되는 예술 작품이 존재한다. 바로 레오나르도 다 빈치의 <최후의 만찬>이다. 저녁식사 시간에 쉽게 드나들 수 있도록 똑똑한 도미니크회 수도사들이 그곳에다 문을 내 놓았다.

회화 기법에 정통하지 않은 내게는 실물과의 유사성, 세련됨, 형태와 채색의 우아한 조화를 보는 것 외에 그림에 대한 다른 판단 방법은 없다. 따라서 나는 이 화가나 저 화가의 '기법'에 관한 권위자는 결코 아니다. 비록 아무리 이름난 거장이라 할지라도 일생 동안 그들의 이름이 들어간 그림의 절반정도밖에 그릴 수 없다는 것과, 그것들이 심미안이라는 명성을 얻고 싶은 많은 사람들에 의해 확실한 진품으로 인정받은 작품이라는 것(누구라도 이 문제를 생각해 본다면 그렇겠지만)을 잘 알고 있지만. 그런데 이 작품은 그렇지 않다. <최후의 만찬>에 대해, 나는 아름다운 구도와 배치에서는 훌륭한 작품이 밀라노에 있지만, 그 원래의 채색이라든가 각각의 얼굴이나 생김새에 대한 원래의 표현은 그곳에 없다고 간단히 말할 수 있을 것 같다. 습기, 부식, 방치로 인해 작품에 생긴 손상은 논외로 치더라도, 작품을 너무 많이 수정하고 덧칠한 데다 그 솜씨가 너무 서툴러서 발생한 덧댄 물감과 종기처럼 달라붙은 회반죽과 완전히 뒤틀어진 표정 때문에, 지금은 인물들 대부분이 명백한 기형이다. 다빈치를 다른 서투른 화가들과 구분지어 주고 그의 존재를 있게 한, 대부분 선과 붓질로 이뤄진 그의 천재적인 흔적은 솜씨 없는 사람들이 반복적으로 금과 틈을 메우거나 덧씌우는 것으로는 흉내 낼 수 없는 것이다. 그들은 자신들의 성난 표정과 찌푸린 얼굴과 주름을 거기에 덧붙여 작품을 더럽히고 망쳤다. 이것은 역사적 사실로도 잘 입증되었다. 그래서 나는, 미세한 표현들이 사라진 <최후의 만찬> 앞에 서서 내가 가벼운 경련이라고 묘사하려는 것에 흠뻑 빠지려고 애쓰는 어느 영국 신사를 보지 못했다면, 이렇게 장황하게 되풀이해서 말하지는 않았을 것이다. 하지만 여행객이나 비평가들이 한때 놀랄만한 장점이 많았던 작품이라고 전반적으로 이해하기 때문에, 그게 오히려 편하면서도 합리적인 판단일 것이다. 그럼에도 얼마 남지 않은 본래의 아름다움과, 감흥과 존엄이 충만한 작품으로서 전반적인 구도의 위풍은 아직 그걸 유지하기에 충분하다.

    물론 우리는 밀라노의 다른 명소들도 돌아보았다. 훨씬 영향력이 적은 다른 도시들에 비해 이탈리아다운 특성이 뚜렷하지는 않지만 멋진 도시였다. 밀라노의 귀족들이 마차를 타고 오가고, 그렇게 못할 바에야 차라리 집에서 반쯤 굶는 편이 낫다고 하는, 가로수들이 길게 그늘을 드리운 코르소 거리는 가장 아름다운 산책로였다. 화려한 라 스칼라 극장에서는 <프로메테우스>라는 제목으로 오페라에 맞춰 발레 공연이 펼쳐졌다. 공연 초반부에 백여 명의 남자들과 여자들이 인간을 세련되게 하기 위해 예술과 과학, 사랑과 자비가 이 땅에 오기 전의 인류를 표현했다. 나는 그렇게 감동적인 장면은 본 적이 없다. 일반적으로 무언극에서 이탈리아인들의 몸짓은 섬세하기보다 갑작스럽고도 격렬한 것으로 더 유명하다. 하지만 이 발레에서는 늘어지는 듯한 단조로움, 지치고 비참한 데다 나른하고 침울한 인생, 우리가 많은 빚을 지면서도 거의 보답하지 못하는 고매한 영향력이 사라진 인류의 추악한 욕망과 열정을 정말 강력하고도 감동적으로 표현했다. 나는 언어의 도움 없이 그런 견해를 그토록 강렬하게 무대에서 표현하는 것은 거의 불가능하다고 생각했었다.

다음날 새벽 다섯 시에 우리는 밀라노를 등지고 길을 나섰다. 성당 첨탑의 황금상이 시야에서 사라지기도 전에 높다란 봉우리들과 산등성이, 그리고 구름과 눈이 뒤섞인 거대한 알프스가 우리 눈앞에서 우뚝 솟아올랐다.

하지만 우리는 땅거미가 질 때까지 알프스를 향해 계속 나아갔다. 산봉우리들은 새로운 길로 방향을 틀 때마다 기묘하게 모습을 바꿨다. 사랑스러운 섬들이 자리한 마조레 호수에 이르렀을 때 아름다운 하루가 막 저물었다. 벨라 섬이 아무리 비현실적이고 환상적이라 해도, 또 그것이 사실이라 해도 여전히 그곳은 아름답다. 저 아름다운 풍경과 저토록 푸른 물에서 솟아오른 것이라면 그 무엇이 아름답지 않겠는가.

우리는 밤 열 시가 되어서야 생플롱 고개 기슭의 오솔라 돔에 도착했다. 하지만 달이 밝게 빛나는 데다 별이 총총한 하늘에는 구름 한 점 보이지 않아서 잠자리에 들거나 어디 다른 곳으로 갈 생각을 할 수가 없었다. 그래서 우리는 잠시 머뭇거리다 다시 마차를 타고 앞으로 나아갔다.

11월 말경이었다. 정상 부근 눈을 다져 만든 길에는 4~5피트 두께로 눈이 쌓여 있었고(다른 곳에도 새로 내린 눈이 벌써 높게 쌓였다), 공기는 살을 에는 듯 차가웠다. 하지만 밤의 고요함, 가늠할 수 없는 그림자들로 뒤덮인 길의 장엄함, 깊은 어둠들, 달빛 속으로 급변하는 길과 폭포의 끊임없는 포효가 걸음을 내디딜 때마다 여행을 더욱 숭고하게 만들었다.

달빛 속에 잠자는 고요한 이탈리아 마을을 뒤로 하고, 길은 어두운 나무들 사이로 휘어져 들어간 다음 달이 밝게 빛나는 매우 가파르고 힘겨운 벌거숭이 지역으로 빠져나왔다. 물소리가 점점 커지는가 싶더니 다리를 통과해서 급류를 건너자, 넓은 길은 달빛을 완전히 가린 깎아지른 듯한 두 개의 거대한 암벽 사이로 끼어들어 좁은 틈새로 몇 개의 반짝이는 별만 보여 줄 뿐이었다. 그러다 암석 동굴의 짙은 어둠 속으로 들어가면서 그나마 보이던 별들도 보이지 않게 됐다. 동굴을 따라 난 길 바로 아래에서는 무시무시한 폭포가 큰 소리로 울부짖고 있었고, 안개 속에 싸인 출구에서는 물거품과 물보라가 일었다. 동굴을 빠져나와 다시 달빛 속으로 들어간 길은, 사방에서 솟아올라 머리 위에서 서로 맞닿을 것만 같은, 앞면이 평평한 절벽들과 거칠고 웅장하기로 유명한 곤도 골짜기를 지나 위쪽을 향해 얽히고설킨 다리를 건너갔다. 그렇게 우리는 바위투성이 길을 오르며 밤새 피곤할 겨를도 없이 계속해서 위로 향했다. 검은 암석, 엄청난 고지대와 구렁, 암석 틈과 눈 쌓인 계곡, 큰 소리를 내며 심연으로 곤두박질치는 거친 급류를 바라보며 우리는 깊은 생각에 빠져 들었다.

동이 틀 무렵, 우리는 날카로운 바람이 세차게 불어오는 설원 한가운데로 들어섰다. 약간 애를 먹으며 그 쓸쓸한 곳에 자리 잡은 통나무 집 주인들을 깨웠다. 집 주변으로 음산하게 울부짖던 바람이 소용돌이를 일으키며 눈을 쓸어갔다. 우리는 거친 목재로 지어진 방에서 아침을 먹었다. 하지만 난로가 있어 제법 따뜻했고, 지독한 바람을 피하기에도 (그럴 수밖에 없을 테지만) 안성맞춤이었다. 썰매가 준비되고, 말 네 마리에 마구를 채워 썰매에 연결한 뒤 우리는 눈길을 헤치며 다시 길을 나섰다. 여전히 위를 향해 움직였지만, 이번에는 아침의 차가운 빛 속에서 평평하고 탁 트인 거대한 설원 위를 달렸다.

우리는 어려움 없이 산 정상에 올랐고, 우리 앞에는 가장 높은 해발 고도를 알리는 볼품없는 나무 십자가가 서 있었다. 그때 떠오르는 밝은 태양 빛이 눈 덮인 벌판을 순식간에 짙은 붉은색으로 물들였다. 그 순간 풍경의 고독한 위엄이 절정에 다다랐다.

썰매를 타고 계속 위로 올라가자 나폴레옹이 지었다는 여행자 숙소가 나왔다. 우리는 그곳 숙소에서 하룻밤을 묵은, 장대와 배낭을 짊어진 한 무리의 농부 여행객들을 만났다. 농부들을 환대하던 수도사 두어 명이 그들의 길동무가 되어 그들과 함께 천천히 걸어가고 있었다. 그들에게 인사를 건네는 것은 즐거운 일이었고, 멀리 앞서가는 그들의 모습을 바라보다 뒤돌아보는 그들의 모습을 보는 것은 정말 기분

베로나, 만토바, 밀라노를 지나 생플롱 고개를 넘어 스위스로

좋은 일이었다. 그때 우리 말 중 하나가 발을 헛디뎌 넘어지자 그들은 우리를 돕기 위해 다시 돌아와야 할지 말아야 할지 망설였다. 하지만 같은 곤경에 처한 어느 힘센 마부의 도움으로 우리의 말은 곧 다시 일어났다. 우리도 보답으로 어려움에 빠진 그를 도왔다. 눈을 헤치며 일행을 향해 천천히 다가가는 마부를 뒤로 하고, 우리는 가파른 절벽을 눈앞에 두고 소나무들 사이로 부드럽고도 재빠르게 나아갔다.

얼마 후 다시 마차에 올라탄 우리는 빠르게 산을 내려가기 시작했다. 주렁주렁 매달린 고드름에서 물방울이 똑똑 떨어지는 빙하 아래를 지나, 물보라가 이는 폭포들의 아래위로, 갑작스러운 위험을 대비해 설치한 피난처와 보호소 근처로, 지난 봄 눈사태로 이름 없는 구렁 아래 파묻혀 버린 동굴들을 지나가며. 우리는 얼음과 눈과 기괴한 화강암으로 뒤덮인 거대한 황량함 속에서 움직이는 하나의 작은 점이 되어 높은 다리들을 건너고 아찔한 골짜기를 지나 아래로 내려갔다. 쪼개진 바위 덩어리를 지나 저 아래 평지를 향해 세차게 내닫는 급류 소리 때문에 귀가 먹먹해지는 깊은 솔틴 골짜기를 지나 아래로 내려갔다. 위로 향한 절벽과 아래로 향한 절벽 사이에 놓인 구불구불한 길을 따라 점점 아래로 내려가자, 날이 따뜻해지면서 바람이 잦아들더니 급기야 풍경마저 부드러워졌다. 마침내 우리 눈앞에 스위스 시내가 녹은 눈과 햇빛 속에서 금화나 은화처럼 반짝이며 빨강, 초록, 노랑의 돔 지붕들과 교회 첨탑들을 드러냈다.

이 회고록은 이탈리아에 관한 것이고, 내가 할 일은 가능한 한 빨리 그곳으로 돌아가는 것이다. 그래서 나는 거인 같은 산맥의 발끝에 장난감처럼 모인 스위스 마을들의 모습이 어땠는지, 집들이 얼마나 뒤죽박죽 겹쳐진 채 서 있었는지, 겨울에 세차게 부는 바람을 피하기 위해 거리들은 얼마나 비좁았는지, 봄에 갑자기 불어난 맹렬한 급류에 휩쓸린 끊어진 다리의 모습이 어땠는지 상기하지 않으련다(마음이 아플 만큼 하고 싶지만). 둥근 모피 모자를 쓴 시골 아낙네들이 얼굴만 내놓고 밖을 바라볼 때면 그 모습이 런던 시장의 칼을 받드는 관리[26]의 모습과 얼마나 비슷해 보였는지, 잔잔한 제네바 호숫가에 자리 잡은 도시 브베가 얼마나 아름다웠는지, 프리부르 거리의 성 베드로 상이 얼마나 큰 열쇠를 끌어안고 있었는지, 프리부르가 현수교와 대성당의 파이프 오르간으로 얼마나 유명한지도.

프리부르와 바젤 사이를 굽이쳐 지나가는 길가에는, 은화처럼 작고 동그란 낮은 창문과 초가지붕을 이은 통나무집들로 이뤄진 번화한 마을들이 있더라는 이야기. 스위스 농가마다 손수레와 마차가 집 옆에 조심스럽게 대어져 있고, 작은 앞뜰에서는 뺨이 발갛게 된 아이들이 닭들과 뛰어 놀고 있어서 이탈리아 다음 가는 편안하면서도 새롭고 유쾌한 분위기였다는 이야기. 아낙네들의 옷차림이 바뀌어 이제 칼을 받드는 관리 같은 모습 대신 새하얀 가슴 옷과 부채꼴 모양의 얇고 커다란 검은색 모자가 더 많이 보였다는 이야기.

쥐라 산맥 근처에 눈이 흩날리고, 달빛이 비치고, 노랫소리 같은 폭포 소리로 가득한 고장이 무척 좋았다는 이야기. 바젤의 쓰리킹즈 호텔 창가에서 내려다본 불어난 라인 강은 녹색이 되어 빠르게 흘러가고 있었고, 스트라스부르에서도 강은 여전히 빠르게 흘러갔지만 녹색은 아

베로나, 만토바, 밀라노를 지나 생플롱 고개를 넘어 스위스로

니었다는 이야기. 저 아래쪽에는 안개가 자욱하고, 해마다 연말이면 강보다는 파리로 가는 큰 길을 택하는 편이 훨씬 확실하다는 이야기.

스트라스부르는 낡고 장엄한 고딕 양식의 대성당과 뾰족한 지붕을 올린 고대의 주택들 때문에 도시 자체가 기묘하면서도 흥미로운 경치를 담은 작은 화랑처럼 보였다는 이야기. 정오가 되면 유명한 시계가 열두 시를 치는 모습을 보려고 군중들이 성당으로 모여든다는 이야기. 시계가 열두 시를 알리면 인형들이 여러 차례 재주를 넘은 뒤 그중 꼭대기에 올라앉은 수탉 인형이 크고 분명하게 열두 번 소리를 지르는데, 이 수탉이 날개를 퍼덕이느라 애쓰며 목소리를 쥐어짜내는 모습이 무척 재미있지만, 목소리는 저 아래 시계 깊은 곳에서 나기 때문에 사실은 그것과 아무 상관없다는 이야기.

파리로 가는 길은 완전히 진창길이 되었지만, 해안까지는 된서리가 내려 움직이기에 조금 수월했다는 이야기. 겨울에는 빛깔이 사라져 칙칙해진다는 점은 인정해야 하지만 도버의 절벽들이 멋진 풍경을 만들고 영국은 놀랍도록 말끔했다는 이야기.

며칠 뒤 해협을 다시 건널 때는 날씨가 추워져서 갑판 위에 얼음이 얼고 프랑스에는 눈이 제법 쌓이기 시작했다는 이야기. 언덕길에서 여러 마리의 튼튼한 말들이 끄는 우편 마차가 눈 속을 헤치며 황급히 달려갔다는 이야기. 파리의 우체국 마당 밖에서는 동이 트기도 전에 넝마를 걸친 사람들이 잡동사니를 찾아 눈 덮인 거리들을 작은 갈퀴로 더듬고 다녔다는 이야기.

파리에서 마르세유로 가는 길은 엄청나게 쌓인 눈이 녹기 시작해서 우편마차가 달려간다기보다 3백 마일을 간신히 빠져 나갔다는 이야기. 일요일 밤마다 용수철이 부러진 마차를 수리하는 동안, 승객 두 명은 몸도 녹이고 피로도 풀 겸 마차에서 내려 털북숭이 사내들이 난로 근처에서 카드놀이(카드는 그 사내들과 꼭 닮아서 무척이나 흐느적거리는 데다 지저분했다)를 하는 초라한 당구장에서 시간을 보냈다는 이야기.

험한 날씨 탓에 마르세유에서 발이 묶였고, 출발한다고 알리던 기선이 출발하지 않았다는 이야기. 마침내 출항한 샤를마뉴라는 정기 기선이 날씨 때문에 처음에는 툴롱에 다음에는 니스에 정박할 뻔 했지만, 바람이 잔잔해지면서 둘 다 무산되고 귀에 익은 종소리가 감미롭게 울려 퍼지는 제노바 항으로 들어갔다는 이야기. 배에 탄 여행자 무리 중 몸이 좋지 않은 한 명이 바로 옆 선실에 누워 있었는데, 아프다는 것에 짜증이 난 그 사람이 베개 밑에 놓아둔 사전을 내어놓지 않았다는 이야기. 그 때문에 그의 일행들은 각설탕이 이탈리아어로 무엇인지, 또 브랜디 한 잔이나 시간을 묻는 말이 무엇인지 알고 싶을 때마다 그를 찾아야 했다는 이야기. 그때마다 그는 살아 있는 사람 누구에게도 사전 맡기기를 거부하며 아픈 자신의 눈으로 직접 찾아보겠다고 우겼다는 이야기.

그루미오[27)]처럼 내가 이탈리아에 관한 글을 쓰고 있다는 점에 방해를 받지 않았다면, 이 모든 이야기들과 그 이상을 여러분에게 상세히 전했을 것이다. 그러니, 그루미오의 이야기처럼 '이 이야기는 망각 속으로 사라질 지어다.'

베로나, 만토바, 밀라노를 지나 생플롱 고개를 넘어 스위스로

피사와 시에나를 거쳐
로마로

이탈리아의 그 무엇도 제노바와 스페치아를 잇는 해안길처럼 아름다운 것은 없다. 길 한쪽으로 때로는 저 아래에 있고, 때로는 길과 거의 같은 높이로 있고, 때로는 많은 형태의 깨진 바위들이 둘러 선 그곳은 그림처럼 아름다운 펠러커 배[28]들이 여기저기서 천천히 미끄러지듯 움직이는 탁 트인 푸른 바다다. 그 반대편은 하얀 집들이 흩뿌려진 골짜기와 검은 올리브 나무 군락들, 우아한 탑들이 세워진 시골 성당들, 화려하게 색을 칠한 저택들이 들어선 우뚝 솟은 언덕이다. 길가의 비탈과 둔덕에는 야생 선인장과 알로에가 무성하게 자라고 있고, 길을 따라 이어지는 마을의 정원들은 여름이면 벨라도나로 붉게 물들고 가을과 겨울이면 황금빛 오렌지와 레몬 향기로 가득하다.

그런 곳들 중 일부 마을에는 거의 어부들만 거주하기도 한다. 어부들이 물가에서 그물을 꿰매는 동안, 해변에 올려놓은 커다란 고깃배가 만든 작은 그늘에서 다른 어부들이 잠을 자거나 여자들과 아이들이 앉아서 장난치는 모습을 보는 것은 정말 즐거운 일이다. 길 아래로 수백 피트 떨어진 거리에 작은 항구가 딸린 카몰리라는 마을이 있다. 옛날 옛적부터 연안 무역선을 타고 스페인과 다른 여러 나라로 항해하던 선원들의 가족들이 사는 곳이다. 길 위에서 바라보는 마을은 햇살에 반짝이는, 일렁이는 물가의 작은 모형 같다. 노새들이 다니는 구불구불한 길을 따라 내려간 마을은 원시 어촌의 완벽한 축소형이다. 전에 본 적 없는 세상에서 가장 짜고, 가장 거칠고, 가장 작은 해적의 소굴. 커다란 녹슨 쇠고리, 정박용 사슬, 캡스턴, 낡은 돛대와 활대 조각들이 길을 막아선다. 선원들의 옷가지가 작은 항구에서 펄럭이고, 악천후를 견디는 배들은 건조를 위해 따뜻한 햇살이 내리쬐는 바위 위에 끌어올려 두었다. 울퉁불퉁한 부두의 난간 위에는 양서류처럼 보이는 녀석들이 달랑거리는 다리를 내놓고, 마치 뭍이나 물이나 자신들에게는 매한가지라는 듯, 바다에 빠지더라도 물고기들과 함께 편안하게 졸면서 떠다닐 수 있다는 듯 잠이 들어 있다. 성당은 폭풍과 난파 사고를 견뎌낸 것을 기념하는 봉헌물들과 바다의 전리품들로 밝게 빛난다. 막다른 길과 굽은 계단에 맞닿은 항구에서 조금 떨어진 집들은 어둡고 드나들기 어려운 모양새가 배의 짐칸이나 불편한 선실처럼 보인다. 어딜 가나 생선과 해초와 낡은 밧줄에서 비린내가 난다.

방금 설명한 카몰리의 해안길은 특히 제노바 주변의 일부 지역에서 따뜻한 계절에 볼 수 있는 반딧불이로 유명하다. 나는 컴컴한 밤 그곳을 걷다가 이 아름다운 곤충들이 반짝반짝 빛을 내며 하늘을 수놓은 모습을 보았다. 저 멀리 보이는 별들도 올리브나무 숲과 언덕과 하늘을 가득 메운 반딧불이들의 반짝임에는 빛을 잃어버렸다.

하지만 우리가 로마로 가는 길에 그곳을 들렀을 때는 그런 계절이 아니었다. 1월 중순이 막 지나 습도가 높고 우중충한 날씨였다. 브라코 고개를 지나는 길에 안개와 폭풍우를 만난 우리는 하루 종일 구름을 헤치며 이동해야 했다. 갑자기 불어온 돌풍으로 잠시 안개가 걷힌 틈을 타서 저 아래 성난 파도가 암석에 부딪히며 맹렬하게 거품을 내뿜는 모습을 우리에게 보여주지 않았다면, 지중해가 세상에 존재하지 않는다고 생각할 정도로 시야에는 아무것도 보이지 않았다. 비는 그칠 줄 몰랐고, 모든 개울과 급류도 크게 불어났다. 물이 그렇게 높이 솟구치며 큰 소리로 포효하는 것을 나는 평생토록 본 적이 없다.

그래서 스페치아에 도착했을 때, 우리는 피사로 가는 큰 길에 위치한 다리 없는 마그라 강이 나룻배를 타고 무사히 건너기에는 수위가 너무 높다는 걸 알았다. 어쩔 수 없이 우리는 다음날 오후까지 물이 어느 정도 빠지기를 기다려야만 했다. 스페치아는 머무르기 좋은 곳이다. 첫째는 아름다운 만 때문이고, 둘째는 유령이 나올 듯한 여관 때문이고, 셋째는 작은 인형에 달린 밀짚모자를 머리카락에 붙이고 다니는 여인들의 머리 장식 때문이다. 지금까지 만들어진 머리 장식 중 가장 이상하면서도 가장 장난스러운 것이 아닐까 생각한다.

나룻배를 타고 마그라 강—물이 불어나서 빠르게 흐를 때는 절대로 통행해서는 안 된다—을 안전하게 건넌 우리는 몇 시간 후 카라라에 도착했다. 다음날 아침에는 조랑말을 타고 대리석 채석장을 보러 갔다.

더는 갈 수 없을 때까지 높은 산맥 안쪽으로 깊숙이 이어진 네댓 개의 거대한 협곡으로 이뤄진 채석장은 자연적으로 갑작스럽게 끊어져 멈춰 있었다. 채석장들은, 아니 그곳에서 부르는 대로 '동굴들'은, 길 양쪽의 높은 언덕에 위치한 수많은 구멍들로 대리석을 캐기 위해 발파와 굴착 작업을 하는 곳이다. 결과는 좋을 수도 있고 나쁠 수도 있다. 누군가에게는 아주 이른 시간에 큰돈을 안겨 주고, 누군가에게는 전혀 무가치한 일에 큰 비용을 들이게 해서 그 사람을 망쳐 버리기도 한다. 동굴들 중 몇몇은 고대 로마인들이 개발하다가 버리고 떠난 그때의 모습 그대로였다. 다른 많은 곳들은 지금도 작업이 계속 진행되는 중이었고, 몇몇은 내일이나 다음 주나 다음 달에 작업을 시작할 예정이었으며, 사려는 사람도 없고 그럴 생각조차 못하는 곳도 여럿 됐다. 사람들이 이곳을 드나들기 시작하면서부터 지금까지의 시간보다 훨씬 오랜 기간 쓸 수 있는 충분한 양의 대리석들이 발굴을 기다리며 곳곳에 숨어 있었다.

이 가파른 골짜기를 힘들게 기어 올라가다보면 (노새는 1~2마일 아래의 개울에서 뱃대끈을 적시도록 남겨 두시길) 당신은 이따금씩 낮은 음조로, 이전의 고요함보다 더 고요하게 언덕들 사이로 울려 퍼지는 구슬픈 경고 나팔 소리를 듣게 되는데, 광부들에게 보내는 철수 신호다. 곧이어 언덕을 뒤흔드는 천둥소리가 들리고 암석의 파편들이 공중으로 엄청나게 튀어오를 것이다. 조금 더 올라가다 다른 방향에서 또 다른 나팔 소리가 들리면 당신은 새로운 폭발의 범위에 들어가지 않으려고 그 즉시 멈춰 서게 된다.

피사와 시에나를 거쳐 로마로

많은 인부들이 대리석의 운반로를 내기 위해 높은 언덕에서 일하며 부서진 암석 덩어리와 흙을 아래로 내려 보내고 있었다. 보이지 않는 손에 의해 좁은 골짜기로 굴러 떨어지는 돌덩이들을 바라보며, 나는 거대한 새 로크가 뱃사람 신드바드를 떨어뜨리고 갔던 그 깊은 골짜기(꼭 그런 골짜기)를 떠올리지 않을 수 없었다. 상인이 다이아몬드를 붙여 가려고 저 높은 곳에서 큰 고깃덩이를 던지던 그 골짜기를. 그곳엔 급강하 하며 태양을 가리거나 그들을 덮칠 독수리는 없었지만, 수백 마리의 독수리가 살았던 것처럼 거칠고 험악했다.

하지만 그 길, 어떤 거대한 대리석도 내려 보내는 그 길이여! 그 나라의 기풍과 제도에 대한 충성심이 그 길을 보수하고 지키고 존속시키며 그 길을 닦는구나! 이 골짜기 한가운데를 굽이쳐 흐르며 온갖 형태와 온갖 크기의 거대한 돌무더기에 괴롭힘을 당하는, 돌바닥 위로 흐르는 물의 경로를 떠올려보라. 여전히 그 길은 존재한다. 왜냐하면 5백 년 전에도 그건 길이었으니까! 지금도 사용하는, 5백 년 전에 소들이 끌던 5백 년 전의 투박한 달구지를 상상해보라. 지금 그들의 불행한 후손들이 잔혹한 작업의 괴로움과 고통으로 열두 달 안에 죽어가듯이 5백 년 전 그들의 조상들도 지쳐 쓰러져 죽어갔다. 암석의 크기에 따라 두 쌍, 네 쌍, 열 쌍, 스무 쌍의 소들이 달구지를 끌고 이 길을 내려간다. 거대한 짐을 싣고 돌덩이 하나하나와 사투를 벌이다 그 자리에서 죽음을 맞이하는 소들도 많다. 그들만이 아니다. 열성을 다하는 소몰이꾼도 때때로 굴러 떨어져 바퀴 아래 깔려 죽는다. 하지만 5백 년 전이나 지금이나 문제될 것은 없으며, 이 가파른 비탈에 선로를 까는 것(세상에서 가장 쉬운 일)은 순전히 신성모독이 될 것이다.

　길옆으로 비켜서서 겨우 한 쌍의 소들이 끄는(작은 대리석 한 덩어리만 싣고 있었기 때문에) 달구지를 바라보던 나는, 불쌍한 짐승들의 목에 멍에가 잘 고정되어 있도록 그 무거운 물건 위에 올라탄 사내를 향해—등을 보이고 있었다—진정한 폭정의 악마라고 속으로 악담을 퍼부었다. 뾰족한 쇠가 달린 긴 막대를 손에 든 그는 소들이 더 이상 급류 바닥을 헤쳐 나가지 못하고 멈춰 설 때마다 막대로 소들의 몸을 찌르고, 머리를 때리고, 콧구멍을 이리저리 비틀어서 그들이 끔찍한 고통 속에서 몇 걸음을 더 가게 만들었다. 소들이 다시 멈춰 서면 더욱 강력하게 이런 설득을 되풀이했다. 사내는 그렇게 소들을 한 번 더 움직이게 해서 가파른 내리막길까지 그들을 억지로 몰아세웠다. 소들의 처절한 몸부림에 대리석이 물보라가 이는 절벽 아래로 곤두박질치면, 사내는 마치 큰일이라도 해낸 것처럼 머리 위로 막대를 빙빙 돌리며 소리 높여 환호성을 질렀다. 그는 자신의 승리가 절정에 이르는 순간 소들이 그를 흔들어 바닥에 떨어뜨린 뒤, 눈이 뒤집혀 자신의 뇌를 길바닥에 짓이겨버릴 수도 있다는 생각은 전혀 하지 않았다.

　그날 오후 카라라의 많은 작업장 중 한 곳에 서 있자니—우리가 아는 거의 모든 인물상, 군상, 흉상을 대리석으로 완성한 멋진 복제품들이 가득한 작업장이었다—모든 노고와 땀과 고뇌에서 비롯된, 우아함과 사색과 섬세한 조화로 충만한 저토록 절묘한 형상들이 너무도 이상해 보였다. 하지만 나는 곧 모든 미덕은 비참한 토양에서 싹 트고, 모든 선한 것들은 슬픔과 곤경 속에서 태어난다는 사실을 깨달았다. 나

피사와 시에나를 거쳐 로마로

는 조각가의 커다란 창가에 서서, 기우는 햇살 속에서 온통 붉게 빛나면서도 마지막까지 근엄함과 엄숙함을 잃지 않는 대리석 산들을 바라보며 '세상에나' 하고 생각했다. 인생을 여행하는 유람객들이 모습을 감춘 어둠과 고난에 진저리를 치며 그들을 외면하는 사이 보다 아름다운 결실을 맺을 수 있는 얼마나 많은 인간의 마음과 영혼이 담긴 채석장들이 폐쇄되고 썩어 가는가!

당시 세도가이자 카라라 땅의 일부를 소유하고 있던 모데나의 공작은 루이 필리프를 프랑스의 왕으로 인정하지 않은 유럽의 유일한 주권자임을 스스로 자랑스럽게 여겼다. 그는 허풍쟁이가 아니라 꽤 진지한 사람이었다. 또한 그는 철도 건설에도 크게 반대했다. 양쪽 지역의 세도가들이 철로 사업을 실행에 옮겼다면, 그는 아마 종착역에서 종착역으로 여행객을 실어 나르기 위해 그리 넓지 않은 자신의 영지를 가로질러 정기적으로 오가는 승합마차를 두는 것으로 만족했을 것이다.

거대한 구릉들로 둘러싸인 카라라는 무척 아름다우면서도 험준한 곳이다. 소수의 여행객들이 그곳에 머무르고, 대부분의 주민들은 어떤 식으로든 대리석과 관련된 일을 한다. 인부들이 사는 동굴들 주변에도 마을이 들어서 있다. 새로 지은 아름다운 작은 극장이 자리한 그곳에, 악보를 보지 않고 독학으로 노래를 배운 대리석 채석장의 인부들이 합창단을 꾸리는 재미있는 풍습이 내려온다. 나는 희가극과 <노르마> 1막에서 그들의 노래를 들었는데, 대부분의 이탈리아 사람들(나폴리의 몇몇 사람들을 제외하고)이 음조에 맞지 않게 노래를 부르는 데다 음성도 들어 주기 힘든 것에 반해 그들의 노래는 아주 훌륭했다.

카라라를 지나 높은 산봉우리에 오르자 피사가 자리 잡은—저 멀리 자줏빛 점으로 보이는 레그혼과 함께—기름진 평야의 황홀한 경치가 가장 먼저 눈에 들어왔다. 단지 거리가 멀어서 풍경이 매력적으로 보인 것이 아니라, 비옥한 시골과 풍성한 올리브나무 숲으로 이어진 길 때문에 더욱 매력적이고 유쾌했다.
　피사에 가까이 다가갔을 때쯤엔 달빛이 밝게 비추고 있었고, 우리는 꽤 오랫동안 성벽 너머로 어스레한 빛 속의 사탑을 바라볼 수 있었다. 교과서 속 '세계의 불가사의들'에 나오는 낡은 그림 속의 그 흐릿한 원형을. 교과서와 학창시절에서 처음으로 연상되는 것들이 대개 그렇듯 탑은 너무도 작았다. 나는 그 사실을 뼈저리게 느꼈다. 성벽 위로 우뚝 솟은 그런 탑을 기대했지만, 실제 모습은 전혀 그렇지 않았다. 런던 세인트폴 처치야드 거리 모퉁이에서 책을 파는 해리 씨의 여러 속임수 중 하나에 또 걸려들고 말았다. 해리 씨의 탑은 허구였지만, 그건 실재였다. 비교하자면 짧은 실재였다. 하지만 탑은 멋지면서도 아주 불가사의해 보였고, 해리 씨의 말처럼 기울어져 있었다. 피사의 고요한 분위기도 마찬가지였다. 왜소한 병사 둘만이 지키는 관문 쪽 위병소, 사람들이 거의 보이지 않는 거리들, 도시 중심을 운치 있게 흐르는 아르노 강은 정말 탁월했다. 그래서 해리 씨에게 악의를 품지 않기로 한(그의 좋은 의도를 기억하며) 나는 저녁 식사 전에 그를 완전히 용서하고, 다음날 아침 탑을 보러 가기 위해 자신만만하게 길을 나섰다.
　나는 더 잘 알고 있었는지도 모른다. 어쨌든 나는 하루 종일 사람들이 오가는 공공연한 거리에 긴 그림자를 드리운 그런 탑을 기대했다. 하지만 사람들이 붐비는 초록의 고른 잔디로부터 외따로 떨어져 초라한 곳에 서 있는 탑을 보는 순간 깜짝 놀랄 수밖에 없었다. 그래도 푸릇푸릇한 잔디밭 주변과 그 위로 서 있는 탑과 세례당, 대성당, 공동묘지의 교회(직사각형의 수도원 형태-사실상 묘지)는 세상에서 가장 아름답고도 인상적인 풍경이리라. 이 건물들은 도시의 일상과 시시콜콜한 일들과 떨어져 있어서 대단히 고색창연한 데다 장엄한 매력을 발산했다. 세속적인 생활과 세속적인 주거를 쥐어짜서 걸러낸 화려하고 오래된 도시 건축의 정수였다.

시먼드는 사탑을 어린이용 책에 흔히 나오는 바벨탑과 비교했다. 애써 여러 장에 걸쳐 묘사하는 것보다 그 건물의 개념을 훨씬 잘 전달하는 적절한 수사법이다. 그 무엇도 이 건물의 우아함과 기품을 능가할 수는 없으리라. 그 무엇도 이 탑의 전체적인 외양만큼 인상적일 수는 없으리라. 탑의 꼭대기로 올라가는 길(완만한 계단으로 되어 있다)에서는 경사가 실감나지 않지만, 꼭대기에 올라서면 경사가 뚜렷이 보여서 썰물 때 기울어진 배에 탄 듯한 느낌을 준다. 기울어진 쪽, 그러니까 난간 쪽에서 바닥으로 기울어진 축을 보는 것은 정말 놀랍다. 나는, 아래를 힐끗 내려다보고는 마치 탑을 떠받칠 묘안이라도 있는 것처럼 자신도 모르게 탑을 꽉 붙잡는 불안한 관광객을 보았다. 지면에서 본—경사진 통로를 올려다본—내부 모습도 무척 흥미롭다. 탑은 신이 난 관광객이 원하는 만큼 기운다. 잠시 쉬면서 주변 건물들을 감상하려고 탑 아래 잔디밭에 몸을 누이는 사람들 중 백에 아흔아홉은 당연히 탑이 기운 쪽에 자리를 잡지 않는다. 그만큼 많이 기울었다.

대성당과 세례당을 회상하는 것이 나에게는 즐거운 일일지 모르겠으나 독자들에게는 피로할 수 있으니, 그 여러 가지 아름다움을 자세히 되뇔 필요는 없을 것이다. 대성당의 안드레아 델 사르토가 그린 성 아그네스의 그림과 세례당의 각양각색의 화려한 기둥들이 내 마음을 강하게 사로잡는다.

공동묘지를 회상하는 것이 자세한 설명을 않겠다던 내 결심을 깨뜨리는 일이 되지 않기를 바라며 덧붙이자면, 성당 묘지에는 6백 년 전 성지에서 가져온 흙을 덮어서 만든 무덤들이 있다. 그 주변으로 늘어선 회랑들이 섬세한 장식 사이를 통과한 빛과 그림자를 돌바닥 위로 드리우는 모습은 절대 잊지 못할 음울한 기억으로 남아 있다. 이 엄숙하고 아름다운 곳의 벽면에는 많이 지워지고 부식되긴 했지만 호기심을 자극하는 오래전 프레스코화들이 그려져 있다. 인물들이 많이 등장하는 이탈리아의 여느 그림들을 모아 두면 늘 생기는 일이지만, 이곳 프레스코화 중 어떤 그림에 우연찮게도 나폴레옹과 꼭 닮은 인물이 등장한다. 나는 오래전 이 프레스코화를 그린 화가들이 언젠가 예술을 이렇듯 파괴할 사람이 나타날 거라고, 그의 군사들이 위대한 그림들을 목표로 삼고 건축술의 업적을 마구간으로 삼을 거라고 예감한 것은 아닐까 상상해 보았다. 하지만 똑같은 얼굴을 한 코르시카 사람들이 지금도 이탈리아 전역에 많은 걸 보면 결국 우연의 일치일 뿐이다.

피사가 탑으로 세계에서 일곱 번째 불가사의가 되었다면, 거지로는 적어도 두 번째나 세 번째 불가사의가 될 수 있지 않을까. 아무 데서나 불행한 방문객을 불러 세운 그들은 그가 가고자 하는 문까지 그를 호위한 다음 강력한 지원군과 함께 그가 나올 것이 분명한 문 앞에 숨어서 그를 기다린다. 정문에서 경첩이 삐걱대는 소리는 일반적으로 환호를 이끌어내는 신호이고, 그 순간 모습을 드러낸 방문객은 몸이 굽은 사람들과 넝마를 입은 무리들에게 둘러싸인다. 거지들은 피사의 모든 무역과 산업을 몸소 보여 주는 듯하다. 따뜻한 바람 외에는 아무것도 움직이지 않는다. 거리를 지나다 보면, 집들이 너무 조용해서 집의 정면이 아니라 뒷면을 보는 듯하다. 그 안에 사는 사람들과 달리 집들이 너무 고요해서, 피사의 대부분이 마치 새벽녘이나 모두가 낮잠을 자는 때의 도시 같다. 차라리 어느 그림 속에 나오는 집의 배경이나 정면에 창문과 대문이 보이는 오래된 판화 속에서, 한 사람(물론 거지일 것이다)이 저 멀리 풍경 속으로 홀연히 사라지는 모습과 닮았다고나 할까.

상업이 게으름을 밀어낸, 변화한 데다 능률적이고 사무적인 레그혼(스코틀랜드 작가 스몰렛의 묘지로 유명해졌다)은 그렇지 않다. 상업과 상인들에 대한 관련 법규들이 아주 관대한 데다 자유로운 것은 물론이고 도시도 거기에서 이득을 취한다. 하지만 레그혼은 활개를 치는 자객들과 그들을 제대로 벌하지 않는 것으로 평판이 나쁘다. 몇 년 전 이곳에서 활동하던 암살단이, 특정인에게는 앙심을 품지 않았지만, 기분전환과 자극을 이유로 밤거리를 다니는 사람들(전혀 상관없는 사람들)을 칼로 찌르곤 했기 때문이다. 나는 이 상냥한 집단의 우두머리가 구두장이였을 것으로 생각한다. 하지만 그가 붙잡힌 뒤 암살단은 흩어졌다. 아마도 레그혼과 피사 사이에 철로가 생기기 전에 자연스럽게 사라졌으리라. 이 철로는 벌써부터 시간 엄수, 질서 체계, 손쉬운 거래법과 진보로 이탈리아를 깜짝 놀라게 하기 시작했다. 사람들을 놀라게 하는 것으로는 가장 위험하고 이단적인 것이 아니던가. 처음 이탈리아에 철로가 공개되었을 때, 바티칸에 지진이 일어났을 때처럼 이탈리아에서도 약간의 흔들림이 감지되었으리라.

다시 피사로 돌아온 우리는 우리를 로마로 데려다 줄 성격 좋은 마부와 그의 말 네 필을 고용한 뒤, 하루 종일 토스카나 지방의 기분 좋은 풍경과 아름다운 마을들을 두루 돌아다녔다. 이 지역의 길가에 세워진 십자가들은 그 수가 많은 데다 아주 흥미롭다. 가끔 얼굴이 있는 것도 보이지만, 예수상이 달린 십자가는 좀처럼 보이지 않는다. 대신 그리스도의 죽음과 연관 지을 수 있는 온갖 물건들을 나무로 작게 만들어서 장식해 둔 것은 주목할만하다. 십자가 꼭대기에는 주로 베드로가 그의 스승을 세 번 부정했을 때 울었던 수탉이 앉아 있고, 그 아래에는 비문이 새겨져 있다. 대들보에는 식초와 물에 적신 해면을 매단 갈대와 창, 병사들이 서로 갖겠다며 주사위를 던지던 솔기 없는 겉옷, 그들이 던지던 주사위통, 못을 박던 망치, 못을 빼던 장도리, 십자가에 기대어 세우던 사다리, 가시 면류관, 채찍, 마리아가 무덤으로 가지고 간 등불(내 추측이다)과 베드로가 제사장의 하인을 찌른 칼이 매달려 있다. 작은 물건들로 가득한 장난감 가게 같은 모습은 큰 길을 따라 4~5마일을 갈 때마다 반복된다.

피사를 출발한 지 이틀째 되던 날 저녁, 우리는 아름답고도 오래된 도시 시에나에 다다랐다. 그들이 사육제라고 부르는 축제가 한창이었지만, 그곳의 비밀인 것처럼 우울한 표정을 한 사람들이 스무 명 혹은 마흔 명씩 모여 장난감 가게의 가면을 쓰고 중심가를 오갈 뿐이었다. 가능한 일일지 모르겠지만, 그 모습이 비슷한 영국 사람들보다 더 우울해 보여서 더는 이야기하지 않으련다. 다음날 아침 일찍 우리는 내부와 외부 모두가 놀랍도록 아름답지만, 그 중에서도 특히 외부가 아름다운 대성당을 보러갔다. 그곳은 시장이나 광장으로 쓰이는 곳으로, 외부에 코가 부러진 커다란 석상이 놓인 분수와 고풍스러운 고딕 양식의 집들과 꼭대기—이탈리아에서는 진기한 모습—에 거대한 종이 달린 하늘 높이 벽돌을 쌓아 만든 사각 탑이 자리하고 있는 넓은 사각형 모양이다. 물은 없지만 시에나는 베네치아와 약간 비슷하다. 도심의 굉장히 오래된 몇몇 낡고 기이한 건물들은, 베로나나 제노바의 영향은 보이지 않지만, 꽤 몽환적이고 환상적인 데다 흥미롭기까지 하다.

 시에나를 둘러보고 다시 여행길에 오른 우리는, 한낮에는 한두 시간 간격으로 말을 쉬게 해주겠다고 약속한 마차꾼들과의 계약대로 다소 황량한 시골길(해마다 이맘때면 지팡이를 세워둔 것 같은 포도나무만 보일 뿐이다)에서 잠시 멈춰 섰다. 길은 점점 더 황량한 데다 거친 지역을 지나 스코틀랜드의 황무지만큼이나 헐벗고 적막한 곳으로 들어갔다. 어둠이 깔린 후 우리는 하룻밤을 묵기 위해 라 스칼라 여관에 마차를 세웠다. 완벽할 만큼 외딴 곳에 위치한 이 여관에는, 황소도 구울 만큼 큰 데다 3~4피트 높이의 석판 위에 올려놓은, 식당의 거대한 화덕 주위로 가족들이 둘러 앉아 있었다. 여관의 유일한 2층에는, 한쪽 구석에 아주 작은 창 하나와 네 개의 컴컴한 방으로 통하는 네 개의 검은 문이 사방으로 난, 사람의 손이 닿지 않은 크고 어지러운 거실 하나가 있었다. 또 다른 넓고 어두컴컴한 거실로 통하는 또 다른 커다란 검은 문은 말할 것도 없고, 바닥에 난 일종의 들창을 통해 가파르게 이어지는 계단, 위로 어렴풋이 보이는 지붕의 서까래, 눈에 잘 띄지 않는 구석에 숨은 수상한 작은 장과 함께 사방으로 이 집의 모든 칼들이 흩어져 있었다. 전통적인 이탈리아 건축 양식으로 만들어진 벽난로의 연기 때문에 제대로 앞을 볼 수가 없었다. 연극에 나오는 산적의 아내 같은 옷차림을 한 여종업원은 머리에도 그런 종류의 장식을 달고 있었다. 개들은 미친 듯이 짖어댔고, 그 메아리는 그들에게 바치는 칭찬이 되어 돌아왔다. 12마일 이내에 다른 집이 없어서 모든 것은 적막하다 못해 다소 험상궂게 보였다.

지난 며칠 밤사이 강도들이 대담하게 돌아다니며 바로 근처에서 우편 마차를 약탈했다는 소문 때문에 상황은 더욱 흉흉해졌다. 강도들이 얼마 전 베수비오 산에서 여행객들을 급습했다는 이야기는 길가의 여관마다 큰 화젯거리였다. 하지만 잃을 게 거의 없는 우리와는 아무 상관없는 일이었기에, 우리는 그 주제를 즐겁게 받아들이며 이내 편안함을 되찾았다. 우리는 이 외딴 집의 식구들이 늘 먹던 그대로 저녁을 먹었는데, 익숙해지기만 하면 썩 괜찮은 식사였다. 격식 없이 간단하게 만드는 수프의 특성대로 채소나 약간의 쌀을 넣고 끓였고, 치즈를 잔뜩 갈아 넣고 소금과 후추를 넘치도록 뿌려 풍미를 더하면 훌륭한 맛이 난다. 그곳에는 수프를 끓이는 데 쓴 닭 반 마리, 다른 날짐승들과 비둘기의 모래주머니와 간을 빙 두른 비둘기 고기, 작은 프렌치롤빵 크기의 구운 소고기 조각, 파르마 산 치즈 덩어리, 마치 서로 잡아먹히지 않으려고 애쓰는 것처럼 작은 접시 위에 아무렇게나 쌓아 둔 시든 사과 다섯 개, 커피, 그리고 침대가 있다. 그러니 벽돌 바닥도 신경 쓰지 말고, 활짝 열린 문도 쿵쿵거리는 창문도 신경 쓰지 말고, 너무 가까이 있어서 기침이나 재채기를 할 때마다 당신의 잠을 깨우는 침대 바로 밑 마구간에 넣어 둔 당신의 말도 신경 쓰지 마시라. 만약 당신이 주변 사람들에게 상냥하고, 그들과 즐겁게 대화를 나누고, 더할 나위 없이 쾌활해 보이는 사람이라면 내 말을 믿어도 좋다. 당신은 이탈리아 여관 중 최악인 곳에서도 언제나 친절하게 좋은 대접을 받을 수 있고, 어디에서든 크게 인내심을 시험 당하는 일 없이 이 나라의 이쪽 끝에서 저쪽 끝까지 (반대 되는 온갖 이야기들에도 불구하고) 갈 수 있을 것이다. 특히, 오르비에토와 몬테 풀치아노 같은 포도주를 지니고 있을 때는 말할 것도 없다.

그곳을 떠나던 날 아침은 날씨가 좋지 않았다. 영국의 콘월만큼이나 메마르고 돌이 많은 거친 시골을 지나 12마일 정도 갔을 때, 귀신과 도깨비가 나올 것 같은 여관이 자리한 라디코파니에 닿았다. 한때 토스카나 공작들의 사냥터로 쓰이던 곳이었다. 여관은, 지금까지 일어난 온갖 살인 사건과 유령 이야기들이 모두 그곳에서 비롯된 것은 아닐까 하는 생각이 들게 할 정도로 구불구불한 복도와 적막한 방들로 가득했다. 제노바에도 소름끼치도록 무섭고 오래된 건물들이 다소 있었는데, 그 중 특히 한 건물은 그곳과 외관이 거의 비슷했다. 하지만 뒤틀리고, 삐걱거리고, 벌레가 들끓고, 바스락거리고, 문이 저절로 열리고, 발을 디디면 계단이 꺼지는 라디코파니 여관에는 다른 곳에서 볼 수 없는 으스스한 분위기가 흘렀다. 변변치 않지만 초라한 소도시가 여관 정면 위쪽 산등성이에 붙어 있었다. 주민들은 모두 거지였다. 마차가 다가가자 그들이 먹이를 발견한 새떼처럼 달려들었다.

이 도시를 지나 고갯길로 들어서자 (여인숙에서 미리 경고한 대로) 바람이 매섭게 몰아쳤다. 우리는 마차와 함께 모든 것이 바람에 날려가지 않도록 몸의 절반을 마차 바깥으로 내밀 수밖에 없었고, 마차가 아무도 모르는 곳으로 밀려가지 않도록 마차를 꼭 붙잡고 있어야만 했다. 바람의 세기만 보자면 이 내륙 돌풍이 대서양 연안에 부는 강풍보다 더 센 것 같았다. 돌풍은 오른편의 거대한 협곡들을 휩쓸며 불어 왔다. 그래서 두려운 마음에 우리는 왼편의 거대한 습지를 바라봤는데, 그곳엔 붙잡을 관목이나 잔가지 하나 보이지 않았다. 발밑으로 바람이 불 때마다 바다로 휩쓸려가거나 멀리 우주로 날아가 버릴 것만 같았다. 눈, 우박, 비, 번개, 천둥이 몰아쳤고, 안개도 빠른 속도로 피어올랐다. 무척이나 어둡고 무섭고 고독했다. 성난 구름으로 가린 산 위로 산이 보였고, 사방에서 노기어린 격렬하고 소란스러운 강풍이 불어와서 풍경을 말할 수 없이 장엄하고 가슴 두근거리게 만들었다.

그럼에도 불구하고 그곳을 벗어나자 마음이 놓였다. 우리는 음울한 데다 지저분한 교황령마저 지났다. 그 후 우리는 작은 도시 두 곳을 지나쳤는데, 그 중 한 곳 아쿠아펜덴테에서도 사육제가 열리고 있었다. 여자로 분장한 남자와 남자로 분장한 여자가 우울한 표정으로 진흙이 발목까지 올라오는 거리를 줄지어 걷고 있었다. 황혼녘이 되자, 그 둑 위에 말라리아로 잘 알려진 같은 이름의 작은 도시가 위치한 볼

세나 호수가 우리 시야에 들어왔다. 이 가난한 소도시를 제외하고, 호수의 기슭이나 그 근처(감히 그곳에서 잠을 잘 사람은 없기 때문에)에는 오두막 한 채도, 물 위에 떠 있는 돛단배 한 척도, 27여 마일에 이르는 물길에는 황량한 단조로움을 깰 막대기나 말뚝 하나도 보이지 않았다. 길은 폭우로 상태가 매우 좋지 않았고, 날이 어두워진 뒤에는 풍경이 너무 지루해서 참을 수 없을 정도였다.

다음날 해 질 무렵, 우리는 전혀 색다른 황무지의 멋진 풍경 속으로 들어갔다. 우리는 몬테 피아스코네(포도주로 이름난)와 비테르보(분수들로 이름난)를 지나쳐 왔고, 8마일에서 10마일 정도 되는 긴 언덕을 올라가자 사람들의 발길이 닿지 않는 곳에서 갑자기 호수가 나타났다. 호수 한쪽은 숲이 울창하게 우거져 무척 아름다운 반면 다른 한쪽은 삭막한 화산들에 둘러싸여 무척 메말라 보였다. 이 호수가 샘솟는 자리에 도시 하나가 서 있었다. 먼 옛날 도시는 땅 속으로 사라져버렸고, 그 자리에서 물이 솟아올랐다. 물이 맑을 때에는 아래쪽으로 폐허가 된 도시가 보였다는 오랜 전설(세계의 많은 지역들이 마찬가지겠지만)도 전해 내려온다. 하지만 도시는 이 지점에서 사라져버렸다. 도시 위로 대지와 물이 부글부글 거품을 일으키며 차올랐고, 갑자기 다른 세계에 갇혀 돌아갈 길 없어진 유령처럼 호수가 이곳에 자리 잡았다. 호수의 대지와 물은 다시 지진이 일어나기만을 기다리는 것 같았다. 그렇게 되면 그들은 입을 크게 벌린 바닥 아래로 떨어져 다시는 모습을 드러내지 않으리라. 더는 아래쪽의 불운한 도시가 위쪽의 새까맣게 탄 대지와 정체된 물보다 쓸쓸하거나 황량해 보이지 않았다. 그들이 동굴과 어둠에 잘 어울린다는 것을 안다는 듯 붉은 태양이 그들을 기이하게 비췄고, 구슬픈 물은 옛 도시의 탑들과 지붕들을 잠기게 하고 그곳에서 나고 자란 사람들을 죽게 한 것이 지금도 마음에 무겁게 남은 듯, 진흙을 뱉고 빨아들이며 풀과 갈대 사이를 조용히 기어 다녔다.

호수에서 얼마간 마차를 타고 달리자 마치 커다란 돼지우리 같은 작은 도시 론시글리오네가 나타났다. 우리는 그곳에서 하룻밤을 묵었다. 다음날 아침 일곱 시 정각 우리는 로마를 향해 출발했다.

돼지우리를 빠져나오자마자 우리는 로마 평원으로 들어섰다. 사람이 거의 살지 않는 굽이치는 평원, 그곳에 수마일 동안의 지독한 단조로움과 침울함을 덜어줄 것은 아무 것도 없었다. 로마 성문 밖의 그 어떤 지역들보다 죽은 도시에 꼭 맞는 묘지였다. 너무도 슬프고, 너무도 고요하고, 너무도 음산한 곳. 거대한 폐허 더미를 감춘 너무도 은밀한 곳. 오래전 예루살렘에 살던 악령에 홀린 사람들이 그곳으로 찾아가 울부짖으며 목숨을 끊던 황무지와 너무도 비슷해 보였다. 우리는 이 평원을 30마일 정도 가로질러 갔다. 22마일을 쉴 새 없이 이동하는 동안 보이는 거라곤 이따금씩 서 있는 외딴 집과 무섭게 생긴 양치기 하나뿐이었다. 양치기는 얼굴에 온통 덥수룩한 수염이 나 있었고, 너저분한 갈색 망토를 목까지 감싼 채 양들을 지키고 있었다. 그렇게 한참을 가던 끝에 우리는 말들도 쉬게 하고 점심도 먹으려고, 말라리아 피해를 입어 실의에 빠진 작고 허름한 여관에 멈춰 섰다. 여관 내부의 벽과 기둥은 구석구석(관습에 따라) 너무도 초라하게 칠과 장식을 해 두어서 모든 방이 다른 방을 뒤집어 놓은 듯했고, 볼품없이 흉내 낸 커튼 주름과 한쪽으로 기울어진 서툰 리라[29] 그림은 유랑 극단의 무대 뒤에서 훔쳐온 것처럼 보였다.

다시 길을 나선 우리는 곧 로마를 본다는 생각에 들떠 눈에 힘을 주기 시작했다. 1~2마일 정도를 더 가자 마침내 저 멀리서 '영원한 도시'가 모습을 드러냈다. 그건—이렇게 적긴 조금 두렵지만—런던 같았다!!! 그곳에는 짙은 구름 아래 수많은 탑들과 첨탑들과 지붕들이 하늘 높이 뻗어 있었고, 그보다 훨씬 위로는 둥근 돔형 지붕이 솟아 있었다. 이 비유가 겉보기에 부조리하다는 걸 뼈저리게 느끼지만, 멀리서 봤을 때 로마가 런던과 무척 비슷해 보였다고 맹세한다. 누군가가 망원경으로 내게 그 도시를 보여줬다면 다름 아닌 런던이라고 여길 정도로.

로마

 1월 30일 오후 네 시쯤, 우리는 포폴로 문을 지나 영원한 도시로 들어서자마자—큰 비가 지나간 우중충한 날이었다—사육제 행렬과 마주쳤다. 당시 우리는 그들이 마차 행렬에 끼어들어 축제 한가운데로 들어가려고 광장을 천천히 도는 가면을 쓴 무리들의 끄트머리일 뿐이라는 사실을 알지 못했고, 여행으로 때가 묻고 피곤한 상태에서 이들과 너무도 갑작스럽게 마주쳤던 나에게는 그 광경을 즐길 준비가 전혀 되어 있지 않았다.

 우리는 2~3마일 전에 몰레 다리를 통과해 티베르 강을 건넜다. 강은 곧이어 나타날 황무지와 폐허를 약속하듯 휩쓸려서 진흙투성이가 된 제방 사이를 흐르며 그렇게 보여야 할 만큼 누런색을 띠고 있었다. 하지만 가장행렬의 의상들이 이 약속을 여지없이 무너뜨리고 말았다. 거대한 폐허들도, 고대의 장엄한 유물들도 보이지 않았다. 이런 것들은 모두 도시 반대쪽에 위치하고 있었다. 유럽의 어느 도시에서나 흔히 볼 수 있는 상점들과 집들만 길게 늘어선 것 같았다. 바쁘게 움직이는 사람들과 마차들, 길을 오가는 평범한 사람들, 수다스럽게 재잘거리는 외국인들뿐이었다. 더는 나의 로마가 아니었다. 어른 아이 할 것 없이 누구나 꿈꾸던 로마는, 파리의 콩코르드 광장보다도 더 품위를 잃고 타락한 채 폐허들 가운데 햇살을 받으며 잠들어 있었다. 구름 낀 하늘, 지루하고 차가운 비, 진창이 된 거리는 예상했지만 이런 모습은 아니었다. 그날 밤 나는 열의가 완전히 식고 기분이 썩 좋지 않은 상태로 잠자리에 들었다고 고백한다.

다음날 숙소를 나선 우리는 서둘러 성 베드로 대성당으로 갔다. 멀리서 봤을 때 거대해 보이던 성당은 생각했던 것보다 훨씬 작았다. 하지만 용솟음치는 분수들과 정교한 기둥들—무척이나 생기가 넘치고, 무척이나 넓은 데다 자유롭고, 아름다운—이 늘어선 광장의 아름다운 모습은 어떤 말로도 표현할 수 없다. 성당 내부로 들어서자 웅장하면서도 눈부신 광경이 펼쳐졌다. 무엇보다 돔을 올려다볼 때의 그 느낌은 절대 잊지 못하리라. 하지만 그곳은 축제 준비가 한창이었다. 거대한 대리석 기둥마다 어울리지 않게 빨간색과 노란색 장식들이 둘러져 있었고, 제단과 그 앞의 지하 예배당 입구는 금세공 가게 같기도 하고 요란한 무언극의 첫 장면 같기도 했다. 나 스스로 건물에 대한 미적 감각을 제법 지녔다고 생각하지만(그렇기를 바란다), 강렬한 인상은 받지 못했다. 오히려 나는 오르간 소리가 흘러나오던 영국의 다른 성당들과 신도들이 모여서 노래를 부르던 영국의 시골 교회들에서 더 깊은 감동을 받았고, 베네치아의 산 마르크 성당에서 훨씬 더한 신비로움과 경이로움을 느꼈다.

성당을 나온 우리는(우리는 돔을 올려다보며 거의 한 시간가량 서 있었고, 얼마를 더 준다고 해도 다시는 대성당을 둘러보지 않을 생각이었다) 마차꾼에게 이렇게 말했다. "콜로세움으로 갑시다." 마차는 15분 정도를 달려 콜로세움 앞에 멈춰 섰다.

콜로세움은 허구가 아니라 솔직하고 숨김없는 있는 그대로의 진실이었다. 그 순간 모든 것이 너무도 또렷해서, 경기장을 내려다보는 수천 관중의 열띤 얼굴들과 그 위에서 벌어지는 말로는 다 표현할 수 없는 투쟁과 피와 흙먼지가 잠시 옛 모습 그대로 눈앞에 펼쳐지는 것만 같았다. 다음 순간 그곳의 고독과 장엄한 아름다움과 완전한 황량함이 부드러운 슬픔처럼 여행자에게 감동을 안겨줬다. 아마도 그는 일생동안 자신의 애정과 고통과는 직접적으로 연관이 없는 풍경에 그토록 감격하고 압도당하는 일은 결코 없을 것이다.

이끼로 뒤덮인 벽과 아치들, 햇살이 드는 복도, 현관에서 자라는 긴 잡초, 갈라진 틈에 둥지를 튼 새들이 우연히 씨앗을 떨어뜨려 누더기가 된 난간 위에서 불쑥 나타나 열매를 맺은 어제의 어린 나무들과 같이, 해마다 조금씩 무너지는 콜로세움을 보는 것은, 먼지로 가득한 검투장과 그 가운데 세워진 평온한 십자가를 보는 것은, 위층으로 올라가 그 주위를 둘러싼 콘스탄티누스, 셉티무스 세베루스, 티투스 황제의 개선문들, 로마 포룸, 황제들의 궁전, 무너져 사라져버린 고대 종교 사원들과 같은 폐허와 폐허와 폐허를 내려다보는 것은, 로마 사람들이 걸어 다니는 바로 그 땅에 출몰하는 심술궂고, 멋지고, 낡은 도시 옛 로마의 유령을 보는 것이나 마찬가지였다. 생각할 수 있는 것 중 가장 장엄하고, 위풍당당하고, 근엄하고, 애처로운 모습이었다. 활기찬 생명력으로 넘치던 전성기 콜로세움의 모습도, 지금의 폐허가 자신을 바라보는 모든 사람들의 마음을 움직이듯, 이토록 한 사람의 마음을 강하게 움직이지는 못했으리라. 아, 고마워라, 폐허여!

콜로세움이 다른 폐허들보다 더 높이 솟은 것처럼, 이곳의 오랜 영향력은 로마의 옛 신화나 옛 학살의 잔재들보다 더 오래도록 거칠고 무자비한 로마 사람들의 기질 속에 남아 있다. 이탈리아의 얼굴은 여행자가 도시에 가까이 다가갈수록 그 모습이 바뀐다. 그 아름다운 모습이 악마스럽게 변한다. 거리에서 흔히 마주치는 사람들 중 원래의 모습을 되찾은 콜로세움에 행복해하지 않고 편안해하지 않을 사람은 아무도 없으리라.

마침내 이곳은 진정한 로마였다. 최고조에 다다른 그 어마어마한 웅장함을 누구도 상상 못할 그런 로마! 우리는 아피아 가도 위를 돌아다니다가 사람이 살지 않는 버려진 집들이 곳곳에 자리한, 폐허가 된 묘지들과 무너진 담벼락 사이로 들어갔다. 경주용 마차들이 달리던 길, 심판들, 경기 참가자들과 관객들의 자리가 옛 모습 그대로 또렷이 남아 있는 로물루스 경기장을 지나, 체칠리아 메텔라의 무덤을 지나, 모든 울타리와 생울타리 또는 말뚝과 담벼락과 장애물을 지나, 유적 말고는 아무것도 보이지 않는 로마 저쪽의 탁 트인 평원을 바라보았다. 멀리 아펜니노 산맥이 경계를 지은 왼편의 풍경을 제외하면 드넓은 전경 전체가 하나의 폐허의 들판이었다. 그림처럼 세상 가장 아름다운 아치형 구조물로 남은 끊어진 수도교들, 부서진 사원들, 허물어진 무덤들. 땅 위에 흩어진 모든 돌덩이들에 새겨진 역사와 함께 말로는 다 할 수 없는 침울하고 황량한 쇠퇴의 사막.

교황은 일요일에 성 베드로 성당에서 장엄 미사의 집전을 도왔다. 두 번째 방문에서 내가 받은 성당의 인상은 첫 방문 때와 똑같았다. 이후 여러 번 성당을 다시 찾았을 때에도 마찬가지였다. 종교적으로 깊은 인상이나 감동을 주지는 못했다. 어디 하나 마음 내려놓을 곳 없는 거대한 건축물일 뿐, 빙글빙글 돌기만하는 것에 그 자신도 지친다. 세부 양식을 눈여겨보지 않는 한 그 장소의 의도는 그곳 어디에서도 찾을 수 없다. 세부 양식을 뜯어보는 일은 그 장소와 어울리지도 않는다. 건축학적 업적 외에는 다른 의도가 없는 판테온이나 상원 의사당처럼 그곳 역시 위대한 건축학의 기념비일지도 모른다. 어김없이 붉은 차양 아래에는 실물보다 큰 데다 선한 가톨릭교도들이 쉴 새 없이 찾아와서 그의 큰 발가락에 입을 맞추는 성 베드로의 검은 동상이 놓여 있다. 동상은 눈에 잘 띄는 데다 언제나 사람들에게 둘러싸여 있어서 쉽게 찾을 수 있다. 그렇다고 이 베드로 동상이 예술 작품으로서 성당의 인상을 고쳐시키는 것은 아니며, 그 고귀한 의도를 적어도 나에게는 드러내지 않는다.

제단 뒤 널찍한 공간은, 영국의 이탈리아 가극장의 칸막이 좌석처럼 생겼지만 장식은 그보다 훨씬 화려한 좌석들로 채워져 있었다. 난간이 둘러진 이 극장 같은 곳의 중앙은 그 위에 교황의 의자가 놓인, 덮개를 씌운 연단이었다. 바닥에는 아주 밝은 녹색의 양탄자가 깔려 있었고, 양탄자와 같은 녹색, 보기 싫은 붉은색과 진홍색, 금색을 띤 벽 걸이의 가장자리 전체가 마치 거대한 사탕과자처럼 보였다. 제단 양쪽에는 여성 방문객들을 위해 넓은 좌석이 마련되어 있었다. 검은 옷에다 검은 면사포를 쓴 여성들이 그 자리를 가득 매우고 있었다. 빨간 외투에다 가죽 반바지를 입고 무릎까지 올라오는 군화를 신은 교황의 근위병들이 번쩍이는 칼을 뽑아 들고 이 제한된 공간을 지켰고, 제단에서 회중석에 이르는 넓은 통로는 독특한 줄무늬 겉옷에다 몸에 딱 붙는 줄무늬 바지를 입은 교황의 스위스 근위병들이, 연극의 단역 배우들이 주로 쓰는 미늘창을 들고 지켰다. 무대에서 재빠르게 퇴장하지 못하고 적진에서 배회하다 적군에게 잡히거나 천재지변으로 죽고 마는 그런 배우들처럼.

나는 검은 옷(다른 통행증은 필요하지 않다)을 차려입은 여러 명의 남자들과 함께 미사가 진행되는 동안 녹색 양탄자 가장자리에 편안하게 서 있었다. 한쪽 구석에 놓인 (커다란 찬장이나 새장처럼 생긴) 철사 세공으로 만든 구유 안에 자리한 성가대의 노래는 완전 엉망이었다. 많은 사람들이 녹색 양탄자 주변에서 서로 이야기를 나누며, 안경 너머로 교황을 바라보며, 잠깐 호기심을 채우는 사이에 기둥 근처 자리를 서로 빼앗으며, 여인들을 향해 기분 나쁘게 웃으며 천천히 움직이고 있었다. 겸손이 지나쳐 사방에서 사람들의 어깨에 치이고 팔꿈치로 떠밀리며, 더 높은 계급의 화려한 성직자들과 묘한 대조를 이루는, 여기저기 무리를 지은 수도사들(프란체스코 수도회인지 카푸친 수도회인지 투박한 갈색 옷에 뾰족한 두건을 덮어쓰고 있었다)도 눈에 띄었다. 그들 중 몇몇은 시골에서 걸어오느라 옷에 얼룩이 묻고 가죽 신발과 우산이 진흙 투성이가 되었다. 수사들 대부분은 입은 옷만큼이나 얼굴이 거칠고 표정도 심각했다. 그 모든 영광과 장관을 완고하면서도 따분하고 단조롭게 바라보는 그들의 시선에서 비참함과 조롱이 묻어났다.

녹색 양탄자 위와 제단 주변은 붉은색, 금색, 자주색, 보라색, 흰색의 고급 아마포를 두른 완벽한 모습의 추기경들과 신부들 무리가 차지하고 있었다. 대열에서 떨어져 나온 몇몇 사람들이 군중 사이를 오가며 두 명씩 짝을 지어 대화를 나누거나 서로 소개를 주고받으며 인사를 나눴다. 검은 가운을 입은 성직자들과 예복을 입은 성직자들도 마찬가지였다. 그들 중에는 조용히 오가는 예수회 수도사들과 쉴 새 없이 돌아다니는 영국의 젊은이들도 있었다. 이 젊은이들은, 얼굴을 벽 쪽으로 향하고 무릎을 꿇은 채 침착하게 미사전서를 열심히 보는, 검은 옷을 입은 성직자들 주변을 끊임없이 서성거렸다. 그러다 성직자들은 의도치 않게 그들의 독실한 다리로 여러 사람을 걸려 넘어지게 하는 인간 함정이 되었다.

내가 서 있던 근처 바닥에 수많은 양초들이 놓여 있었다. 빛바랜 검은색 가운에다 여름에 난로를 장식하는 얇은 종이처럼 생긴 성긴 어깨 장식을 두른 꽤 나이 든 노인이 성직자들에게 양초를 하나씩 나눠 주느라 무척 바쁘게 움직이고 있었다. 양초를 받은 이들은 그걸 지팡이처럼 팔에다 끼거나 경찰봉처럼 손에 들고 한동안 주위를 어슬렁거렸다. 하지만 의식의 어느 부분에 이르자 저마다 양초를 들고 교황에게 다가간 그들은 축복을 받기 위해 그의 양쪽 무릎 위에다 초를 놓았다가 다시 받아들고는 줄을 지어서 걸어갔다. 예상했겠지만, 이 의식은 매우 더디게 진행되어서 꽤 오랜 시간이 걸렸다. 초 하나하나를 축복하는 데 많은 시간이 걸린 것이 아니라 축복해야 할 초가 너무 많았기 때문이다. 마침내 모두가 축복을 받고 초에 불을 밝히자 의자 일체와 함께 들어 올려진 교황이 성당을 한 바퀴 돌았다.

분명히 말하지만, 영국의 대중적인 기념일인 11월 5일[30]과 그렇게 비슷한 것을 나는 본 적이 없다. 성냥 한 다발과 등불이 있었다면 더욱 완벽했으리라. 비록 유쾌하고 존귀한 얼굴을 지닌 교황이었지만 그 유사점은 조금도 헤치지 않았다. 왜냐하면 그가 이 부분에서 현기증이 나고 메스꺼웠는지 의식이 진행되는 동안 눈을 감고 있었고, 가마가 흔들릴 때마다 커다란 주교관을 쓴 그의 머리가 앞뒤로 흔들리면서 가면이 곧 아래로 떨어질 것만 같았기 때문이다. 교황 양쪽으로 늘 따라다니는 거대한 부채 두 개도 그와 함께 했다. 가마가 움직이면 교황은 신비로운 손짓으로 사람들을 축복했고, 그가 앞을 지나가면 사람들이 무릎을 꿇었다. 행렬은 성당을 한 바퀴 돌고 제자리로 돌아왔다. 내가 잘못 본 것이 아니라면 이 의식은 모두 세 번 반복됐다. 엄숙하다거나 감동적인 면은 전혀 없었다. 확실히 우스꽝스럽고 요란했다. 하지만 교황을 들어 올릴 때 근위병들이 그 자리에서 한쪽 무릎을 꿇고 칼집에서 칼을 뽑아 바닥에 내던지는 모습은 무척 인상적이었다.

다음에 내가 그 성당을 방문한 건 그로부터 2주나 3주가 지난 뒤였다. 벽걸이 장식들을 모두 내리고 양탄자도 치웠지만 뼈대가 그대로 남아 있어서 장식물의 찌꺼기들이 마치 폭발한 과자처럼 보였다.

사육제 기간 동안 금요일과 토요일은 엄숙한 축일이고 일요일은 늘 아무런 행사가 없다. 우리는 조바심과 호기심을 느끼며 얼른 새로운 한 주가 시작되기를 기다렸다. 월요일과 화요일은 사육제의 마지막이자 최고의 날이니까.

월요일 오후 한두 시쯤 됐을 때, 마차들이 덜그럭거리며 호텔 앞마당으로 들어서는 소리가 크게 들리기 시작했다. 축제 의상을 입은 채 이리저리 바삐 움직이는 모든 하인들과 이따금씩 일행에게서 떨어져 나와 문간이나 발코니를 황급히 지나가는 사람은, 아직 당당하게 그 옷을 입기에 익숙하지 않은 것인지 사람들의 시선을 피했다. 문이 열린 모든 마차에는, 사람들이 끊임없이 던지는 사탕으로부터 본래의 장식이 더럽혀지는 것을 막기 위해 하얀 면직물이나 옥양목으로 조심스럽게 안감을 덧대어 두었다. 사람들이 색종이로 가득한 커다란 자루와 바구니와 작은 꽃다발 더미들을 수레에 가득 실었다. 몇몇 마차들은 꽃으로 가득 찬 정도가 아니라 말 그대로 꽃으로 흘러 넘쳤다. 마차가 갑작스럽게 움직이며 흔들릴 때마다 바닥에 꽃잎이 흩날렸다. 우리도 이 중요한 행사에 뒤쳐지지 않기 위해 꽤 큰 사탕 자루 두 개(각각 높이가 3피트 정도 되는)와 꽃이 가득 담긴 커다란 세탁물 광주리를 우리가 빌린 4륜 마차에다 얼른 실어야 했다. 우리는 호텔 위층 발코니에서 만족스럽게 이 모습을 지켜봤다. 마차들이 사람들을 태우고 출발하기 시작했다. 우리도 얼굴에 쓸 가면을 들고 마차에 오른 뒤 출발했다. 팔스타프[31]의 불량한 가방 같은 사탕 자루 안에는 라임이 들어 있다.

코르소는 1마일 정도 되는 하나의 거리다. 상점과 궁전과 살림집들이 늘어선 거리는 이따금 드넓은 광장으로 이어진다. 거의 모든 건물마다 갖가지 모양과 갖가지 크기의 베란다와 발코니—발코니는 한 층에만 있는 것이 아니라 각 층마다, 각 방 내지는 방 둘에 하나씩 달린 경우도 흔하다—가 어떤 질서나 규칙도 없이 매달려 있다. 그래서 해마다 계절마다 발코니에 비가 오고, 우박이 내리고, 눈이 내리고, 바람이 불면 그곳은 더욱 어지럽게 변한다.

코르소 거리는 사육제의 커다란 근원지이자 진원지이다. 하지만 사육제가 열리는 모든 거리를 기병들이 지키고 있어서, 마차들은 우선 한 줄로 서서 다른 도로로 내려간 다음 포폴로 광장에서 멀리 떨어진 맨 끝에서 코르소 거리로 들어올 필요가 있다. 그런 이유로 우리는 마차 행렬에 끼어들어 한동안 천천히 달렸다. 때로는 느릿느릿 걷는 속도로 움직이고, 때로는 6야드 정도 빠르게 달리다 50야드를 뒷걸음질 치고, 때로는 앞쪽에서 움직이지 않아서 완전히 멈춰 서 있기도 했다. 성급한 마차가 좀 더 빨리 가겠다는 어리석은 생각으로 대열에서 빠져나와 앞으로 덜그럭거리며 달려 나가면, 그 즉시 말을 탄 기병과 마주치거나 금세 그들에게 따라잡혔다. 뽑아든 칼만큼이나 어떤 항의에도 귀를 기울이지 않는 기병들은 그 자리에서 그들을 줄의 맨 끝으로 호위해서 저 멀리 흐릿한 점으로 보이게 만들었다. 때때로 우리는 바로 앞의 마차나 바로 뒤의 마차와 색종이를 던지며 놀기도 했다. 하지만 아직까지는 길을 벗어난 마차들이 기병들에게 붙잡히는 모습이 가장 재미있었다.

이윽고 우리는 마차들이 한 줄은 앞으로 다른 한 줄은 뒤로 움직이는 좁은 거리로 들어섰다. 사탕과 작은 꽃다발들이 제법 세차게 날아다니기 시작했다. 운 좋게도 나는 그리스 전사로 꾸민 어느 신사가 구레나룻이 조금 난 산적(그는 2층의 아가씨에게 꽃다발을 던져 주려던 참이었다)의 코를 정확히 맞춰 구경꾼들에게 큰 박수를 받는 장면을 목격했다. 우쭐해진 그리스 용사는 그에게 축하를 전하던, 문간에 선 뚱뚱한 신사—몸통 가운데에서 껍질을 벗긴 듯, 반은 검고 반은 흰—와 우스갯소리를 주고받고 있었다. 그때 지붕에서 오렌지 하나가 정확히 신사의 왼쪽 귀를 스치며 떨어지는 바람에 신사는 당황까지는 아니지만 많이 놀라게 되었다. 게다가 그가 똑바로 서려는 순간 갑자기 마차가 움직여서, 신사는 볼품없이 비틀거리다 자신이 준비한 꽃들 사이에 파묻히고 말았다.

마차 행렬을 따라 이렇게 15분 정도를 가자 코르소 거리가 나왔다. 그 거리만큼 즐겁고, 명랑하고, 생기 넘치는 곳도 상상하기 어려우리라. 가까운 곳의 낮은 발코니에서부터 저 멀리 높은 곳의 발코니까지 선명한 빨간색, 초록색, 파란색, 흰색, 금색의 장식들이 반짝이는 햇살을 받으며 펄럭였다. 창문마다, 난간마다, 지붕마다에 매달린 형형색색의 리본 장식들과 화려한 색깔의 휘장들도 거리 위로 드리워져 펄럭였다. 건물들은 말 그대로 안팎을 뒤집어 놓은 듯했고, 그들의 모든 흥겨움도 큰길 쪽을 향한 듯했다. 가게 전면의 문은 내려졌고, 창문들은 반짝이는 극장의 칸막이 좌석처럼 사람들로 가득했다. 문들의 경첩을 빼내고 그 내부를 화환과 상록수를 매단 긴 태피스트리로 장식했다. 건축용 비계32)들은 은색, 금색, 진홍색으로 반짝이는 호화로운 사원이었다. 바닥에서 굴뚝 꼭대기까지 구석구석 자리한 여인들의 눈에서는 빛이 났다. 그곳에서 그들은 물에 비친 빛처럼 춤추고 웃으며 반짝였다. 온갖 종류의 파격적인 옷들로 가득했다. 앞뒤가 뒤바뀐 주홍색 재킷, 기묘한 낮은 가슴 장식, 깔끔하다기보다 다소 엉뚱해 보이는 여성용 조끼, 잘 익은 구스베리처럼 꽉 끼는 폴란드식 여성용 외투, 검정 머리에 달라붙은 찌그러진 조그만 그리스식 모자. 그 엉뚱하고, 기묘하고, 대담하고, 수줍고, 심술궂고, 무모한 공상들이 어떻게 옷에 나타나는지는 하늘만이 알 것이다. 마치 지금도 온전한 상태로 남아 있는 세 개의 옛 수도교들이 그날 아침 튼튼한 아치 위로 레테의 강물을 끌어올린 것처럼, 공상들은 이 왁자지껄한 소란 속에서 완전히 잊혔다.

저마다 알록달록한 장식을 단 마차들은 거리를 가득 메운 꽃들의 폭풍 속에서 그 자체로 커다란 꽃이 된 것 같은 모습을 보여주며, 세 대씩 나란히 움직이다 좀 더 넓은 곳에서는 네 대씩 움직였고, 번번이 한참을 다 같이 멈춰 서 있기도 했다. 어떤 말들은 멋진 마구에다 화려하게 장식용 천을 씌워 두었고, 어떤 말들은 머리부터 꼬리까지 물결 같은 리본으로 장식했다. 어떤 말들은 두 개의 거대한 얼굴을 가진 마부가 몰았는데, 그 중 하나는 말들을 향해 곁눈질을 하고 있었고, 다른 하나는 기이한 눈으로 마차를 째려봤다. 두 개의 얼굴 모두가 빗발치듯 쏟아지는 사탕 아래에서 덜렁덜렁 흔들렸다. 말들과 어떤 실질적인 어려움에 처했을 때의, 보닛 없이 긴 고수머리 가발을 쓰고 여자처럼 옷을 입은 다른 마부들의 모습은, 말이나 펜으로 하는 묘사보다 훨씬 우스꽝스럽게 (물론 이렇게 복잡한 곳에서는 흔한 일이지만) 보였다. 매력적인 로마의 여성들은 마차 안에 앉는 대신, 더 잘 보고 더 잘 보이게 하려고 발을 방석에 얹은 채 마차 지붕 위에 앉아 있었다. 아, 나부끼는 치맛자락과 가녀린 허리, 어여쁜 자태와 환하게 웃는 얼굴, 자유롭고 쾌활하면서도 당당한 그 모습이여! 10분 동안 꽃잎과 사탕이 한꺼번에 쏟아져 들어갔다 쏟아져 나오며 하늘을 알록달록하게 수놓는, 예쁜 소녀들을 가득 태운—아마도 서른 명 혹은 그 이상—대형 마차도 보였다. 한 곳에 오래 머물러 있던 마차들이 다른 마차들이나 아래층 창가의 사람들과 교전을 벌이면, 위층 발코니나 창가의 구경꾼들이 싸움에 끼어들어 양쪽 모두를 공격하며 색종이가 가득 든 커다란 자루를 아래로 쏟곤 했는데, 구름처럼 떨어진 색종이가 순식간에 그들을 방앗간 주인처럼 하얗게 뒤덮었다. 여전히 마차에 마차를 더하고, 의상에 의상을 더하고, 색에 색을 더하고, 인파에 인파를 더하며 축제는 끝없이 계속됐다. 흩어진 꽃들을 주워서 되팔 심산으로 마차 바퀴에 매달리고, 마차 뒤를 붙잡고, 꽁무니를 따라다니고, 지나가는 말들 사이로 뛰어드는 남자들과 소년들. 커다란 안경 너머로 군중들을 훑어보다 창가에 선 노부인을 발견하면 그때마다 사랑의 환희를 전하는, 굉장히 과장된 궁중 예복을 입고 걸어서 다니는 (대체로 가장 우스꽝스러운) 복면을 쓴 참가자들. 막대 끝에 부푼 풍선을 달고 사방을 휘젓고 다니는, 길게 늘어선 어릿광대들. 세상을 향해 소리치며 눈물을 흘리는, 마차에 가득 올라 탄 미친 사내들. 말꼬리 모양의 군기를 가운데 세우고 돌아다니는, 마차에 가득 탄 근엄한 노예 군인들. 배에 가득 탄 뱃사람들과 굉장한 다툼을 벌이는 집시 여인들. 팔 아래나 어깨 위에 우아하게 걸친 사자 꼬리와 돼지 얼굴을 한 이상한 동물들이 그 주위를 둘러싼, 장대 위의 인간 원숭이. 마차에 마차를 더하고, 의상에 의상을 더하고, 색에 색을 더하고, 인파에 인파를 더하며 축제는 끝없이 이어졌다. 실물을 제대로 드러내거나 제대로 표현한 의상은 많지 않았지만, 그 장면에서 가장 큰 즐거움은 그 순간의 열광에 완전히 몰입하는 것에 있었다. 그 밝고 무한하고 빛나는 다양성에, 그리고 그때의 격한 해학에 완전히 몰입하는 것이 가장 큰 즐거움이었다. 너무도 완벽하고, 너무도 전염성이 강하고, 너무도 압도적인 몰입에 진지한 외국인조차도 거친 로마인들처럼 꽃과 사탕이 허리까지 차도록 싸웠다. 아무 생각 없이 네 시 반까지 놀던 이 외국인은, 트럼펫 소리가 들리고 기병들이 거리를 재정비하는 모습을 보고서야 이게 그가 이곳에 온 용무의 전부가 아님을 문득 깨닫는다.

다섯 시로 예정된 경주를 준비하기 위해 어떻게 길을 정비하는지, 어떻게 말들이 사람들을 덮치지 않고 경주를 하는지 나로서는 알 길이 없다. 하지만 말들이 광장—수백 년간 대형 원형 경기장에 서서 각종 시합과 전차 경주를 굽어보던 바로 그 기둥의 발밑으로—으로 들어서자 마차들은 뒷골목이나 포폴로 광장으로 비껴섰고, 사람들은 광장에 설치된 임시 관람석에 앉거나 코르소 거리의 양쪽으로 길게 늘어섰다.

신호가 울리자 말들이 출발했다. 다들 알다시피 말들은 기수 없이 번쩍이는 장신구를 등에 얹고, 땋은 갈기 사이로 장식을 매달고, 그들을 더 빨리 달리게 하려고 뾰족한 못을 가득 넣은 작고 무거운 공들을 옆구리에 매단 채, 코르소 거리 전체 구간을 따라 바람처럼 달려갔다. 장신구들이 달그락거리는 소리, 단단한 돌바닥 위로 말발굽이 덜그럭거리며 울리는 소리, 거리를 따라 말들이 빠른 속력으로 돌진하며 격렬하게 움직이는 소리와 펑 하는 대포 소리 같은 소음들은 군중의 포효, 환호, 박수 소리에 비하면 아무것도 아니었다. 하지만 그 소리는 거의 동시에 곧바로 멈췄다. 대포 소리가 몇 번 더 도시를 흔들었다. 말들이, 그들을 멈춰 세우려고 거리를 가로질러 깔아 놓은 양탄자로 돌진했다. 결승선에 다다랐다. 상(상은 도보 경주에 참가하지 않는 대신 그 절충안으로 가난한 유대인들이 얼마를 내놓은 것이다)이 주어지고 그날의 놀이도 끝이 났다.

하지만 축제의 끝에서 두 번째 날의 풍경이 밝고 즐거운 가운데 붐볐다면, 마지막 날의 풍경은 눈부신 색채와 모여든 사람들의 활기와 시끌벅적한 소리로 극에 달해서 단순히 그날을 떠올리는 것만으로도 현기증이 날 정도였다. 참가자들의 열정이 더욱 강해진 똑같은 행사가 같은 시간대에 치러졌다. 경주가 되풀이 되고, 대포를 쏘고, 새로운 박수와 함성이 터져 나오고, 다시 대포를 쏘고, 경주가 끝나고, 상이 주어졌다. 하지만 안쪽으로는 사탕이 발목까지 쌓인 데다 바깥쪽으로는 꽃과 먼지로 뒤범벅이 된 마차들은 세 시간 전의 그 마차가 맞는지조차 알아보기 힘들 정도였다. 사람들은 사방으로 흩어지는 대신 코르소 거리로 몰려가 꼼짝도 하지 않는 군중들 사이를 비집고 들어갔다.

사육제의 마지막 화려한 광기, 모코레티[33)]가 이제 곧 펼쳐지기 때문이다. 영국에서 성탄절 양초라고 부르는 것과 비슷하게 생긴 작은 초를 파는 장사꾼들이 사방에서 큰 소리로 '모코리! 모코리! 여기 모코리 사려!' 하고 외쳤다. 그날 하루 종일 이따금씩 들리던 '여기 꽃 사시오! 꼬오오옻!' 하는 꽃장수의 외침을 완전히 뒤덮는 새로운 소리였다.

땅거미가 지면서 화사한 장식들과 옷들이 모두 음울하고 칙칙한 단색으로 빛이 바래자 여기저기서 불이 켜지기 시작했다. 창문에서, 지붕에서, 발코니에서, 마차에서, 보행자들의 손에서 촛불이 조금씩, 서서히, 점점 더 많이 켜지더니, 마침내 긴 거리 전체가 하나의 거대한 빛이요 불꽃으로 변했다. 그러자 그곳의 사람들 모두가 내 촛불을 꺼지지 않게 지키면서 다른 사람들의 촛불은 꺼뜨리려는 단 하나의 목표에 사로잡혔다. 어른이나 아이, 신사나 부인, 영주나 소작인, 토박이나 이방인 모두가 불을 꺼뜨린 사람을 향해 쉴 새 없이 '불 꺼졌대요! 불 꺼졌대요!' 하고 큰 소리로 놀려댔다. 그래서 나중에는 모두가 이구동성으로 외치는 이 두 마디 말과 큰 웃음소리 외에는 아무것도 들리지 않았다.

그즈음 별난 광경도 많이 펼쳐졌다. 의자 위나 마부석 위에 올라선 모든 사람들이 촛불을 지키려고 최대한 팔을 뻗은 채로 천천히 지나가는 마차, 종이 가리개 속에 촛불을 넣고 다니는 사람, 방비가 없는 작은 초들 모두에 불을 켜고 다발로 묶어서 다니는 사람, 횃불을 들고 다니는 사람, 희미한 작은 초를 여럿 들고 다니는 사람, 마차 바퀴 사이로 살금살금 걸어 다니다가 갑자기 달려들어 촛불 끌 기회를 엿보는 사람, 마차 안으로 기어 올라가 마차를 억지로 세우는 사람, 누군가가 다른 곳에서 얻어오거나 훔쳐온 촛불로 꺼져버린 친구들의 초에 불을 붙여줄 때 얼른 그 초를 꺼뜨리려고 쫓아다니는 사람들, 마차 문 앞에서 모자를 벗고 어느 마음씨 고운 숙녀에게 담뱃불을 빌려달라고 공손하게 부탁하다가 숙녀가 요구에 따라야할지 말아야할지 한참을 고민할 때쯤 그녀가 작은 손으로 지키고 있던 촛불을 획 꺼버리는 사람들, 창가에서 줄에 낚싯바늘을 매달아 촛불을 낚거나 긴 버드나무 가지 끝에 손수건을 매달아서 촛불을 든 사람이 승리감에 한껏 취했을 때 솜씨 좋게 그것을 펄럭여서 불을 끄는 사람, 모퉁이에서 미늘창 같은 커다란 촛불 끄는 도구를 들고 때를 기다리다가 타오르는 횃불에 갑자기 달려드는 사람들, 어떤 마차 주변에 모여서 그 마차만 따라다니는 사람들, 꺼지지 않는 작은 등불에 오렌지와 꽃다발을 퍼붓거나 여러 명이 인간 피라미드를 쌓아 올린 그 위로 작은 초를 머리에 얹고 올라서서 모든 이들과 맞서는 사람들! 불 꺼졌대요! 불 꺼졌대요! 마차 의자를 딛고 선 아름다운 여인들은 꺼진 촛불을 든 사람들이 지나갈 때마다 박수를 치며 "불 꺼졌대요! 불 꺼졌대요!" 하고 큰소리로 외쳤다. 사랑스런 얼굴들과 화려한 옷들로 가득한 아래쪽 발코니에서는 거리에서 올라오는 습격자들과 몸싸움이 벌어졌다. 기어오르는 사람을 내리누르는 사람, 아래로 몸을 기울인 사람, 몸을 숙인 사람, 몸을 움츠린 사람. 우아한 팔과 가슴, 우아한 자태, 타오르는 불빛, 나부끼는 옷자락, 불 꺼졌대요, 불 꺼졌대요, 불 꺼졌대요~오~오! 외치는 소리가 절정에 달하고 놀이의 즐거움이 무아지경에 이르러 성당 첨탑에서 아베 마리아가 울려 퍼지면 사육제는 한순간에 끝이 난다. 숨 한 번에 꺼지는 촛불처럼!

밤에는 극장에서 가장무도회가 열렸지만, 런던에서 본 것처럼 단조롭고 재미가 없었다. 열한 시가 되었을 때 그 장소를 신속하게 정리하는 모습이 놀라울 따름이었다. 마치 넓은 빗자루처럼, 무대 뒤편의 벽을 따라 한 줄로 정렬한 군인들이 앞쪽의 사람들을 쓸어 보냈다. 모코레티를, 사육제의 종말을 해학적으로 애도하는 의식이라고 보는 사람들도 있다. 게다가 촛불은 가톨릭의 불행과 떼려야 뗄 수 없는 존재가 아니던가. 하지만 그게 사실이든, 아니면 고대 로마의 농신제의 자취이든, 그 둘이 섞인 것이든, 아니면 그 기원이 전혀 다른 곳에 있든, 나는 그 놀이를, 그 흥겨움을, 가장 화려하고 매력적인 볼거리로 늘 기억할 것이다. 모코레티는 그 천진난만한 활기참뿐만 아니라 가장 미천한 사람들에 이르기까지 참가한 사람들 모두(마차를 기어오르던 사람들 중에는 지극히 서민적인 사내와 소년들이 많았다)가 즐거워하는 모습이 무척 인상 깊었다. 그렇게 근심 없이 자신을 드러내는 오락거리를 이렇게 말하면 이상하겠지만, 그 놀이는 남성과 여성이 뒤섞이는 다른 놀이들처럼 천박할 수 있다는 오명에서 자유롭기 때문이다. 1년 내내, 아베 마리아가 울려 퍼질 때마다 마음의 고통을 생각하는 사람들에게는 축제가 진행되는 동안만은 어린 아이 같은 순진함과 믿음이 가득하리라.

사육제가 끝나고 성주간이 시작되기 전의 조용한 기간, 즉 모두들 축제에서 달아나고 성주간을 준비하는 사람들이 얼마 되지 않는 이때를 틈타 우리는 공들여 할 일, 바로 로마를 둘러보러 갔다. 매일 아침 일찍 나가서 저녁 늦게 돌아오며 하루 종일 애쓴 덕분에, 우리는 로마는 물론이고 주변 지역의 말뚝 하나 기둥 하나까지도 잘 알게 되었다고 나는 믿는다. 대신 전에 성당을 많이 둘러봤던 까닭에 내가 살아가는 동안 다시는 자발적으로 성당을 찾지 않을 것 같아서 그 부분은 포기했다. 하지만 체칠리아 메텔라의 무덤 너머에 자리한 드넓은 로마 주변의 평원과 콜로세움은 동시에 또는 하나 이상 거의 매일 가보려고 했다.

    그러던 중 우리는 내가 그들을 만나면 말을 건넬 정도의 사이가 되고 싶은 열렬함이 있던 영국 관광객 무리와 자주 마주쳤다. 그들은 데이비스 씨와 그 친구들이었다. 어딜 가나 존재하는 그들 무리에서 항상 대단한 성원을 받고 있었기 때문에 데이비스 부인의 이름을 모른다는 것은 불가능했다. 성주간 동안 이들은 온갖 장면마다, 의식마다, 장소마다 모습을 드러냈다. 2주나 3주 전에는 모든 묘지와 성당과 폐허와 화랑마다 나타났다. 그때마다 나는 데이비스 부인이 잠시도 조용히 있는 모습을 보지 못했다. 지하 깊은 곳이든, 성 베드로 대성당 저 높은 곳이든, 로마 평원이든, 유대인 지구든 데이비스 부인은 꼭 나타났다. 그녀는 무언가를 보거나 보려고 하지 않았다. 늘 짚으로 만든 손바구니 안에서 무언가를 잃어버리곤 하던 그녀는, 수없이 많은 바닷가의 모래알 같은 바구니 바닥의 영국 동전들 사이에서 열심히 무언가를 찾고 있었다. 이들(계약을 하고 15명이나 20명 규모로 런던에서 온 사람들)에게는 늘 붙어 다니는 전문 관광 안내원 하나가 있었다. 데이비스 부인은 그가 자신을 쳐다보기만 해도 "이봐요, 고맙지만, 내 걱정은 말

아요! 당신 말은 한 마디도 이해하지 못하겠어요. 얼굴이 새파래지도록 말을 해도 어차피 알아듣지 못하겠지만!"라고 말하며 그를 저지했다. 데이비스 씨는 언제나 황갈색 두꺼운 외투를 입고, 손에는 커다란 녹색 우산을 들고 다녔다. 그는 끊임없는 호기심에 사로잡혀 납골 단지의 덮개를 들어 올리고는, 마치 오이절임이라도 되는 것처럼 유골을 들여다보는 별난 행동을 보였다. 아무 생각 없이 "여기 B가 보이고, 저기 R이 있고, 우리는 이 길을 따라 이렇게 가고 있어. 그렇지?"라고 말하며 우산 끝으로 비문을 베껴 쓰기도 했다. 데이비스 씨는 골동품에 대한 연구 습관 때문에 일행에 뒤쳐지는 경우가 많았는데, 데이비스 부인뿐만 아니라 일행들도 그가 길을 잃을까 늘 노심초사했다. 때문에 그들은 지극히 낯선 곳에서 지극히 부적당한 때에 그를 소리쳐 불러야만 했다. 그럴 때마다 그는 지하 무덤 같은 곳에서 마치 평화로운 유령처럼 "나 여기 있소!" 하며 느릿느릿 나타났다. 그러면 데이비스 부인은 어김없이 이렇게 말했다. "당신은 이국땅에 산 채로 묻히고 말 거예요. 아무리 막아도 소용없으니!"

데이비스 씨 부부와 일행은 아마도 런던에서 8~9일 정도 걸려서 이곳에 왔을 것이다. 1800년 전 클라디우스 황제의 군단은 데이비스 씨 부부의 나라가 세상 끝 저 너머에 있다고 주장하며 그곳으로 진군하는 것에 대해 이의를 제기했었다.

로마의 작은 사자 혹은 새끼 사자라고 부를 만한 것들 중 나를 무척 즐겁게 해 준 녀석이 있다. 스페인 광장에서 트리니타 데이 몬티 성당으로 오르는 널따란 계단 위에 마련된 그들의 우리에서 늘 그들을 볼 수 있었다. 솔직히 말하면, 이 계단은 화가들의 '모델들'이 모여드는 장소다. 그들은 줄곧 그곳에서 일감을 기다린다. 처음 그 계단을 오를 때 나는 왜 그들이 낯에 익은 것인지, 왜 그들이 수년간 온갖 의상과 온갖 자세를 하고 나를 따라다닌 것처럼 느껴지는 것인지, 어째서 안장을 얹고 굴레를 씌운 수많은 악몽처럼 그들이 이 백주대낮에 로마에서 갑자기 내 앞에 나타난 것인지 이해할 수 없었다. 나는 곧 우리가 각종 전시회장 벽에서 여러 해 동안 안면을 트고 관계를 진전시켜온 사이임을 깨달았다. 영국 왕립 미술원의 도록 절반 정도는 차지하는 사람이라고 내가 알고 있는, 긴 백발에다 풍성한 턱수염을 가진 노신사가 그곳에 있다. 바로 부주교 또는 대주교의 모델이다. 나는 그가 들고 다니는 긴 지팡이의 모든 매듭과 꼬임까지도 수없이 충실하게 묘사된 것을 보았다. 그곳엔, 언제나 햇살 속에서(햇살이 있다면) 잠이 든 척 하지만 단언컨대 절대 잠에 들지 않은 상태로 자신의 다리 자세를 무척 신경 쓰는 푸른 망토를 걸친 사내도 있다. '달콤한 게으름dolce far' niente'의 모델이다. 그 위로는 팔짱을 끼고 벽에 기대서서 곁눈질을 하는, 갈색 망토를 입은 사내가 있다. 챙이 넓은 처진 모자 아래로 눈만 살짝 보일 뿐이다. 암살자 모델이다. 계속해서 어깨 너머를 쳐다보며 떠날 듯 떠나지 않는 사내도 있다. 오만이나 경멸을 표현하는 모델이다. 가정의 행복과 성가족을 표현하는 모델들은 그곳 계단에 많기 때문에 그런 모델들은 몸값을 완전히 낮춰서 불러야만 한다. 중요한 점은 이들 모두가 목적을 위한 가짜 방랑자들이라는 것과 로마는 물론이고 전 세계 어디에서도 이런 유례를 찾아볼 수가 없다는 것이다.

사육제 얘기를 하다 보니, 사순절이 시작되기 전의 그 들뜬 분위기와 술잔치 때문에 사육제를 거짓 애도(사육제를 마치는 의식에서)라고 부르던 말이 떠오른다. 그에 덧붙여 로마에서 진짜 장례식과 애도 행렬을 본 일도 떠오른다. 이탈리아 여느 지방처럼 생명이 떠난 육신을 냉담하게 다뤄서 외국인을 놀라게 했던 장례식 말이다. 그건 산 자들이 이승의 육신으로부터 망자들에 대한 기억을 떼어 놓을 시간이 필요해서 치르는 장례식이 아니었다. 그렇다고 하기에는 죽은 뒤에 너무 빨리 매장이 이뤄지기 때문이다. 대부분 사후 스물네 시간 안에 매장하고, 때로는 열두 시간 안에 매장하기도 한다.

앞서 제노바에 존재한다고 설명한 바 있는, 드넓은 데다 황량하고 쓸쓸한 구덩이들이 로마에도 있다. 한낮에 그곳을 방문한 나는 아무런 장식도 없이 널빤지로만 만든 외로운 관을 보았다. 가리개나 관보도 없이 너무 어설프게 만들어져서 돌아다니는 노새의 발굽에도 쉽게 부서질 것 같았고, 바람과 햇빛 속에 버려진 채 구덩이 한쪽 입구에 아무렇게나 내팽개쳐져 있었다. "어떻게 이곳으로 옮겨 왔죠?" 나를 그곳으로 안내해 준 사람에게 내가 물었다. "30여분 전에 이곳으로 가져왔습니다, 선생님." 그가 말했다. 나는 빠른 걸음으로 뿔뿔이 흩어져 되돌아가던 어떤 행렬과 마주쳤던 기억을 떠올렸다. "언제 구덩이에 묻습니까?" 내가 물었다. "수레가 오면요. 오늘밤에 구덩이를 엽니다." 그가 말했다. "수레에 싣지 않고 이런 식으로 여기로 가져오는 데 얼마가 듭니까?" 내가 물었다. "10스쿠도요." 그가 말했다(영국 돈으로 2파운드 6펜스 정도). "돈을 내지 못하는 다른 시체들은 산타 마리아 델라

콘솔라치오네 성당으로 보냅니다." 그가 말을 보탰다. "밤에 수레에 싣고 한꺼번에 이리로 가져 오죠." 나는 관 윗부분에 휘갈겨 쓴 머리글자 두 개를 바라보며 잠시 그곳에 가만히 서 있었다. 그러다 나는 그런 식으로 모습을 드러낸 관이 마음에 좋지 않았던지 감정을 드러내며 고개를 돌렸다. 그가 무척 활기차게 어깨를 으쓱하고는 즐거운 듯 미소를 지으며 이렇게 말했기 때문이다. "하지만 저 자는 죽었습니다, 선생님. 그는 죽었어요. 뭐 어떻습니까?"

수많은 성당 가운데 내가 따로 언급하고 싶은 성당이 하나 있다. 유피테르 페레트리우스의 옛 신전 자리에 세워진 것으로 추정하는 아라 코엘리 성당이다. 이 성당은 꼭대기에 수염 난 예언가들이 없어 미완성으로 보이는 길고 가파른 계단을 올라가도록 되어 있다. 특히 이곳은 기적의 아기 예수상 혹은 나무 인형으로 유명하다. 나는 이 기적의 아기 예수상을 다음과 같은 상황에서 처음 봤다.

어느 날 오후, 우리는 음울한 기둥들(이런 옛 성당들은 모두 어둡고 슬픈 옛 신전들의 폐허 위에 지어졌다)이 길게 늘어선 모습을 바라보며 성당 안으로 들어갔다. 그때 입이 귀에 걸린 용감한 안내원이 함박웃음을 지으며 달려오더니, 엄선된 사람들에게만 아기 예수상을 보여준다고 말하며 얼른 그를 따라오라고 했다. 그 말을 듣고 우리는 이미 엄선된 사람들(서너 명의 남자와 여자 신도들이었는데, 이탈리아 사람은 아니었다)이 모여 있는 중앙 제단 바로 옆의 기도실이나 성구 보관실 같은 곳으로 서둘러 갔다. 그곳에서는 한 사람이 초라한 갈색 수도복 위에 성직자들이 입는 예복을 몸에 두르는 사이, 볼이 홀쭉한 한 젊은 수도사가 여러 개의 촛불을 밝히고 있었다. 일종의 제단처럼 생긴 곳에 놓인 그 촛불들 위에서는, 영국의 어느 축제에서나 볼 수 있을 법한 성모 마리아와 성 요셉으로 추측되는 멋진 인물상 두 개가 달린 나무상자이거나 궤짝 같은 것을 굽어보고 있었다.

볼이 홀쭉한 첫 번째 수도사가 촛불을 모두 밝히고 이 인물상들 앞에 무릎을 꿇었다. 화려한 장식과 금박을 입힌 장갑을 낀 두 번째 수도사는 아주 공손하게 궤짝을 안아서 들어 올린 다음 그걸 제단 위에 올려놓았다. 그가 몇 번 더 무릎을 꿇고 기도문을 낮게 외더니 궤짝을 열었다. 그리고는 앞부분을 내리고 공단과 레이스로 만든 갖가지 덮개를 벗겼다. 여자들은 처음부터 무릎을 꿇고 있었고, 남자들은 수도사가 미국의 난쟁이, 엄지장군 톰과 닮은 작은 나무 인형을 보여주자 경건하게 무릎을 꿇었다. 공단과 금박 레이스로 멋지게 차려입은 인형은 화려한 보석들로 반짝반짝 빛이 났다. 인형의 작은 가슴과 목과 배가 충실한 신도들이 바친 값나가는 봉헌물들로 빈틈없이 반짝였다. 이윽고 궤짝에서 인형을 들어 올린 수도사가 무릎을 꿇은 사람들 사이로 인형을 들고 다니며 인형의 얼굴을 그들의 이마에 마주 대고 그들이 입을 맞출 수 있도록 인형의 어설픈 발을 들이 밀었다. 누더기를 걸치고 길에서 걸어 들어온 더러운 소년에게 행하던 의식이다. 이 의식이 끝나자 수도사는 인형을 다시 상자에 넣었다. 자리에서 일어난 사람들이 그 근처로 다가가서 낮은 목소리로 보석들을 칭찬했다. 적절한 시기가 되자 수도사가 덮개를 다시 덮고 궤짝을 닫더니 상자를 제자리에 올려놓은 다음 모든 것(성가족과 그 밖에 모든 것)을 접문 뒤에 놓고 잠갔다. 동료 수도사가 긴 막대 끝에 달린 촛불 끄는 도구로 촛불을 하나씩 끄는 동안, 그 수도사는 예복을 벗고 사람들에게 관례적으로 '약간의 요금'을 받았다. 촛불이 모두 꺼지고 돈이 모두 걷히자 수도사들이 물러가고 구경꾼들도 물러갔다.

얼마 뒤 나는 길에서 이 아기 예수상이 어느 환자의 집으로 위풍당당하게 들어가는 모습을 보았다. 아기 예수상은 이런 목적으로 로마 곳곳으로 불려 다니지만, 늘 바라는 대로 좋은 결과를 가져오지는 않는다고 들었다. 여러 명의 수행을 받으며 머리맡에 아기 예수상이 나타나면, 극도로 약해지고 불안해진 사람들은 오히려 소스라치게 놀라는 일이 적지 않기 때문이다. 아기 예수상이 이런 기적을 행하는 일은 출산을 하는 경우에 가장 흔하다. 산모가 어려움을 극복하는 데 평소보다 시간이 오래 걸리면, 아기 예수상의 즉각적인 참석을 요청하기 위해 급히 사람을 보낸다. 이처럼 아기 예수상은 아주 귀중하면서도 큰 신뢰를 받는 자산이다. 특히 예수상이 속한 종교단체에.

신부의 가까운 친척이자 가톨릭 신자인 사람과 학식과 지성을 갖춘 어느 신사가 나누는 얘기를 듣고, 나는 선량한 가톨릭 신자들과 막후의 사람들이 이런 의식을 좋게만 보지 않는다는 사실을 알고 기뻐했다. 이 신부는 그들 두 사람 모두가 관심을 가지고 있는 어느 아픈 여인의 침실에는 절대 아기 예수상을 들이지 않겠다고 내 정보원에게 약속했다. "왜냐하면," 그가 말했다. "그 일로 수도사들이 여인을 성가시게 하며 억지로 방으로 들이닥치면, 그녀는 분명 죽고 말 것이기 때문이죠." 그래서 내 정보원은 아기 예수상이 자신의 집을 찾아왔을 때, 창밖으로 여러 번 감사의 뜻을 표하며 정중하게 문 열기를 거절했다. 또 아기 예수상을 든 사람들이 어느 가난한 소녀가 죽어가고 있는 작고 지저분한 방으로 들어가려 할 때, 그 순간 그저 길을 지나갈 뿐이었던 그가 그들을 막으려고 애썼다. 하지만 그의 분투는 실패로 돌아갔고, 소녀는 결국 침대 곁으로 몰려든 사람들 사이에서 숨을 거두고 말았다.

여가 시간에 성 베드로 성당 바닥에 무릎을 꿇고 조용히 기도하는 사람들 중에는 스무 명 혹은 서른 명씩 모인 성직자의 학교나 다른 신학교의 학생들이 있다. 검은 제복을 입은 키가 크고 엄한 교사가 맨 뒤를 지키는 이 소년들은 언제나 한 줄로 무릎을 꿇고 앉는데, 그 모습이 마치 닿기만 해도 쓰러질 것처럼 길게 늘어선 한 벌의 카드 끝에 어울리지 않게 커다란 클럽 잭을 끼워둔 것 같다. 중앙 제단 앞에 줄지어 모여 있던 소년들이 앞 다투어 성모 마리아 예배당이나 성례전으로 가려다가 결국 그 순서대로 주저앉고 말았다. 그들 중 누군가가 교사 쪽으로 넘어졌다면 전체가 줄줄이 넘어지는 것은 불을 보듯 뻔한 일이다.

성당들의 풍경은 모두가 이상하기 그지없다. 어딜 가나 열정 없이 단조롭고 졸린 듯한 성가가 들리고, 늘 어두컴컴한 건물은 환한 바깥 거리 때문에 더욱 어두워 보이고, 늘 똑같은 희미한 등불을 밝혀 두고, 늘 똑같은 사람들이 여기저기 무릎을 꿇고 앉아 있고, 늘 똑같은 십자가가 이 제단에서 저 제단으로 옮겨 다니는 신부들의 등에 커다랗게 수놓아져 있다. 크기와 모양과 재물과 건축술이 아무리 다르다 해도 그런 견지에서 성당은 늘 똑같다. 언제나 지저분한 거지들이 동냥을 하려고 기도를 하며 자리를 뜨지 않고, 초라한 절름발이들은 문간에서 자신의 아픈 다리를 드러내고 있고, 맹인들은 구걸한 돈을 보관하는 후춧가루 통 같은 작은 단지를 딸랑거리고, 인물들이 많이 등장하는 그림에서는 성인들과 성모의 머리에 터무니없이 은색 면류관을 씌워 놓아서 산 위의 작은 인물은 전경의 예배당이나 인접한 풍경보다 더 큰 머리 장식을 하고 있고, 사람들이 좋아하는 사당이나 인물상은 십자가나 작은 보석들로 뒤덮여서 보석 상인들의 전시장이나 다름없고, 돌 위에 무릎을 꿇으면서도 그 위에 요란하게 침을 뱉으며 언제나처럼 존경과 무례 그리고 신앙과 냉담이 기묘하게 뒤섞여 있고, 기도를 하다가도 세속적인 일을 추구하려고 자리에서 일어났다가 다시 무릎을 꿇고 끊어졌던 시점에서 회개의 기도를 시작한다. 어느 성당에서는 무릎을 꿇고 기도하던 여인이 음악 교사로서 우리에게 명함을 건네기 위해 잠시 자리에서 일어났다. 어느 성당에서는 굵은 지팡이를 가지고 기도를 하던 점잖은 신사가 다른 개에게 으르렁거리는 자신의 개를 때리려고 자리에서 벌떡 일어났다가, 깽깽거리며 울부짖는 소리가 성당 전체에 울려 퍼지자 조용히 조금 전에 하던 명상으로 돌아갔다. 그러면서도 개에게서는 눈을 뗄 줄 몰랐다.

    무엇보다 충실한 신도들의 기부금을 모아두는 함은 어떤 형태로든 늘 존재한다. 때로는 신도들과 실물 크기의 나무로 만든 예수 그리스도상 사이에 헌금함을 두기도 하고, 때로는 성모 마리아상을 보수하기 위해 작은 상자를 두기도 한다. 때로는 유명한 아기 예수상을 대신한 호소이기도 하고, 때로는 부지런한 성당 지기가 딸랑거리는 소리를 내며 긴 막대 끝에 달린 자루를 곳곳의 사람들에게 들이밀기도 한다. 하지만 같은 성당에 다양한 형태의 헌금함을 두는 경우도 흔해서 그곳에 꽤 많은 돈이 모인다. 게다가 야외의 길거리도 예외는 아니다. 길을 걷다보면 길가의 작은 집에서, 그 위에 '연옥의 영혼들을 위하여'라는 글귀가 적힌, 주석 깡통이 불쑥 튀어나온다. 깡통 주인은 수없이 그 말을 되뇌며 마치 낙천적인 어릿광대가 깨진 방울을 흔들듯 당신의 눈앞에서 깡통을 흔들어댄다.

이런 이야기를 하다 보니 '이 제단에서 거행된 모든 미사들이 연옥의 영혼들을 자유롭게 하리라'라는 비문이 새겨져 있어 특유의 신성함을 보여주는 로마의 제단들이 떠오른다. 이런 의식을 치르는 데 얼마의 비용이 드는지는 모르겠지만 비싼 건 분명하다. 로마에도 입을 맞추면 다양한 기간 동안 면죄부를 얻는다는 십자가가 몇 개 있다. 콜로세움 한가운데에 세워진 십자가는 백 일짜리로, 아침부터 저녁까지 입을 맞추는 사람들을 그곳에서 볼 수 있다. 많은 십자가들 중에서 특히 이 십자가가 인기를 끄는 것이 신기하다. 콜로세움 내부의 다른 장소에는 '이 십자가에 입을 맞추는 자에게 2백 40일의 면죄부가 주어지리라'라는 글귀가 새겨진 십자가가 대리석 판 위에 세워져 있다. 하지만 내가 며칠이고 경기장 안에 앉아 있어 봤지만, 이 십자가에 입을 맞추는 사람은 아무도 없었다. 수십 명의 농부들이 다른 십자가에 입을 맞추러 가는 길에 이 십자가를 지나치는 모습만 보았다.

로마 성당들이 등장하는 위대한 꿈에서 세부사항들을 골라내는 것은 세상에서 가장 힘든 일이리라. 하지만 로마 변두리에 자리한 그

축축하고 곰팡이가 핀 둥근 지붕의 산토 스테파노 로톤도 성당은 벽마다 그려진 끔찍한 그림들 때문에 언제나 내 마음 속에서 가장 먼저 떠오른다. 성인들과 초기 기독교인들의 수난을 담은 그림들이다. 저녁으로 통돼지고기를 생으로 먹는 사람조차 꿈에도 상상 못할 끔찍한 학살을 담은 연작이다. 반백의 턱수염을 한 남자들을 끓이고, 튀기고, 굽고, 지지고, 야수들에게 잡아먹히게 하고, 개들로 괴롭히고, 생매장하고, 말을 이용해 사지를 찢고, 도끼로 찍는 그림. 쇠로 된 도구로 여자들의 가슴을 쥐어뜯고, 그들의 혀를 잘라내고, 귀를 비틀어 자르고, 턱을 부수고, 고문대 위에서 몸을 잡아 늘이고, 말뚝 위에서 피부를 벗겨내고, 온몸을 부러뜨려 불에 던져 넣는 그림. 이런 것들은 그 중 관대한 편이다. 그렇게 고통 받는 수난자들의 모습은 당신에게, 가련한 늙은 왕 던컨의 몸에 그토록 많은 피가 있었다는 사실에 놀라던, 맥베스 부인과 같은 감정을 불러일으키게 할 것이다.

마메르티노 감옥에는 성 베드로를 가두었던 지하 감옥이라고 전해지는—그랬을 가능성이 많은—방이 있다. 그 방은 이제 성 베드로를 기리는 기도실로 쓰이고, 내 기억 속에서도 그 방은 별개의 독립된 공간으로 남아 있다. 아주 작고 천정이 낮은 방으로, 바닥을 뚫고 나온 검은 안개 같은 고집 센 옛날 감옥의 두려움과 무거운 침울함이 서린 곳이다. 그곳의 여러 봉헌물들 중 벽에 걸린 것들은 그 장소와 어울리지 않는 것은 물론이고 그 장소와도 모순되는 물건들이다. 녹슨 단검들, 식칼들, 권총들, 곤봉들 외에도 다양한 폭력과 살인의 도구들을 사용한 뒤 이곳으로 가져와 성난 신을 달래려고 매달아 두었다. 마치 거기에 묻은 피가 울부짖을 목소리도 없이 신성한 공기 속에서 말라버린 것처럼. 모든 것이 너무도 고요하고 갑갑해서 무덤 같고, 아래쪽의 지하 감옥은 굉장히 어둡고 비밀스러운 데다 활기 없이 텅 비어 있다. 이 작고 어두운 장소는 꿈속의 꿈이 된다. 거대한 성당들이 바다처럼 넘실거리며 나를 스쳐가는 환영 속에서, 그 자체로 작은 파도가 된 방은 다른 파도와 섞이지도 않고 함께 흘러가지도 않는다.

도시 아래에다 땅을 파고 몇몇 로마 성당에서 진입하도록 만든 거대한 동굴을 생각하는 것은 무시무시한 일이다. 많은 성당에는 고대에 공중목욕탕이나 신전의 비밀스러운 방으로 쓰이던 거대한 지하 납골당과 예배당이 있다. 하지만 내가 말하려는 것은 이런 것들이 아니다. 성 지오바니 성당과 성 바오로 성당 아래에는 돌을 깎아서 만든 거대한 동굴들의 입구가 있고, 콜로세움 지하(땅속에 반쯤 파묻혀 찾기 어려운 어마어마한 크기의 거대한 암흑)에도 또 다른 출입구가 있다고 전해진다. 콜로세움 지하에는 관리인들이 밝혀 놓은 침침한 횃불들이, 좌우로 뻗은 긴 지하 납골당을 죽은 자들의 도시의 거리처럼 희미하게 비춘다. 횃불들은 과거에도 그랬고 앞으로도 햇빛 한 줄기 보지 못할, 여기저기에 고인 웅덩이와 만나려고 벽을 타고 똑똑 떨어지는 차고 축축한 곳을 보여준다. 누군가는 원형 경기장으로 보내질 운명의 야수들을 가두던 곳이라고 하고, 누군가는 유죄 선고를 받은 검투사들의 감옥이라고 하고, 누군가는 그 둘 다라고 한다. 하지만 가장 간담을 서늘하게 하는 것은 원형 경기장에서 희생될 운명에 처한 위층(동굴은 두 개의 층으로 이뤄졌다)의 초기 기독교인들이 밤새 아래층의 굶주린 야수들의 으르렁대는 소리를 들었다는 것이다. 어둠과 감금의 고독 위로 난간까지 사람들로 가득 들어찬 거대한 경기장에서 갑작스런 열기와 활기가 터져 나오고 장정된 두려운 이웃들의 포효가 쏟아져 나올 때까지.

산 세바스티아노 정문을 2마일 지나 아피아 가도에 위치한 산 세바스티아노 성당 아래에는 로마의 카타콤베로 들어가는 입구가 있다. 먼 옛날에는 채석장이었지만, 나중에 기독교인들의 피난처가 되었다. 이 소름끼치는 통로는 지금껏 20마일 정도 탐사가 이뤄졌고, 미로처럼 연결된 둘레가 60마일에 이른다.

눈빛이 빛나는 수척한 프란체스코회 수도사가 우리의 유일한 길잡이가 되어 이 깊고 끔찍한 곳으로 내려갔다. 사방으로 이어지는 길과 통로는 생명이 사라진 무거운 공기와 함께 우리가 걸어온 자취의 기억을 지워버렸다. 그래서 나는 이렇게 생각하지 않을 수 없었다. '이런, 갑자기 수도사가 광기에 사로잡혀 횃불을 내동댕이치거나 발작을 일으키고 쓰러지면 우리는 어떻게 되는 거지!' 태양과 무덤 사이에 사는 것보다 더 끔찍해서 도둑이나 살인자도 로마의 주민이 되어 이곳으로 숨어들어와 살지 않을 것 같은, 돌무더기가 가득 쌓인 채 사방으로 뻗은 거대한 아치형의 지하 통로를 지나, 우리는 순교자들의 무덤 사이를 서성거렸다. 무덤들, 무덤들, 무덤들. 남자들의 무덤들, 여자들의 무덤들, 박해자들에게 '우리는 기독교인이야! 우리는 기독교인이야!' 하고 울부짖으며 도망치다 부모와 함께 살해되었을 아이들의 무덤들, 순교의 상징인 종려나무를 경계석에 거칠게 새겨 넣고 순교자의 피를 담은 용기로 작은 벽감을 만든 무덤들, 그들의 꿋꿋함을 보여주는 조악한 제단에서 다른 사람들에게 봉사하고 진실과 희망과 위안을 설교하며 그 아래에서 수년간 살았던 이들의 무덤들, 궁지에 몰려 죽음을 맞기도 전에 땅속에서 서서히 굶어 죽어간 수백 명의 사람들이 묻힌 좀 더 널찍하지만 훨씬 끔찍한 무덤들.

"참된 신앙의 승리는 지상의 화려한 성당에 존재하는 것이 아닙니다." 뼈와 먼지가 사방으로 널린 낮은 통로에서 잠시 쉬기 위해 멈춰 섰을 때, 수도사가 우리를 돌아보며 이렇게 말했다. "바로 이곳에 있습니다! 순교자들의 무덤 가운데 말이죠!" 온화하고 진지한 수도사가 진심을 담아 말했다. 하지만 그때 나는 기독교인들이 서로를 어떻게 다뤘는지, 이 자비로운 종교를 악용해서 서로를 얼마나 박해하고, 고문하고, 불태우고, 목을 베고, 교살하고, 학살하고, 억압했는지를 생각했다. 나는 이 유골들이 (아직도 그 안을 떠도는) 호흡으로 고통 받던 것보다 더한 괴로움을 상상해 보았다. 그리고 만약 위대한 신의 이름 아래 기독교인들이 저지른 그 행위를 순교자들이 미리 알고, 잔인한 바퀴와 쓰디 쓴 십자가와 두려운 불 속에서 말로는 표현할 수 없는 괴로움으로 기독교인들을 찢어발길 수 있었다면, 그 위대하고 변치 않는 마음들이 얼마나 흔들렸을 것인지—얼마나 기독교인들이 겁을 먹고 기가 꺾였을 것인지—를 상상해 보았다.

이런 것들이 성당에 대한 내 꿈에서 제각기 떠오르는 장소들이자 단편들이다. 나는 때로 유물들에 관한 희미한 기억을 떠올린다. 때로는 둘로 나뉜 신전 기둥의 파편들을, 때로는 최후의 만찬을 위해 차려진 식탁의 일부를, 때로는 사마리아 여인이 그리스도에게 물을 권하던 우물을, 때로는 본디오 빌라도의 집에서 가져온 두 개의 기둥을, 때로는 채찍질을 할 때 그리스도의 성스러운 손을 묶어 두었던 돌덩이를, 때로는 성 로렌스의 석쇠와 그 아래 지져진 그의 지방과 피의 흔적이 남은 석재를 떠올린다. 이것들은 옛 이야기나 전설처럼 흐릿한 성당에 흔적으로 남아 내 기억 속에 잠깐씩 머물다 지나간다. 나머지 희미한 기억들은 이것저것 뒤섞인, 온갖 모양들과 상상들로 이뤄진 축성된 건축물의 거대한 황무지다. 거대한 포로처럼 땅에서 파헤쳐져 억지로 기독교 성당의 지붕을 떠받들고 있는 옛 다신교 신전들의 깨진 기둥들의 거대한 황무지, 서투르고 멋지고 불경스럽고 우스꽝스러운 그림들의 거대한 황무지, 무릎 꿇은 사람들과 연기가 피어오르는 향과 딸랑거리는 종소리와 때때로(자주는 아니지만) 오르간 소리가 울려 퍼지는 거대한 황무지, 가슴 깊숙이 칼에 찔린 채 현대식 부채처럼 반원 모양으로 늘어선 성모 마리아상들의 거대한 황무지, 금박으로 장식한 요란한 옷을 입은 죽은 성인들의 실제 유골들이 있는 거대한 황무지, 표면을 값비싼 보석이나 잘게 부순 꽃으로 화환을 만들어 장식한 그들의 말라빠진 해골이 있는 거대한 황무지, 때로는 수도사가 연단에 서서 십자가를 내밀며 힘주어 설교하는 가운데 그 주변으로 사람들이 모여든 거대한 황무지(그의 우렁찬 목소리가 지붕에서 메아리쳐 사라지는 것을 막기 위해 성당을 가로질러 펼쳐둔 범포 위로 햇살이 높은 창을 통해 흘러 들어오는). 그럴 때면 내 지친 기억은 많은 이들이 잠을 자거나 햇볕을 쬐는 계단 위로 걸어 나와 옛 이탈리아 거리의 넝마와 냄새와 궁전들과 오두막들 사이를 유유히 거닌다.

어느 토요일 아침(3월 8일), 한 남자가 이곳에서 참수형을 당했다. 아홉 달이나 열 달 전쯤, 그는 로마로 성지순례를 가던—물론 혼자 걸어서—바이에른의 백작부인을 길에서 급습했다. 당시 백작부인은 네 번째로 순례 길에 오른 참이었다. 남자는 그가 살던 비테르보에서 금 조각을 돈으로 바꾸는 백작부인을 보았고, 그녀를 보호한다는 믿을 수 없는 핑계로 40마일 이상을 동행했다. 조금만 더 가면 로마에 닿게 되는 평원 위, 네로의 무덤으로 불리는(실제로는 그렇지 않다) 부근에서 남자는 무자비하게 부인을 공격했다. 부인의 물건을 빼앗고 순례자의 지팡이로 그녀를 때려죽였다. 새신랑이었던 그는 빼앗은 옷가지들을 시장에서 샀다며 아내에게 내밀었다. 하지만 순례중인 백작부인이 마을을 지나가는 모습을 보았던 아내가 부인의 물건을 알아보았다. 그러자 남자는 아내에게 자신이 한 짓을 모두 털어 놓았다. 아내는 신부에게 이 일을 고해했고, 남자는 살인을 저지른 지 나흘 만에 붙잡혔다.

이 이해할 수 없는 나라에는 법 집행이나 사형 집행에 정해진 시기가 없다. 그래서 남자는 그 후로 줄곧 감옥에 갇혀 있었다. 금요일에 그가 다른 죄수들과 식사를 하고 있을 때, 간수가 들어와서는 다음날 아침 참수형에 처해질 거라고 말하며 그를 데리고 나갔다. 사순절에 사형을 집행하는 것은 극히 드문 일이다. 하지만 그의 죄질이 아주 나쁜 데다 성주간을 지내려고 곳곳에서 엄청나게 많은 순례자들이 로마로 오는 이 시점에 본보기 삼아 그를 처벌하는 것이 바람직하다고 여겨졌다. 나는 이 소식을 금요일 저녁에 전해 들었고, 범죄자의 영혼을 위해 기도해 달라는 벽보가 성당마다 붙은 것을 보았다. 나도 그가 처형되는 모습을 지켜보기로 했다.

　사형 집행은 로마 시간으로 오전 8시 45분 또는 오후 2시 30분으로 정해졌다. 나는 친구 두 명과 동행했다. 얼마나 많은 사람들이 모일지 몰라서 우리는 오전 7시 30분에 그곳에 도착했다. 대부분의 로마 지역이 그렇듯, 사형 집행 장소는 보행자 통로가 없어 사람이 지나다닐 수 없는 뒷거리의 산 지오바니 데콜라토(세례자 성 요한을 빈정대듯 낮춰서 일컫는 말) 성당 근처였다. 주인도 없고, 누군가가 살았던 흔적도 없고, 아무런 계획이나 특별한 목적도 없이 지어진 게 확실한 데다 창틀도 없는 그 썩은 집들의 거리는 어떻게 보면 버려진 양조장 같기도 하고 아무것도 채워 넣지 않은 창고 같기도 했다. 그런 집들 중 어느 하얀 집 맞은편에 단두대가 세워졌다. 단두대는 지저분하고 칠도 하지 않은 데다 투박하고 기묘하게 생긴 높이가 약 7피트쯤 되는 장치였다. 그 위로 세워진 높은 뼈대에는 구름에 가린 해가 이따금씩 모습을 드러낼 때마다 떨어질 준비를 마친 쇠로 만든 육중한 칼날이 아침 햇살에 반짝이며 매달려 있었다.

　주변에서 어슬렁대는 사람은 그리 많지 않았다. 그런 사람들마저도 교황의 기병들에 의해 단두대에서 멀찍이 떨어져 있어야만 했다. 무장한 2~3백 명의 보병들이 여기저기 무리를 짓고 있었고, 장교들은 잡담을 나누거나 담배를 피우며 2~3명씩 짝을 지어 주변을 오갔다.

　그 거리 끝은 쓰레기와 깨진 그릇과 채소 찌꺼기가 널브러진 넓은 공터였는데, 로마 어디를 가나 장소를 가리지 않고 그런 것들이 버려진다. 공터 주변의 주택에 딸린 세탁장 같은 곳으로 들어간 우리는 낡은 수레와 벽에 기대어 쌓아올린 수레바퀴 더미 위에 서서 삐걱거리는 커다란 창을 통해 단두대 너머 거리를 내려다보았다. 그때 갑자기 왼쪽에서 삼각모를 쓴 뚱뚱한 장교가 우리 시야에 들어왔다.

아홉 시 종이 울리고 열 시 종이 울렸지만, 아무 일도 일어나지 않았다. 모든 성당의 모든 종이 평소와 다름없이 울렸다. 공터에 모여 있던 개들이 병사들 사이를 오가며 서로를 잡겠다고 쫓아다녔다. 파란 외투와 적갈색 외투와 외투 없이 넝마를 걸친 무섭게 생긴 최하층 로마인들이 어슬렁거리며 이야기를 나눴다. 여자들과 아이들은 몇 안 되는 사람들 주위를 뛰어다녔다. 오직 커다란 진흙 바닥 한 곳만이 머리카락이 빠진 사람의 머리처럼 텅 비어 있었다. 담배 장수는 한 손에 목탄 재를 담은 질그릇을 들고 담배를 사라며 소리쳤다. 빵 장수는 단두대와 손님들을 번갈아가며 쳐다보았다. 소년들은 벽을 타고 오르려다 아래로 떨어지곤 했다. 신부들과 수도사들은 팔꿈치로 사람들을 밀치고 들어가 발끝으로 서서 칼날을 바라보고는 돌아섰다. 중세시대의 희한한 모자를 쓰고 시대를 알 수 없는 턱수염(아아 고마워라!)을 기른 화가들은 군중 속에서 마치 그림처럼 사람들을 째려보았다. 앞부분에 술이 달린 군용 장화를 신고 붉은 턱수염을 가슴까지 기른 한 신사(예술에 관계된 사람이 아닐까 싶다)가 거리를 오르내렸다. 얼굴 양 옆으로 두 갈래를 이룬 그의 길고 붉은 머리카락은 앞 어깨를 넘어 거의 허리까지 드리워진 데다 아주 조심스럽게 꼬아서 땋았다.

열한 시 종이 울렸지만, 여전히 아무 일도 일어나지 않았다. 사람들 사이에서는 사형수가 죄를 고해하지 않았을 거라는 얘기가 나돌았다. 그런 경우 신부들은 아베 마리아가 울릴 때(일몰)까지 사형수를 내버려둔다. 고해를 통해 죄를 용서 받기를 거부하는 것으로 구세주에게 버림받는 죄인이 되기 전까지는, 결코 그에게서 십자가를 돌리지 않는 것이 자비로운 관례이기 때문이다. 사람들이 자리를 뜨기 시작했다. 장교들은 어깨를 으쓱하며 알 수 없다는 표정을 지었다. 이따금씩 우리가 서 있는 창 아래로 말을 몰고 와서 전세마차와 수레를 치우라고 명령하던 기병들은, 사람들이 편안하게 마차에 자리를 잡고 즐거워하자(그 전에는 그런 일이 없었다) 고압적인 데다 다혈질적으로 태도가 변했다. 민둥 머리 같은 진흙 바닥에는 여전히 흐트러진 머리카락 한 올 보이지 않았고, 뚱뚱한 장교는 코담배만 연신 피워댔다.

갑자기 트럼펫 소리가 요란하게 울려 퍼졌다. 보병들 사이에서 '차렷!' 하는 소리가 났다. 그들이 단두대 쪽으로 행진해서 그 주변에 정렬했다. 기병들 역시 가까운 경비 위치를 향해 전속력으로 달렸다. 단두대는 빽빽한 총검과 번쩍이는 기병도로 숲의 중심이 되었다. 사람들이 군인들의 측면 가까이로 모여 들었다. 감옥에서부터 행렬을 따라온 길게 얽힌 남자들과 소년들의 물결이 공터로 쏟아져 들어왔다. 민둥 머리 같던 진흙 바닥도 이제 다른 곳과 구분하기 어려웠다. 담배 장수와 빵 장수는 잠시 장사할 생각을 뒤로 미루고 재미에 빠져 좋은 자리를 찾아 사람들 사이로 들어갔다. 그 광경이 끝나고 기병 중대의 모습이 보였다. 그때 칼을 든 뚱뚱한 장교가 그는 볼 수 있지만 우리나 군중들은 볼 수 없는 성당을 빤히 바라보았다.

잠깐의 시간이 흐른 뒤 성당에서 나온 수도사들이 단두대 쪽으로 향했다. 그들 머리 위로 검은 차양을 씌운 십자가 위의 예수상이 천천히 음울하게 움직였다. 예수상이 단두대 하단을 돌고 정면으로 나와 사형수 쪽으로 향했다. 그가 마지막으로 보는 모습이리라. 손이 묶인 맨발의 사형수가 단 위에 모습을 드러내자 예수상은 자리를 옮겼다. 사형수의 상의 옷깃과 목 부분은 거의 어깨 부분까지 잘려 나간 상태였다. 젊고―스물여섯 살―잘 생긴 건장한 청년이었다. 창백한 얼굴, 작고 짙은 콧수염, 짙은 갈색 머리의 청년.

처음에는 아내를 데려오지 않아서 그가 고해를 거부했던 것 같다. 그래서 아내를 데려오기 위해 호위대를 보냈는데, 그로 인해 시간이 지체 되었다.

그가 이내 칼날 아래에 무릎을 꿇었다. 십자 널빤지에 난 구멍에 목을 끼우고 다른 널빤지를 질러 넣자 정확하게 형틀 모양이 갖춰졌다. 사형수 바로 아래에는 가죽으로 만든 자루가 놓여 있었다. 다음 순간 사형수의 머리가 자루 속으로 굴러 떨어졌다.

사형 집행인은 덜컹 하는 소리와 함께 칼날이 무겁게 떨어졌다는 것을 사람들이 알아차리기도 전에 사형수의 머리카락을 잡고 그것을 들어 올려 단두대 주변을 돌며 사람들에게 보였다.

단두대의 사면을 모두 돈 뒤에 잘린 머리를 정면의 막대에다 매달았다. 흑백의 작은 천 조각은 먼 거리에서도 잘 보이고 파리들이 들끓을 수 있도록 하기 위함이다. 가죽으로 만든 자루에서 눈을 돌려 십자가를 바라봤던 것처럼 사형수의 눈이 위를 향하고 있었다. 그 순간 모든 생명의 기운과 빛깔은 머리를 떠났다. 그건 이제 무감각한 데다 차갑고 검푸른 밀랍일 뿐이었다. 몸통도 마찬가지였다.

　엄청난 양의 피가 쏟아졌다. 창가를 떠난 우리는 주변이 몹시도 지저분한 단두대 근처로 갔다. 단두대에 물을 뿌리던 두 사람 중 하나가 시체를 상자 속에 넣고는 진흙을 헤치며 가는 다른 한 명을 도왔다. 이상한 건 사형수의 목 부분이 사라진 것처럼 보인다는 점이다. 머리는 마치 칼날이 턱을 부수거나 귀를 밀어버리는 것을 간신히 피한 것처럼 바짝 잘려 나갔고, 몸통에서는 어깨 위로 아무것도 남아 있지 않은 것처럼 보였다.

　아무도 걱정하거나 마음 아파하지 않았다. 메스꺼움이나 동정이나 분노나 슬픔의 표현도 없었다. 시체를 상자에 넣는 동안 단두대 바로 아래 군중 속에서는 내 텅 빈 주머니 속으로 여러 번 손이 들어왔다. 불쾌하고, 추악하고, 무심하고, 넌더리가 나는 광경이었다. 비참한 배우에 대한 순간의 흥미 외에 학살 그 이상의 의미는 없었다. 그렇다! 그런 광경에는 하나의 의미와 하나의 경고만 있을 뿐이다. 잊지 말자. 도박꾼들이 뿜어져 나오는 핏방울의 수를 세기 위해 좋은 자리들을 차지하고는 그 숫자에 돈을 걸었다. 도박에 사로잡힌 게 분명하다.

　때가 되자 시체는 수레에 실려 가고, 칼날은 씻기고, 단두대는 분해되어 끔찍한 기구들이 모두 제거되었다. 사형 집행인, 죽을 때까지 산 안젤로 다리를 감히 건너지 못하고 할 일만 해야 하는 직무상의 추방자(형벌에 대한 대단한 풍자가 아닌가!)가 자신의 은거지로 물러가고 구경거리는 끝났다.

로마의 궁전들 중에서도 보물 같은 예술 작품들과 웅장한 회랑, 계단, 거대한 방들을 간직한 바티칸 궁전은 단연 최고의 자리를 차지한다. 가장 뛰어난 조각상들과 훌륭한 그림들이 보관된 그곳에 상당한 양의 쓰레기도 있다고 말한다고 해서 이단은 아니리라. 출토된 조각상이 그 고유의 가치와 상관없이, 단지 오래되었다는 이유만으로 화랑에 자리를 잡고 단지 화랑에 있다는 이유만으로 무수히 많은 찬양자들이 생긴다면, 스스로 심미안을 가졌다고 자처하는 천박한 재산가들의 평범한 눈에 들 대상은 넘쳐나리라.

내가 동양을 여행할 때 신발을 벗어놓듯이, 이탈리아나 다른 어떤 곳의 궁전 문 앞에서도 자연스러움과 참됨에 대한 나의 타고난 인식을 버릴 수 없다고 순순히 인정한다. 사자의 걸음걸이나 독수리의 비행이 그들의 변치 않는 본성이듯, 어떤 열정에 맞는 얼굴 표정이 있음을 머릿속에서 지울 수 없다. 사람의 팔과 다리와 머리가 이루는 보통의 비율 같은 평범한 사실을 나는 버릴 수가 없는 것이다. 그래서 이런 경험과 기억에 위배되는 작품들과 마주할 때면 그들이 어디에 있건 솔직히 감탄하거나 최고라는 생각을 할 수 없다. 고상한 비평가들은 속마음이 그렇지 않더라도 때로는 감탄하는 시늉이라도 해야 한다고 충고하지만.

그런 이유로 나는 명랑한 젊은 뱃사공이 아기천사를 묘사하는 그림이나 바클레이와 퍼킨스[34]의 짐 마차꾼이 전도사로 묘사된 작품을 볼 때, 그림을 그린 사람이 아무리 이름난 화가라 할지라도 칭찬을 하거나 탄복할 수 없음을 숨김없이 인정한다. 여러 번 복제하는 것을 정당화할 만큼 예술 작품으로서 아주 드문 가치를 지녔다고 해서, 술에 취해 뻗은 수도사들을 교화하기 위해 바이올린과 바순을 연주하는 반역 천사들을 편애하려는 것은 결코 아니다. 또 화랑들의 단골손님인 성 프란체스코와 성 세바스찬을 편애하는 것도 아니다.

내가 보기에도 몇몇 비평가들이 즐기는 무차별적이고 단호한 환희는 진정으로 위대하고 훌륭한 작품들의 참된 감상과 모순된다. 이를테면 나는 어떻게 가장 보잘 것 없는 그림이 베네치아의 티치아노의 걸작 <성모승천>의 놀라운 아름다움에 이르는지 상상할 수 없다. 또, 나는 정교한 <성모승천>의 장엄함에 진정으로 감동한 사람이나 베네치아의 틴토레토의 걸작 <축복 받은 자들의 모임>의 아름다움을 진정으로 느끼는 사람이 어떻게 시스티나 성당의 미켈란젤로의 <최후의 심판>에서 그 엄청난 주제에 어울리는 전반적인 개념이나 사상을 깨닫는지도 상상할 수 없다. 라파엘의 대작 <그리스도의 변용>을 감상하려는 사람과 바티칸 궁전 안의 다른 방으로 들어가서 교황 레오 4세가 대화재를 기적적으로 막는 모습(대단한 풍자화)을 그린 라파엘의 다른 그림을 감상하려는 사람—비범한 천재의 작품으로서 둘 모두를 존경한다고 말하려는 사람—은 둘 중 하나에 대한 이해력이 부족해야만 하고, 그 중에서도 숭고하고 고상한 작품에 대한 이해력이 부족해야만 한다.

의문을 제기하는 것은 쉬운 일이다. 하지만 나는 가끔 예술의 규칙이 그리 엄격하게 지켜지지 않는 것은 아닌지, 그리고 이 인물상이 어디로 방향을 틀고 저 인물상이 어디에 눕고 주름은 어디에 잡히는지 등을 우리가 미리 아는 것이 과연 맞는지에 대해 큰 의문이 생긴다. 이탈리아 화랑의 가치 있는 그림들 중에서 대상보다 못한 인물화를 볼 때면 나는 화가를 비난할 수 없다. 수도사들과 신부들의 관리를 받을 수밖에 없었던 이 훌륭한 화가들이 수도사들과 신부들을 너무 많이 너무 자주 그렸던 것은 아닐까 하는 생각이 들기 때문이다. 나는 실권자들의 그림에서, 인물이 그림의 이야기 부분이나 그림을 그린 화가에 비해 많이 뒤처지는 경우를 종종 본다. 그런 인물들은 어김없이 수도원의 인장을 가진 사람들이었고, 지금도 그런 인물들이 수도원에 머문다. 그래서 나는 그런 경우 잘못은 화가에게 있는 것이 아니라 화가를 고용한 이들의 허영과 무지에 있다고 결론 내렸다.

유피테르의 신전과 바티칸 궁전의 카노바 석상들의 정교한 아름다움과 우아함, 고대 조각 작품들의 조화로움과 멋진 중량감, 그 외 많은 작품들의 힘과 열정은 제각기 말로 다 표현할 수 없다. 성 베드로 대성당 이후에 지어진 로마의 성당들에서 많이 볼 수 있는 작품들이 나에게는 특히 매력적으로 보이는 데다 강한 인상을 준다. 그 이전의 베르니니와 그의 제자들은 세상에서 가장 혐오스러운 작가 군이라고 진심으로 믿는다. 이 발랄한 미치광이들의 최고의 작품을 보니 차라리 중국 유물관의 과거, 현재, 미래의 삼신상을 한없이 (순수한 예술 작품으로) 바라보리라. 베르니니파 작품의 모든 천의 주름은 안팎이 뒤집혔고, 가장 작은 정맥과 동맥도 보통의 집게손가락만큼 큰 데다 머리카락은 살아 움직이는 뱀들의 둥지 같고, 그 자세는 다른 모든 방종을 부끄럽게 한다. 조각가의 끌에서 태어난 그런 참을 수 없는 실패작을 로마만큼 많이 볼 수 있는 곳도 없다고 진심으로 믿는다.

로마

바티칸 궁전에는 훌륭한 고대 이집트의 유물들이 보관되어 있고, 이들을 정리해둔 방의 천정에는 별이 빛나는 사막의 하늘이 그려져 있다. 독특한 발상 같지만 그림은 매우 효과적이다. 신전에서 나온 험악한 반인반수들은 짙고 검푸른 하늘 아래에서 더욱 험악하고 기괴해 보이는 데다 모든 사물에 이상하면서도 알 수 없는 음산한 기운이 흘러서, 당신은 엄숙한 밤에 가려진 그들을 발견하고는 그곳을 떠나게 된다.

개인 건물들은 그림을 감상하기에 가장 좋은 곳이다. 그곳에는 주의를 산만하게 하거나 시선을 어지럽히는 곳에 너무 많은 작품들을 두지 않는다. 아주 느긋하게 그림들을 볼 수 있는 데다 북적이는 사람들로 감상을 방해받는 일도 거의 없다. 티치아노와 렘브란트와 반다이크의 수많은 초상화들, 귀도와 도메니키노와 카를로 돌치의 인물화들, 코레조와 무리요와 라파엘과 살바토르 로사와 스파뇰레토의 다양한 그림들이 그곳에 있다. 이들 중 다수는 그야말로 어떤 상찬의 말도 모자란 그림들이다. 그만큼 부드럽고, 우아하고, 고상하고, 순수하고, 아름답다.

베르베리니 궁전의 베아트리체 디 첸치의 초상화는 결코 잊히지 않을 그림이다. 초월적인 부드러움과 아름다움을 간직한 얼굴에는 그림을 뚫고 나와 나를 사로잡는 빛나는 무언가가 존재한다. 지금도 이 종이와 펜을 보듯 그 그림이 눈에 선하다. 머리에는 흰 천이 느슨하게 걸쳐졌고, 아마포 주름 위로 머리카락이 가볍게 드리워졌다. 그녀가 갑자기 당신 쪽으로 고개를 돌린다. 그녀의 눈 속—아주 부드럽고 온화하지만—에는 그 순간 애써 극복해 낸 것 같은 일시적인 공포에서 오는 허망함이나 심난함이 담겨 있다. 거기에는 천상의 희망과 아름다운 슬픔과 쓸쓸하고 세속적인 무력함 외에 아무것도 없다. 처형되기 전날 밤 그녀의 모습을 귀도가 그렸다고도 하고, 그가 단두대로 가는 그녀를 보고 그 기억을 떠올려 그린 그림이라고도 한다. 귀도의 화폭에 담긴 그녀의 모습에서 볼 수 있듯이, 그녀는 단두대를 한 번 쳐다본 뒤 인파 속의 귀도를 돌아보았다. 그것으로 깊은 인상을 받은 그가, 마치 내가 그의 옆에 서 있었던 것처럼, 나에게도 깊은 인상을 남겼다고 기꺼이 믿고 싶다. 조금씩 힘을 잃어가며 마을 전체를 망친 죄 많은 첸치 가문의 궁전에 그 얼굴이 있었다. 황량한 현관에, 검게 가려진 창문들에, 가볍게 오르내리는 쓸쓸한 계단에, 유령이 나올 듯한 회랑의 어둠 속에. 사연은 그림에도 기록되어 있었고, 대자연이 만든 죽어가는 소녀의 얼굴에도 기록되어 있었다. 아! 하찮은 인습의 권한으로, 소녀는 그 한 번의 손길에 그녀와 가깝다고 주장하던 보잘 것 없는 세상에서 등을 돌리는구나!

나는 스파다 궁전에서 카이사르가 그 발밑에서 쓰러져 죽은 폼페이우스의 조각상을 보았다. 거대하고 근엄한 석상! 나는 좀 더 훌륭하게 마무리가 되고, 세련되고, 섬세한 손길로 가득하고, 피가 사그라지는 조각상의 어지러운 눈에서는 명료함을 잃어가고 치켜든 얼굴 위로는 죽음이 엄습해 오듯 어떤 엄격한 위엄이 자리 잡은 그런 작품을 기대했었다.

로마 인근 지역들로 떠나는 유람은 매력적이다. 황량한 평원이 변화무쌍한 모습을 보여줬다면 더욱 흥미로웠으리라. 하지만 어디를 보든 어디로 가든 자연의 아름다운 조합은 화려하다. 사랑스러운 호수와 그 주변에 우거진 수풀과 호라티우스가 살던 시대 이후로 전혀 나아진 것이 없어 지금은 그의 찬사가 어울리지 않는 포도주가 나는 알바노. 원류를 벗어난 아니오 강이 그 줄기를 찾아 80피트 높이의 폭포가 되어 떨어지는 지저분한 티볼리. 티볼리의 험한 바위산 위에는 그림 같은 무녀의 사원이 자리 잡고 있다. 그곳의 작은 폭포들은 햇살에 반짝반짝 빛이 나고, 동굴이 험악하게 입을 벌린 곳에서는 두려움에 찬 강이 저 아래 불쑥 튀어나온 바위들을 향해 재빠르게 흘러간다. 또한 그곳에는 침울한 소나무와 사이프러스가 이룬 작은 숲 속에서 버려진 채 썩어가는, 별장 빌라데스테가 당당하게 누운 듯하다. 그런가하면 그곳엔 프라스카티도 있고, 그 너머 비탈 위에는 카토가 태어난 곳이자 키케로가 거주하며 글을 썼다는 투스쿨룸의 옛터(아직 건물의 일부가 남아 있을지도 모른다)도 있다. 우리는 흐리고 우중충한 어느 날 티볼리의 몰락한 원형 경기장을 보았다. 날카로운 3월의 바람이 불어오고, 옛 도시의 돌들이 오래전 꺼져버린 불이 남긴 재처럼 외로운 언덕 곳곳을 뒤덮은 때였다.

어느 날 우리는 오래도록 풀만 우거진 채 버려진 고대 아피아 가도를 따라 그곳에 가려는 커다란 열망에 사로잡혀 40마일 떨어진 알바노를 향해 셋이서 걸어갔다. 아침 일곱 시 반에 출발해서 한 시간 정도 지났을 때 우리는 드넓은 평원을 걷고 있었다. 12마일을 가는 동안 우리는 무너진 고분과 흙무더기와 둔덕들을 끊임없이 올랐다. 다 쓰러져 잡초로 뒤덮인 무덤들과 사원들, 기둥들과 건물의 장식 띠들과 박공벽의 작은 파편들, 화강암과 대리석의 거대한 석재들, 풀이 자라고 벌레가 먹어 서서히 썩어가는 아치와 거대한 도시를 만들고도 남을 폐허의 잔해들이 주위에 흩어진 곳이었다. 가끔 이런 잔해들로 양치기들이 쌓아올린 허술한 담벼락, 깨진 돌무더기 사이를 흐르는 도랑과 발아래를 굴러다니는 파편들 때문에 앞으로 나가기가 힘들었지만 폐허는 계속됐다. 우리는 지면 위로 난 옛길을 따라가다가 그 길의 무덤이라도 되는 것처럼 수풀로 뒤덮인 길을 더듬으며 찾아갔다. 어쨌든 모두가 폐허였다. 멀리 보이는 옛 수도교들은 평지를 따라 만든 거대한 수로 위를 으스대며 걸었고, 산들바람이 불어와 폐허에서 자생적으로 싹이 트고 자란 때 이른 꽃들과 풀들을 흔들었다. 지독한 침묵을 유일하게 방해하며 우리 머리 위로 보이지 않게 날아다니던 종달새들이 폐허에 둥지를 틀고 있었고, 구석에서 잠을 자다가 이따금 우리에게 인상을 쓰던 양가죽을 걸친 험상궂은 양치기들도 폐허에 집을 마련하고 살았다. 황량한 평원에서 가장 평탄한 지점은 미국의 대초원을 연상케 했지만, 강력한 민족이 발자취를 남겼다가 사라지고, 무덤마저 그들의 죽음처럼 스러지고, 깨진 모래시계는 쓸데없는 먼지더미에 불과한 사막과 비교했을 때, 전혀 사람이 산 적 없는 지역의 고독이 무슨 의미가 있겠는가! 해질녘 길을 돌아오며, 멀리 우리가 아침에 지나갔던 길을 바라보던 나는 태양이 다시는 떠오르지 않는 것은 아닐까 하는 느낌을 받았다(처음 그것을 봤을 때 느꼈던 것처럼). 어쨌든 나는 그날 밤 멸망한 세상 위로 지는 태양의 마지막 모습을 보았다.

이렇게 짧은 유람을 마치고 달빛에 의지해 로마로 돌아오는 건 그런 하루에 꼭 맞은 마무리다. 인도도 없고 외진 모퉁이마다 더러운 쓰레기가 쌓인 좁은 거리들은, 그들의 비좁은 면적과 오물과 어둠 때문에 도도한 성당 앞에 자리 잡은 드넓은 광장과 뚜렷한 대조를 이룬다. 광장 한가운데 놓인, 황제들의 시대에 이집트에서 가져온 상형문자로 뒤덮인 오벨리스크는 주위를 둘러싼 이국적인 풍경 속에서 기이하게 보인다. 어쩌면 마르쿠스 아우렐리우스가 바울에게 자리를 내주고 트라야누스가 성 베드로에게 자리를 양보한, 원래의 명예로운 조각상이 끌어내려지고 지금은 기독교 성인을 떠받치는 고대의 기둥이 더 이상하게 보이는지도 모르겠다. 그런가하면 달을 가리며 콜로세움에서 빼앗아 온 돌들을 산처럼 높이 쌓아올린 크고 육중한 건물들도 있다. 상처에서 새살이 돋아나듯 깨진 아치와 갈라진 벽 사이로 달빛이 제멋대로 흘러들어온다. 담장으로 둘러싸이고 문에 빗장을 지른 형편없는 집들로 이뤄진 작은 마을은 여덟 시 종이 울리면 밖으로 나올 수 없는 유대인들의 지역이다. 사람들이 빽빽이 모여 사는 데다 악취가 진동하는 초라한 곳이지만, 그들은 부지런하고 돈벌이에도 능하다. 낮에 그 좁은 거리를 걷다보면 어둡고 누추한 가게를 두고 인도로 나와 낡은 옷을 수선하며 흥정하는 그들의 모습을 더 자주 볼 수 있다.

짙은 어둠에 싸인 이런 구역들을 지나 다시 달빛이 비치는 곳으로 나오면, 백 개의 물 꼭지에서 뿜어져 나온 물이 인공의 바위 위로 흘러내리는 트레비 분수가 눈과 귀를 즐겁게 해준다. 환한 등불들과 나뭇가지로 장식한 노점을 지나 작고 좁은 길목으로 들어서면, 뜨거운 죽과 콜리플라워 스튜를 담은 김이 모락모락 나는 구리 솥 주변으로 둘러선 퉁명스러운 로마 사람들이 마음을 끈다. 튀긴 생선을 담은 쟁반과 포도주를 담은 병도 보인다. 마차가 급히 휘어지는 모퉁이를 돌 때쯤 덜거덕거리는 소리가 들린다. 마부가 갑자기 마차를 멈춰 세우자 커다란 십자가를 든 사람과 횃불을 든 사람, 그리고 신부가 성가를 부르며 앞장서 걸어가고 그 뒤를 짐마차가 천천히 따라간다. 가난한 자들의 시신을 성벽 밖의 성스러운 들판에 매장하려는 죽음의 수레다. 시신은 오늘밤 구덩이 속으로 던져져 돌로 덮인 채 1년 동안 봉해진다.

하지만 마차를 타고 고대 신전들, 극장들, 집들, 주랑들, 광장들에 자리한 기념비들이나 기둥들 곁을 지나다보면 모든 조각들이 현대식 건축물에 섞여 들어가 원래의 목적과는 전혀 다르게 현대의 목적—담벼락, 주택, 곡물창고, 마구간—에 맞게 쓰이는 모습은 참으로 이상하게 보인다. 더욱 이상한 건 정말 많은 옛 신화 속의 유적들과 정말 많은 사라진 전설과 의식의 파편들이 이곳 기독교 제단들에 뒤섞여 있다는 점이다. 정말 많은 측면에 그릇된 신앙과 진실이 기괴한 결합으로 녹아들어 있다.

성벽 너머로 보이는 도시의 한 부분에서 자그마하고 왜소한 피라미드(카이우스 체스티우스의 무덤)가 달빛 속에 흐릿한 삼각형을 만든다. 영국인 여행자에게 그 삼각형은 근처 작은 정원 아래에 묻힌 셸리[35]의 무덤을 나타내는 표시이기도 하다. 그보다 가까운 곳에는 고요한 이탈리아의 밤 풍경 속에서 환하게 빛나는 '물 위에 이름을 새긴' 키츠[36]의 유골이 묻혀 있다.

성주간에 로마를 찾는 방문객들은 그곳에 대단한 볼거리가 있을 것으로 기대한다. 하지만 부활절 주일의 풍경을 제외하면, 나는 재미거리를 찾으려고 로마로 가는 사람들에게 그 시기는 피하라고 조언하고 싶다. 의식들은 대체로 따분하고 지루하기 짝이 없다. 행사마다 몰려드는 인파와 열기로 숨이 막힐 듯 괴롭고, 왁자지껄하게 뒤섞인 소음은 마음을 몹시도 산란하게 한다. 우리는 일찌감치 이런 행사들에 가는 것을 포기하고 다시 폐허로 발걸음을 옮겼다. 하지만 최고의 장면을 함께 보기 위해 우리도 인파속으로 뛰어든 적이 있는데, 우리가 본 장면을 묘사하려고 한다.

수요일에 시스티나 성당에 조금 늦게 도착한(우리도 일찍 가긴 했지만) 우리는 몰려드는 인파들로 입구까지 가득 찬 데다 바로 옆 복도까지 인파들로 넘쳐나서 거의 아무것도 볼 수 없었다. 사람들은 실신한 여인이 밖으로 끌려나올 때마다 그녀가 섰던 공간에 적어도 쉰 명은 들어갈 것처럼 서로 밀치고 떠밀며 소리를 질렀다. 스무 명 가량의 사람들이 미제레레 성가가 울려 퍼지는 소리를 들으려고 성당 출입구에 걸린 묵직한 커튼 곁에 붙어 서 있었다. 그들은 커튼이 내려와서 노래 소리를 막지 못하도록 줄곧 그 양쪽을 잡아당겼다. 그러다 결국 큰 소동이 벌어지고 말았다. 바람이 큰 뱀처럼 방심하던 사람들 주변으로 불었던 모양이다. 그러자 어떤 부인이 커튼에 둘러싸여 밖으로 빠져나오지 못하게 됐다. 꺼내 달라고 애원하는 점잖은 신사의 목소리도 들렸다. 또 남자인지 여자인지 알 수 없는 팔 두 개가 자루에 든 것처럼 그 안에서 버둥거렸다. 이번에는 성당 안으로 부는 세찬 바람에 통째로 날아간 커튼이 차양처럼 사람들 머리 위로 펄럭였다. 그러다 반대

쪽으로 날아간 커튼이 이를 바로 잡으려고 달려온 교황의 스위스 근위병들 중 한 명의 시야를 가려 버렸다.

조금 떨어진 곳에서 무척 지루한 듯 시간만 재는 교황의 시종 두세 명(어쩌면 교황 성하도 그랬으리라) 사이에 앉아 있던 우리는 미제레레를 듣기보다 이 별난 볼거리를 지켜볼 기회가 더 많았다. 때때로 아주 애처롭고 구슬픈 노랫소리가 크게 들렸지만, 곧 낮은 음조로 잦아들었다. 그게 우리가 들은 전부였다.

저녁 여섯 시에서 일곱 시 사이, 성 베드로 대성당에서 유물 전시회가 열렸다. 음울하고 컴컴한 성당과 그 안에 모인 많은 사람들이 인상적이었다. 세 명의 신부가 중앙 제단 근처의 높은 발코니로 유물을 하나씩 가져왔다. 성당 안에서 유일하게 그곳에만 불이 켜져 있었다. 제단 근처에 언제나 백열두 개의 등불이 켜져 있고, 성 베드로의 검은 조각상 옆에도 두 개의 긴 초가 놓여 있지만, 그토록 어마어마한 건물 안에서 이들은 아무 소용이 없었다. 그림이나 거울처럼 반짝이는 물건들을 가지고 와서 사람들에게 보여줬을 때, 사람들을 교화하기 위해 유물들을 내세우는 터무니없는 방식과, 그것들을 보여준 그 높이에도 불구하고 성당 안의 어둠과 발코니를 향해 치켜든 사람들의 얼굴과, 바닥에 엎드린 참된 신자들의 모습에는 그 자체로 효과적인 데가 있었다. 그것들이 진품이라는 확신에서 나오는 위안을 줄이려는 의도가 아닐까.

목요일에 우리는 교황이 시스티나 성당에서 바티칸의 또 다른 성당인 바오로 경당으로 성체를 옮기는 행사를 보러 갔다. 그리스도 부활 전의 매장을 상징하는 의식이다. 시스티나 성당에서 다시 미제레레 성가를 부르는 동안, 우리는 넓은 회랑에서 한 시간 가량을 엄청난 인파(그 중 4분의 3이 영국인이었다)들과 함께 기다려야 했다. 두 성당 모두 회랑 쪽으로 문이 열려 있었고, 사람들의 관심은 교황이 들어가게 될 성당의 문이 이따금씩 열리고 닫히는 데에 쏠려 있었다. 사다리 위에서 엄청나게 많은 촛불을 밝히고 있던 사내만은 그 문이 열리고 닫히는 것을 대수롭지 않게 여기는 것 같았다. 하지만 그 문이 열릴 때마다 사람들은 마치 워털루에서 영국 기병대가 돌진하듯이 (나로서는 그렇게 생각할 수밖에 없었다) 사다리와 남자를 향해 밀려들었다. 그런데도 사다리는 물론이고 사내도 넘어지지 않았다. 촛불을 다 밝힌 사내가 사다리를 인파 쪽으로 옮기기 위해 휘청휘청 우스꽝스럽게 움직이다 결국 사다리가 회랑 벽에 끼고 말았기 때문이다. 그 순간 새로운 성가와 함께 다른 쪽 성당의 문이 열리더니 교황의 접근을 알리는 소리가 들렸다. 이런 위기 속에서 군중들을 이리저리 밀치던 근위병들이 급히 회랑을 따라 두 줄로 정렬했고, 그 사이로 행렬이 들어섰다.

    성가대원들 몇몇이 지나가고, 뒤를 이어 둘씩 짝을 지은 수많은 신부들이 촛불을 들어—적어도 잘생긴 신부들—자신들의 얼굴을 환희 비추며 지나갔다. 그 장소가 어두웠기 때문이다. 잘생기지 않거나 긴 턱수염이 없는 신부들도 초를 들었지만, 그들 스스로 영적인 묵상은 포기했다. 그동안 성가는 무척이나 단조롭고도 따분하게 들렸다. 행렬이 천천히 성당 안으로 들어가고 단조로운 성가 소리도 행렬을 따라 지나간 뒤, 하얀 공단 차양 아래로 덮개를 씌운 성체를 두 손으로 받든 교황이 모습을 드러냈다. 화려한 옷차림의 추기경들과 신부들이 그 주변에 모여 있었다. 교황이 지나가자 근위병들이 무릎을 꿇었고, 구경하던 사람들도 일제히 머리를 숙였다. 교황이 성당 앞에 이르자 문간에서 하얀 공단 차양이 치워지고 하얀 공단 양산이 교황의 가련한 늙은 머리 위로 씌워졌다. 짝을 이룬 신부 몇몇이 행렬의 맨 뒤를 따라 성당 안으로 들어갔다. 성당 문이 닫히고 그것으로 모든 행사가 끝났다. 사람들은 이런 고생을 하면서까지 볼만한 것은 아니라고 말하며, 마치 목숨이라도 달린 것처럼 다른 행사를 보기 위해 바삐 자리를 떠났다.

사람들이 가장 많이 몰리는, 가장 인기 있는 볼거리(모든 계층에게 개방되는 부활절 일요일과 월요일을 제외하고)는 교황이 열두 제자와 유다 이스가리옷의 역할을 맡은 열세 명의 사람들에게 발을 씻겨 주는 행사인 것 같았다. 이 경건한 의식이 거행되는 장소는 성 베드로 대성당의 한 예배당으로, 화려하게 꾸며진 곳이었다. 아주 높고 긴 의자에 '한 줄로 쭉' 앉은 열세 명의 사람들은 셀 수도 없는 영국, 프랑스, 미국, 스위스, 독일, 러시아, 스웨덴, 노르웨이 등 각국에서 온 사람들이 줄곧 그들을 지켜보고 있어서 그런지 무척 불편해 보였다. 흰 예복을 입은 그들은 손잡이를 떼어낸 커다란 영국 항아리처럼 생긴 뻣뻣한 흰 모자를 쓰고 있었다. 각자 손에는 작은 콜리플라워 크기의 꽃다발을 들고 있었고, 그 중 두 명은 안경을 쓰고 있었다. 그들이 맡은 인물들로 보아 의상에 장난스러움을 더한 것은 아닐까 하는 생각이 들었다. 인물들은 많은 사람들의 시선을 끌었다. 성 요한은 잘생긴 젊은이가 맡았다. 성 베드로는 물결치는 갈색 턱수염을 한 점잖아 보이는 노신사가 맡았고, 유다 이스가리옷의 위선적인 태도는(그 표정이 그의 원래 모습인지 꾸며낸 것인지는 가릴 수 없었지만) 그 사람이 유다 역을 끝까지 맡다가 도망가서 목을 맨다고 해도 부족함이 없을 정도였다.

여성들이 차지한 커다란 관람석 두 곳으로 움직일 수도 그 근처로 갈 수도 없었던 우리는 인파를 따라 교황이 이 열세 명의 시중을 드는 탁자 쪽으로 제 시간에 가기 위해 서둘러야 했다. 바티칸 궁전 계단에서 큰 몸싸움이 벌어지고, 몇몇 사람들이 스위스 근위병들과 다툼을 벌인 끝에 교황이 열세 명의 시중을 드는 방으로 모든 군중이 몰려 들어갔다. 흰색과 붉은색 천이 둘러지고 여인들을 위한 (이런 의식에서 여인들은 검은색 옷과 검은색 면사포를 걸쳐야 한다) 또 다른 큰 관람석 하나와 나폴리의 왕과 그 일행들을 위한 귀빈석이 마련된 긴 회랑이었다. 탁자 위로 성대한 만찬이 준비되어 있었고, 회랑 한쪽의 높은 단 위에는 실제 제자들의 금형상이 장식되어 있었다. 벽 쪽에서 가까운 탁자 위에 놓인 가짜 제자들이 쓸 칼과 포크는 아무런 방해도 받지 않고 사람들의 시선을 끌었다.

방 중앙은 남자 관람객들로 가득했다. 엄청난 인파와 그들이 뿜어내는 대단한 열기와 압박감이 때로는 무서울 지경이었다. 발 씻는 의식을 지켜보던 인파까지 줄지어 들어와서 압박감은 절정에 달했다. 그때 곳곳에서 비명과 절규가 터져 나오자 피에몬테 기병들이 스위스 근위병들을 구하고는 그들을 도와 소란을 잠재웠다.

여자들도 자리를 차지하려고 사납게 몸싸움을 벌였다. 내가 아는 여인은 여성 관람석에서 어느 힘센 중년 부인에게 허리춤을 붙잡혀 자리 밖으로 쫓겨났다. 또 어떤 여인(같은 관람석의 뒷줄에 앉아 있던 여인)

은 커다란 핀으로 앞쪽의 여인들을 찔러가며 자신의 자리를 확보했다.

내 주위의 남자들은 탁자 위에 뭐가 놓였는지 보겠다고 야단이었다. 한 영국인은 탁자 위에 겨자가 있는지 보고야 말겠다며 자신의 모든 정력을 쏟고 있었다. "세상에, 식초가 있어!" 사방에서 떠밀리고 부딪치며 꽤 오랫동안 까치발로 서 있던 그가 친구에게 말했다. "기름도 있군! 병에 든 것이 또렷이 보여! 앞줄에 계신 신사 분들, 겨자가 보이나요? 선생님, 제 부탁 좀 들어주시겠어요? 겨자 통이 보입니까?"

수많은 이들의 기대 속에 단 위로 모습을 드러낸 제자들과 유다가 베드로를 선두로 해서 식탁 앞에 한 줄로 정렬했다. 열두 명이 손에 든 꽃다발의 냄새를 맡고 유다─눈에 띄게 입술을 움직이며─가 마음속으로 기도하는 동안 사람들은 제법 오랫동안 이들을 바라봐야만 했다. 그때 붉은 예복을 입고 테두리가 없는 흰색 공단 모자를 쓴 교황이 추기경들과 다른 고위 성직자들 사이에서 나타나더니 들고 있던 금빛 물병의 물을 베드로의 한쪽 손에 살짝 부었다. 한 수행원은 금빛 대야를, 다른 한 사람은 질 좋은 천을, 또 다른 사람은 의식이 진행되는 동안 베드로의 꽃다발을 들고 있었다. 교황 성하는 신속하게 줄지어 선 제자 모두에게 이 의식을 거행했다(유다는 몸을 낮추느라 유독 꼼짝을 못했다). 그리고 열세 명 모두 만찬을 들기 위해 자리에 앉았다. 교황이 식전 기도를 올렸다. 베드로는 의장석에 앉아 있었다.

백포도주와 적포도주가 놓인 만찬은 아주 훌륭해 보였다. 1인분씩으로 나뉜 음식을 추기경들이 무릎을 꿇고 교황에게 전해주면 교황이 이를 제자들에게 건넸다. 자신의 음식을 바라보던 유다가 식욕이 없다는 듯 고개를 갸우뚱하고는 점점 얼굴이 창백해지면서 결국 기운을 잃는 모습은 어떤 말로도 표현할 길이 없다. 건실한 노인 베드로는 '끝장내겠어'라고 다짐한 듯이 주어진 음식을 남김없이 먹어치우며(줄 맨 앞에 앉아 있었기 때문에 음식을 가장 많이 나눠 받았다) 아무 말도 건네지 않았다. 요리는 생선과 채소가 주를 이루었다. 교황은 열세 제자에게 포도주도 권했다. 식사 내내 누군가가 커다란 책(성경이었을 것으로 생각한다)에서 아무도 들을 수도 최소한의 주의도 기울이지 않는 무언가를 소리 내어 읽었다. 이따금씩 추기경들과 다른 수행원들이 그게 큰 웃음거리라도 되는 것처럼 서로를 바라보며 웃었는데, 그들이 그렇게 생각했다면 거기에는 그들이 완벽하게 옳았다는 작은 의심만 있을 뿐이다. 현명한 사람이 성가신 의식을 끝내듯 교황 성하는 해야 할 일을 모두 마쳤다. 모든 의식이 끝나자 그가 매우 흡족해 하는 것 같았다.

순례자들의 만찬에서 귀족들과 귀부인들이 겸손의 표시로 순례자들의 시중을 들며 그들의 대리인으로서 깨끗이 씻은 발을 닦아주는 모습도 무척 인상적이었다. 하지만 텅 빈 형식에 불과한 데다 겉치레에 위태롭게 기댄 볼거리들 중 그 어떤 것도 스칼라 산타, 즉 성스러운 계단만큼 나에게 깊은 인상을 주지는 못했다. 나는 그 계단을 여러 번 보았지만, 가장 좋은 인상이나 가장 나쁜 인상을 받았던 날은 성금요일이었다.

스물여덟 개의 계단으로 이뤄진 스칼라 산타는 폰티우스 빌라도의 집에 있던 계단이라고도 하고, 그리스도가 재판을 받고 내려오는 길에 밟았던 바로 그 계단이라고도 한다. 순례자들은 오직 무릎을 꿇은 채로만 그 계단을 오른다. 그 가파른 계단 꼭대기에는 유물이 가득하다고 알려진 성당이 자리하고 있다. 사람들은 철창 사이로 성당 안을 잠깐 둘러보고는 성스럽지 않은 데다 발로 밟아도 상관없는 옆 계단으로 내려온다.

성금요일에, 어림짐작으로 백 명의 사람들이 동시에 무릎을 꿇은 채 발을 끌며 이 계단을 천천히 오르고 있었다. 곧 계단을 오를 사람들과 계단을 내려온 사람들—이미 올라갔다 내려와서 다시 올라가려는 몇몇 사람들까지—이 아래쪽 현관에서 서성이고 있었다. 그곳에서 일종의 초소 같은 곳에 앉은 노인이 사람들에게 자신이 돈을 받고 있다는 사실을 일깨우려고 뚜껑에 동전구멍이 난 양철 깡통을 연신 달그락거렸다. 남자와 여자 대부분은 시골 사람들이었다. 하지만 예수회 신부 네댓 명과 잘 차려입은 여인도 여섯 명 정도 있었다. 못해도 스무 명은 되는 사내아이들이 무척이나 그 행위를 즐기며 계단 가운데쯤을 오르고 있었다. 아이들은 서로 바짝 붙어 있었지만, 장화를 험하게 다루는 그들의 모습을 본 사람들은 가능한 한 넓은 자리를 내주며 이들에게서 멀찍이 떨어졌다.

나는 살면서 그처럼 우스꽝스럽고 불쾌한 광경은 본 적이 없다. 이곳에서 어쩔 수 없이 벌어지는 어처구니없는 사건이라는 점에서 우스꽝스러웠고, 몰지각하고 부질없이 이곳을 타락시키는 사건이라는 점에서 불쾌했다. 처음 계단 두 개를 오르면 꽤 넓은 층계참이 나온다. 엄격한 사람들은 계단뿐만 아니라 이 층계참도 무릎을 꿇고 지나간다.

그들이 평평한 바닥에 다리를 끌며 움직이는 모습은 어떤 말로도 표현하기 어렵다. 그때 입구에서 기회를 엿보다 벽 옆의 빈자리로 끼어드는 사람들을 보라! 그리고 우산(화창한 날이었으니 일부러 들고 나온 것이다)을 들고 불법적으로 계단을 오르는 한 남자를 보라! 게다가 이따금씩 뒤를 돌아보며 자신의 다리가 정확히 계단을 밟는지 확인하는 쉰다섯 살 쯤 돼 보이는 점잖은 부인을 보라!

또한 사람들마다 계단을 오르는 속도에서도 약간의 차이를 보였다. 어떤 이는 시간과 경주라도 벌이듯 계단을 올랐고, 어떤 이는 계단을 오를 때마다 기도를 하려고 멈춰 섰다. 이 사람은 계단마다 이마를 대고 입을 맞췄고, 저 사람은 줄곧 자신의 머리를 긁었다. 노부인이 계단을 반도 오르기 전에 사내아이들은 재빠르게 계단을 다 오르고 다시 오르내리기를 반복했다. 하지만 참회하는 사람들 대부분은 많은 죄를 상쇄할 만큼 정말 좋은 일을 해냈다는 듯 아주 가뿐하면서도 상쾌한 기분으로 계단을 내려왔고, 초소의 노인은 깡통을 들고 이런 기분에 빠진 사람들에게 다가갔다.

이런 모습들이 본질적으로는 전혀 우스꽝스럽지 않다는 듯, 계단 꼭대기 십자가 위에 나무로 만든 그리스도의 십자가상이 커다란 쇠 받침대 위에 놓여 있다. 열렬한 신도가 과도한 신앙심을 담아 거기에 입을 맞추거나 조금이라도 세게 받침대 안으로 동전을 던져 넣으면(받침대는 또 하나의 보조 깡통 역할을 했다), 너무 낡은 데다 불안정한 목상은 그 옆의 등불을 꺼뜨릴 정도로 심하게 흔들렸다. 저 아래 쪽의 사람들을 깜짝 놀라게 하고, 죄 지은 사람들을 말할 수 없이 당황스럽게 하며.

부활절 주일에는 지난 목요일과 마찬가지로 교황이 성 베드로 대성당 정면의 발코니에서 사람들에게 축복을 내렸다. 이번 부활절은 무척 화창하고 푸른 날이었다. 구름 한 점 없이 온화하고 쾌청해서 기억에 남아 있던 모든 거친 날씨들이 한순간에 사라졌다. 나는 목요일의 축복이 수백 개의 우산 위로 축축이 방울져 떨어지는 모습을 보았다. 하지만 로마의 백 개의 분수―그렇게 많은 분수!―에서는 반짝임을 보지 못했는데, 이번 일요일 아침에는 분수들이 다이아몬드가 되어 내리고 있었다. 우리가 마차를 타고 달렸던 초라한 거리(이런 행사가 있을 때 로마의 경찰 노릇을 하는 교황의 기병들 때문에 들어갔던 길)는 온갖 색깔로 넘쳐나서 빛바랜 옷을 입은 곳은 하나도 없는 것 같았다. 서민들은 화사한 옷을 입고 길을 나섰고, 부유한 사람들은 멋진 마차를 타고 나왔고, 추기경들은 의식용 마차를 타고 가난한 어부들의 성당으로 향했고, 인색한 관리는 너덜너덜한 제복과 변색이 된 삼각모를 뭇 사람들 앞에서 과시했다. 로마의 모든 마차가 성 베드로 성당 앞 거대한 광장으로 모여들었다.

적어도 15만 명의 사람들이 광장에 모였다! 그러고도 광장에는 넓은 공간이 남아 있었다. 몇 대의 마차가 모였는지 모르겠지만, 그 많은 마차를 수용하고도 광장에는 공간이 남아 있었다. 성당의 넓은 계단에도 사람들이 빽빽이 들어찼다. 계단 쪽 광장에는 알바노에서 온 농부들(이들은 붉은색을 좋아한다)이 많았는데, 인파에 뒤섞인 화려한 색깔들이 아름다웠다. 계단 아래에 정렬한 기병들은 드넓은 광장에서 화단처럼 보였다. 퉁명스러운 로마 사람들, 근교에서 온 활기찬 농부들,

이탈리아 각지에서 온 순례자들, 각국에서 관광을 온 외국인들이 엄청나게 많은 곤충들처럼 맑게 갠 하늘에다 대고 웅성거렸다. 이들 머리 위로 아주 멋진 분수 두 개가 아낌없이 물을 내뿜어 햇살 속으로 무지개를 만들며 떨어졌다.

    성당 발코니 앞에는 일종의 화사한 융단이 내걸렸고, 커다란 창의 양측을 진홍색 천으로 장식했다. 뜨거운 햇살로부터 나이든 교황을 가리려고 차양도 쳐두었다. 정오가 다가오자 광장에 모인 모든 사람들의 눈이 이 발코니로 향했다. 때가 되자 바로 뒤에 공작 깃털로 만든 거대한 부채를 대동하고 앞으로 걸어 나오는 교황의 모습이 보였다. 발코니 안의 인형(발코니가 무척 높은 곳에 있었기 때문에)이 몸을 일으켜 작은 팔을 뻗자, 광장에 모인 남자들이 일제히 모자를 벗었다. 많지는 않았지만, 무릎을 꿇는 사람들도 있었다. 곧이어 산탄젤로 성벽 위에서 발사한 축포가 축복기도의 시작을 알렸다. 북이 울리고, 트럼펫 소리가 들리고, 쨍그랑거리며 검이 부딪혔다. 그러자 아래쪽의 거대한 군중들이 갑자기 작은 무리로 나뉘 뿔뿔이 흩어지더니 여러 색깔의 모래처럼 뒤섞였다.

    마차를 타고 달리는데 날씨가 어찌나 화창하던지! 티베르 강은 이제 더는 누렇지 않고 푸른색을 띠고 있었다. 낡은 다리들은 붉은색을 입혀서 새것처럼 튼튼해 보였다. 노인의 얼굴처럼 온통 주름이 팬 웅장한 정면을 드러낸 판테온은 낡은 담벼락 위로 여름 햇살을 받고 있었다. 영원한 도시의 낡고 초라한 집들이 햇살을 받아 새롭게 생기를 얻었다. 마차와 사람들로 붐비는 거리의 감옥에는 갈라진 틈과 균열을 통해 들어오는 한낮의 흐릿한 감각만이 존재했다. 앞을 가린 창문의 방어벽 때문에 바람을 쐴 수 없었던 우울한 죄수들은 녹슨 철창에 매달려 사람들로 넘쳐나는 거리를 향해 손을 뻗었다. 그렇게라도 이 즐거운 기운을 나눌 수 있는 것처럼.

하지만 보름달을 가리는 구름 한 점 없는 밤이 찾아오자 거대한 광장은 다시 한 번 사람들로 가득 찼다. 바닥에서부터 십자가 끝까지 성당 전체를 밝힌 수많은 등불이 건물과 광장을 둘러싼 주랑을 따라 깜박깜박 빛을 발하며 장관을 이루었다. 커다란 종이 일곱 시 반을 알리고—바로 그 순간에—시뻘건 불덩이가 돔 지붕 위에서 십자가의 맨 꼭대기까지 치솟을 때의 그 환희와 기쁨과 즐거움이란! 그 순간이 수많은 등불들을 밝히는 신호가 되어 커다란 등불들이 불덩이처럼 붉게 타오르며 성당 곳곳에서 불을 밝혔다. 모든 처마장식과 기둥머리와 돌에 새긴 작은 장식까지도 불빛에 비쳐 그 모습을 드러냈다. 거대한 돔을 받친 검고 단단한 토대가 달걀껍질처럼 점점 투명해지는 것 같았다.

화약의 도화선이나 전기 사슬은 물론이고, 그 어떤 것도 그 순간의 점화보다 더 빨리 더 갑작스럽게 불이 붙지는 않으리라. 광장을 벗어난 우리는 멀리 떨어진 언덕 위로 올라가 두 시간쯤 후에 다시 그곳을 바라보았다. 고요한 밤의 어둠 속에서 불빛은 여전히 보석처럼 밝게 빛났다. 불빛의 어느 줄기 하나 모자라지도, 어느 귀퉁이 하나 무디어지지도, 광채의 티끌하나 사라지지도 않은 채.

다음날 밤—부활절 다음 월요일—산탄젤로 성에서 대규모 불꽃놀이가 펼쳐졌다. 우리는 맞은편 건물에 방을 하나 빌려 두고 자리를 잡기 위해 정면의 광장과 광장에 이르는 모든 대로를 가득 매운 사람들을 비집고 지나갔다. 성 가까운 곳의 다리 위에는 사람들이 너무 많아서 빠르게 흐르는 티베르 강 아래로 다리가 내려앉을 것만 같았다. 다리 위에는 석상들(졸작이었다) 사이로 불타는 밧줄이 가득 담긴 커다란 통이 매달려 있었는데, 모여든 사람들의 얼굴과 그들 머리 위에 서 있는 돌로 만든 모조품들에 불빛이 이상하게 어른거렸다.

엄청난 대포 소리와 함께 불꽃놀이가 시작되자 2~30분 동안 성 전체는 하나의 끝없는 불바다요 온갖 색깔, 크기, 속도로 움직이는 불타는 수레바퀴들의 미로가 되었다. 불꽃은 한 번에 한두 개씩도 스무 개씩도 아니고 수백 개씩 하늘로 치솟아 올랐다. 마지막 불꽃―회전 폭죽―은 육중한 성 전체를 연기나 먼지도 없이 하늘 위로 날려버릴 것만 같았다.

30분이 지나자 인파가 흩어지고 달이 강에 비친 자신의 주름진 모습을 조용히 내려다보고 있었다. 손에 촛불을 든 여섯 명쯤 되는 남자와 사내아이들만이 사람들이 떨어뜨린 물건 중 가져갈 만한 것이 없는지 여기저기를 옮겨 다니며 살필 뿐이었다.

불꽃놀이와 쿵쿵거리는 소리가 끝난 뒤 우리는 콜로세움에 작별을 고하려고 폐허가 된 옛 로마로 마차를 몰았다. 전에도 달빛에 비친 그곳을 본 적이 있지만(그곳을 보지 않고서는 하루를 끝낼 수가 없었다), 그날 밤의 엄청난 고독은 말로 다 표현할 수 없다. 포룸의 으스스한 기둥들, 옛 황제들의 개선문들, 한때 황제들의 궁전이었던 거대한 잔해 더미들, 몰락한 신전들의 무덤임을 알려주는 풀이 덮인 흙무더기들, 고대 로마인들의 발걸음으로 매끈해진 비아 사크라[37)]의 돌들조차도 곧고 엄숙한 피투성이 축일의 검은 유령에 의해 초월적인 우울함 속에서 흐릿하게 빛을 잃었다. 잡초와 잔디와 가시나무의 거친 손을 꽉 움켜쥐고, 모든 갈라진 틈과 부러진 아치(움직일 수 없는 자신의 끔찍한 그림자) 속에서 밤을 애도하며, 약탈을 일삼는 교황들과 전쟁을 일삼는 군주들이 짓밟았지만 결코 사라지지 않은 그 모습은 잊을 수 없는 옛 장면이다.

다음날 피렌체로 가는 길에 로마 평원의 풀밭에서 종달새 소리를 들으며 잠시 쉬던 우리는 가련한 순례자 백작 부인이 살해된 그 자리에 작은 나무 십자가가 세워진 것을 보았다. 우리는 고인을 기리는 무덤의 시작이라는 뜻에서 그 주변에 드문드문 돌을 쌓아 올렸고, 다시 그곳에서 쉴 수 있을까 하는 생각을 하며 로마를 돌아보았다.

빠르게 지나가는 풍경들
나폴리·폼페이와 헤르쿨라네움· 파에스툼·베수비오·몬테 카시노·피렌체

우리는 나폴리로 간다! 떠나는 여행자의 눈길을 사로잡는 마지막 대상이요, 도착하는 여행자의 눈길을 사로잡는 첫 번째 대상인 당당한 성당과 쇠락하는 폐허―로마의 상징이라 할 만한―가 자리 잡은 영원한 도시의 문턱, 산 조반니 라테라노 문을 지난다.

우리는 우중충한 하늘 아래에서보다 맑고 푸른 날 더욱 장엄한 로마 평원을 가로지른다. 드넓은 폐허는 더욱 탁 트여 보이고, 끊어진 수도교의 아치들 사이로 저 멀리 부러진 아치들이 햇살에 반짝인다. 알바노에 이르러 우리가 지나쳐 온 폐허를 다시 돌아보고 있자니, 그 물결치는 검은 지면이 마치 고인 호수 같기도 하고, 로마의 성벽을 따라 흐르며 로마를 모든 세상과 갈라놓는 넓고 음울한 망각의 강 레테 같기도 하다! 지금은 이토록 고요하고 사람도 살지 않는 자줏빛 황무지를, 로마 군단은 얼마나 자주 화려하게 개선 행진을 하며 지나갔을까!

저 멀리 보이는 도시와 정복자의 귀환을 환영하려고 쏟아져 나온 사람들을, 얼마나 많은 낙심한 포로들이 지켜봐야 했을까! 지금은 산산이 부서진 대리석과 벽돌 무더기에 불과한 웅장한 궁전에서는 폭동과 탐욕과 살인이 미쳐 날뛰었으리라! 지금은 바람소리 말고는 아무것도 들리지 않고, 외로운 도마뱀만이 햇살 속에서 자유로이 노니는 이 황량한 평원을, 화재의 불꽃과 민중 반란의 고함소리와 역병과 기근의 통곡이 휩쓸고 지나갔으리라!

집시풍의 작은 양가죽 차양 아래에 몸을 누인 털이 덥수룩한 농부들이 끄는, 로마로 들어가려는 포도주 수레의 행렬이 지금 막 끝나고 우리는 나무들이 자라는 높은 지대를 힘겹게 오른다. 다음날 우리는 지긋지긋한 평지에다 적막하고, 덤불이 우거지고, 물이 차 있지만 그곳을 가로질러 길게 늘어선 가로수가 그늘을 드리운 멋진 길이 마련된 폰티노 습지에 닿는다. 우리는 곳곳에 자리한 위병소들을 지나 벽으로 둘러싸인 버려진 오두막을 지난다. 양치기들 몇몇이 길 옆 개울가를 서성이고, 때때로 사람이 끄는 바닥이 납작한 배가 유유히 잔물결을 일으키며 다가온다. 말을 탄 사내가 안장에 장총을 비스듬히 얹고 사나운 개들과 함께 지나가지만, 테라치나가 시야에 들어올 때까지 바람과 그림자 외에 활기라고는 찾아볼 수 없다.

도둑 이야기로 유명한 여관의 창문 아래로 넘실대는 바다는 어찌나 푸르고 빛나는지! 내일 지나가게 될 좁은 길 위로 불쑥 튀어나온 험준한 바위산과 바위들은 또 어찌나 그림 같은지! 그 길 위의 채석장에서는 갤리선의 노예들이 작업을 하고 있고, 보초병들은 바닷가에서 휴

빠르게 지나가는 풍경들

식을 취하는 노예들을 감시한다. 밤새 별빛 아래로 철썩이는 파도 소리가 들리더니, 동이 트자마자 갑자기 전망이 확 트이며 기적적으로 나폴리와 그 옆의 섬들과 불을 내뿜는 베수비오 산이 그 모습을 드러내는 것이 아닌가! 하지만 15분 정도가 지나자, 마치 환영처럼 모든 것이 구름 속으로 사라지고 바다와 하늘 외에 아무것도 보이지 않는다.

길을 나서고 두 시간 만에 나폴리의 국경을 건넌 우리는 굶주린 병사들과 세관원들을 어렵게 달래고 나서야, 문 없는 문을 통해 나폴리의 첫 번째 도시 폰디로 들어선다. 모든 비참하고 가련한 이들의 이름으로 폰디를 기억하라.

진흙과 쓰레기로 가득한 불결한 수로가 초라한 거리의 중심으로 굽이쳐 흘러들어 버려진 집들에서 똑똑 떨어지는 지저분한 물과 만난다. 폰디 전역에는 문도, 창문도, 덧문도, 지붕도, 담도, 푯말도, 기둥도 없이 썩은 데다 기묘하고 타락한 것들뿐이다. 바르바로사에게 침략과 약탈을 당했던 이 도시의 끔찍한 역사가 마치 바로 작년에 일어난 일인 것만 같다. 초라한 거리를 살금살금 돌아다니는 말라빠진 개들이 어떻게 사람들에게 잡아먹히지 않고 살아남았는지가 수수께끼다.

하나같이 볼이 홀쭉하고 찌푸린 얼굴을 한 사람들뿐이다. 모두가 거지지만, 그건 아무것도 아니다. 몰려드는 그들을 보라. 어떤 이들은 너무 게을러서 계단을 내려오기조차 싫은 것인지, 위험을 무릅쓰기에는 지나치게 교활해서 계단을 믿지 않는 것인지 위층에서 깡마른 손만 뻗은 채 크게 소리를 지른다. 또 몇몇은 '하느님을 위해 자비를', '축복받은 성모님을 위해 자비를', '모든 성인들을 위해 자비를'을 끊임없이 요구하며 서로 밀치고 싸우며 우리 주위로 몰려든다. 헐벗은 몸으로 같은 구호를 외치던 불쌍한 아이들이 광이 나는 마차에 자신들의 모습이 비치는 것을 보더니 얼굴을 찌푸리고 춤을 추기 시작한다. 마차 표면에 반사되는 자신들의 우스꽝스러운 모습을 보는 것이 즐거운 모양이다. 어느 절름발이 바보는 자비를 구하는 자신의 목소리를 덮어 버린 아이들 중 하나를 때리려다, 자신처럼 화가 난 사람을 보고는 갑자기 멈춰 서서 혀를 내밀고 머리를 흔들며 시끄럽게 떠들기 시작한다. 그가 내는 날카로운 고함소리에 팔려고 내놓은 항아리와 납작한 냄비를 가지고 성당 계단에 누워 있던, 곰팡내 나는 갈색 외투를 몸에 둘둘 만 여섯 명의 거친 인간들이 일어난다. 그들이 재빨리 기어서 우리에게 다가오더니 시비조로 구걸을 한다. "배고파. 뭘 좀 주시오. 들어보쇼, 나리. 배가 고프다고!" 그때 너무 늦은 것은 아닐까 걱정하는 기색으로, 송장 같은 노파가 한 손은 앞으로 뻗고 다른 한 손으로는 온몸을 긁어가며, 멀리서 소리를 지르며 비틀비틀 걸어온다. "자비를, 자비를! 어여쁜 마님, 내 당장 당신을 위해 기도하겠소. 자비만 주신다면!" 끝으로 오싹한 가면을 쓰고 흰 옷자락에 흙탕물이 잔뜩 묻은 낡아빠진 검정색 관복을 입은, 죽은 자들을 매장해 주는 조합원들이 지저분한 신부와 십자가를 짊어진 사람들의 호위를 받으며 급히 지나간다. 이렇게 서로 어울리지 않는 사람들 속에 둘러싸여 있던 우리는 곧 폰디를 빠져 나온다. 묘하게 생긴 건물의 어둠속에서, 마치 그곳의 더러움과 부패의 반짝이는 조각인 것처럼, 불량한 눈길들이 우리를 노려본다.

견고한 언덕 위에 성채의 옛터가 자리 잡고 있는 웅장한 고갯길은 오래전부터 프라 디아볼로의 요새로 불리던 곳이고, 빵 위의 장식처럼 언덕 위에 거의 수직으로 세워진 이트리라는 옛 도시는 길고 가파른 계단을 올라가야만 닿을 수 있다. 아름다운 몰라 디 가에타의 포도주는 알바노의 포도주처럼 호라티우스 시대 이후로 퇴보했거나 그의 포도주 취향이 별로였던 것은 아닐까 생각한다. 그가 어느 날 밤 성 아가타의 길 위에서 무척 맛있게 마시며 극찬했다는 그 포도주일 가능성은 없으니까. 다음날 하룻밤을 묵은 카푸아는 그림처럼 아름다운 곳이지만, 황제의 근위대가 같은 이름을 가진 고대 도시를 늘 찾았을 만큼 여행자의 눈길을 끌지는 못한다. 나무와 나무 사이를 줄과 고리로 엮은 포도나무들 사이로 평탄한 길이 이어지고, 마침내 베수비오 산이 손에 잡힐 듯 가까이 보인다! 산의 봉우리와 정상이 눈으로 하얗게 덮여 있고, 그 위로는 무거운 대기 속의 짙은 구름처럼 화산 연기가 걸려 있다. 그렇게 우리는 덜컹거리며 언덕을 내려가 나폴리로 향한다.

장례 행렬이 길을 따라 우리 쪽으로 다가온다. 일종의 가마에 실린, 덮개가 열린 상여 위에 놓인 진홍색과 금색의 화려한 천으로 덮인 시신. 흰색 가운을 입고 마스크를 쓴 애도하는 사람들. 죽음이 알려지면 삶 또한 잘 표현된다. 왜냐하면 모든 나폴리 사람들이 밖으로 나와 마차를 타고 눈물을 흘리며 오가는 것 같기 때문이다. 그들 중 멋진 부속과 놋쇠로 만든 수많은 장식들로 꾸며진, 말 세 마리가 나란히 끄는 공용 마차들은 항상 굉장히 빠른 속도로 지나다닌다. 짐이 가벼워서가 아니라 가장 작은 마차라 하더라도 안쪽에 여섯 명, 앞쪽에 네 명, 뒤쪽에 네댓 명 이상의 사람들이 매달리는 데다 차축 아래 그물이나 자루 속에도 두세 명 이상의 사람들이 진흙과 먼지에 거의 질식할 듯 누운 채로 다니기 때문이다. 풍자극의 연기자들, 기타를 맨 희극 가수들, 시와 동화를 낭송하는 사람들, 어릿광대들과 흥행사들이 늘어놓은 싸구려 물건들, 북, 트럼펫, 놀라운 볼거리를 그려 넣은 헝겊들과 이들을 동경해서 모여든 군중들이 소란스러움을 더한다. 남루한 부랑자들은 문간과 아치 길과 하수구에서 잠을 자고, 멋지게 차려입은 신사들은 마차를 타고 키아자 거리를 오가거나 정원을 거닐고, 한가한 편지 대서인은 산 카를로 대극장의 기둥 아래에서 잉크병이 놓인 작은 책상 앞에 앉아 손님을 기다린다.

여기 친구에게 편지를 쓰고 싶어 찾아온 사슬에 묶인 갤리선 노예가 있다. 그가 모퉁이 아치 아래에 앉아 있는 서기처럼 생긴 사내에게 다가가 흥정을 한다. 근처 벽에 기대서서 밤을 까는 감시병에게 허락을 받고 온 참이다. 갤리선 노예가 편지 대서인의 귀에 대고 쓰고 싶은 내용을 불러준다. 글을 읽을 수 없는 노예는 자신이 한 말을 대서인이 충실히 받아 적는지 가늠하기 위해 그의 얼굴을 유심히 살핀다. 잠시 후 갤리선 노예는 이야기에 두서가 없어진다. 대서인이 글쓰기를 멈추고 턱을 문지른다. 갤리선 노예는 열심히 하고 싶은 말을 늘어놓는다. 마침내 그의 생각을 간파한 대서인이 어떻게 표현해야 할지 알겠다는 듯 다시 글을 쓰기 시작하고, 이따금 손을 멈추고 자신이 쓴 글을 감탄하며 훑어본다. 갤리선 노예는 조용하다. 감시병은 태연히 밤을 깐다. 더 쓸 말이 있소? 대서인이 묻는다. 없습니다. 그럼 들어보시오, 친구. 그가 편지를 처음부터 끝까지 읽는다. 갤리선 노예는 무척 황홀해한다.

대서인이 종이를 접어 주소를 적고 편지를 내밀자 노예가 돈을 건넨다. 대서인은 느긋하게 의자에 기대 앉아 책을 집어 든다. 갤리선 노예는 텅 빈 자루를 집어 든다. 감시병은 손에 가득 들었던 밤 껍질을 집어 던진 후 장총을 어깨에 둘러메고 노예와 함께 자리를 뜬다.

사람들이 거지를 쳐다볼 때 거지들이 계속해서 오른손으로 턱을 툭툭 치는 이유가 뭘까? 나폴리에서 모든 것은 무언의 몸짓으로 통한다. 그 몸짓은 배가 고프다는 전통적인 신호다. 다른 사람과 말다툼을 하던 어떤 사람이 자신의 오른손 손바닥을 왼손등에 올리고 두 개의 엄지손가락을 까딱거리면—당나귀의 귀를 나타낸다—상대는 머리끝까지 화를 낸다. 둘이 생선을 놓고 흥정하다 살 사람이 가격을 듣고 가상의 양복 조끼 주머니를 비우는 시늉을 하고 말없이 걸어가면, 파는 사람에게 그 가격이 너무 비싸다고 알리는 것이다. 두 사람이 탄 마차 안에서 한 사람이 오른손 손가락 다섯 개를 들어 올려 입술을 만지고 손바닥으로 허공을 가로지른다. 그러면 다른 사람은 기분 좋게 고개를 끄덕이고 갈 길을 간다. 그는 그의 친구로서 다섯 시 반에 있을 저녁 식사에 초대받은 것이고 반드시 참석할 것이다.

이탈리아 전역에서 집게손가락을 뻗은 채로 오른손을 손목부터 흔드는 특유의 몸짓은 부정을 의미한다. 거지들이 알아듣는 유일한 거절의 뜻이다. 하지만 나폴리에서 다섯 손가락 모두는 어휘가 풍부한 언어다.

파도가 예쁘게 반짝이는 해변에 섰노라면 해질녘에 마카로니를 먹고, 하루 종일 꽃을 팔고, 구걸하고 훔치는 모습 등 야외에서 벌어지는 모든 생활과 움직임들을 볼 수 있다. 하지만 그림 같은 풍경을 사랑하고 그 풍경을 찾아다니는 사람들이여, 이 즐거운 나폴리의 삶과 떼려야 뗄 수 없는 고약한 타락과 퇴폐와 비참함을 의도적으로 멀리하지는 마시라! 세인트자일스 대성당은 너무 혐오스럽고, 카푸아 성문은 너무 매력적이라는 것은 옳지 않다. 맨다리와 초라한 빨간 스카프가 흥미로운 것과 조잡하고 불쾌한 것의 모든 차이를 만들지는 않는다. 세상에서 가장 아름답고 사랑스러운 고장의 매력을 언제까지고 그림에 담고 시로 쓰고 싶다면, 인간의 운명과 소질에 대한 어렴풋한 깨달음을 새로운 풍경과 엮는 일을 우리의 의무로 삼아야 하지 않을까. 보다 큰 희망은 나폴리의 태양과 꽃보다는 북극의 눈과 얼음에 있다고 나는 믿는다.

카프리―신으로 받들어진 짐승 같은 티베리우스 황제로 인해 오명을 쓴 곳―와 이스키아, 프로치다, 그리고 멀리 푸른 바다 너머로 펼쳐진 나폴리 만의 아름다움이 하루에도 열두 번씩 햇살과 안개 속에서 모습을 바꾸며, 손에 잡힐 듯 가까이 다가오다 멀어져 가고 이내 시야에서 사라지곤 한다. 세상에서 가장 아름다운 전원의 풍경이 우리 눈앞에 펼쳐진다. 바다가 이루는 화려한 원형극장 같은 미제노 해변으로 가서 포실리포 동굴을 지난 다음 카네 동굴을 지나 바이아로 향하든, 다른 길을 통해 베수비오 산과 소렌토로 향하든 즐거움은 계속된다. 불타는 산의 분노를 점검하려고 손을 뻗고 있는 성 제나로의 모습이 문이나 아치길마다 그려진 소렌토를 향해, 우리는 백 년 전 베수비오 화산 폭발로 파괴된 옛 도시의 잿더미 위에 세워진 도시 토레 델 그레코를 지나 아름다운 해변의 철길을 따라 이동한다. 지붕이 평평한 집들과 곡물 창고와 마카로니 제조소를 지나 바다 가운데 돌섬 위에 선,

지금은 어부들이 거주하는 폐성이 자리한 카스텔라마레에 닿는다. 그곳에서 철로가 끝나지만, 우리는 마차를 타고 끝없이 이어지는 황홀한 만과 근처에서 가장 높은 산 산탄젤로 봉우리에서 바닷가로 이어지는 아름다운 풍광—포도밭들, 올리브 나무들, 오렌지와 레몬 농장들, 과수원들, 바위 더미들, 나지막한 산들의 녹색 협곡들 사이를—을 지나, 눈 덮인 산기슭과 검은 머리카락의 멋진 여인들이 문 앞에 있는 작은 마을들—그리고 아주 기분 좋은 여름 별장들을 지나—을 지나, 시인 타소가 그 아름다움에서 영감을 얻었다는 소렌토에 이른다. 돌아오는 길에 우리는 카스텔라마레의 언덕에 올라 나뭇가지와 나뭇잎 사이로 햇살에 반짝이는 바다를 바라본다. 저 멀리 다닥다닥 붙은 나폴리의 하얀 집들이 너른 풍경 속에서 주사위처럼 작게 보인다. 한쪽에 홍조를 띤 바다와 다른 한쪽에 연기와 불꽃이 피어오르는 어두워지는 산을 두고, 다시 석양이 지는 해변을 따라 도시로 돌아가는 길은 그날의 찬란한 아름다움의 장엄한 마무리다.

 카푸아나 성문 근처의 성당—지저분한 나폴리에서도 가장 지저분한 지역에 위치한 옛 어물전 근처로, 마사니엘로의 난이 시작된 곳이기도 하다—은 마사니엘로가 처음으로 사람들에게 봉기를 선언한 곳으로 잘 알려져 있지만, 보석으로 장식한 유리 상자 속의 밀랍 성인이나 캐스터네츠처럼 끊임없이 턱을 두드려대는 수많은 거지들 말고 특별히 눈에 띄는 것은 없다. 한때 아폴로 신전을 장식했던 아프리카와 이집트 산 화강암 기둥들과 문이 아름다운 대성당에는, 산 제나로 혹은 야누아리우스라는 성인의 성스러운 피가 벽감 속 두 개의 작은 유리병 안에 보관되어 있는데, 1년에 세 번 기적처럼 액체로 변해 사람들의 감탄을 자아낸다. 그와 동시에 성인이 순교를 당한 돌(수마일 떨어진)도 희미하게 붉은 빛으로 변한다. 이런 기적들이 일어나면, 때때로 주임 신부들의 얼굴도 희미하게 빨개진다는 이야기가 전해진다.

오래된 지하 묘지의 입구에서 오두막을 짓고 사는, 그 자신도 늙고 병들어 땅에 묻히기만을 기다리는 노인들은 왕립 병원이라는 특이한 단체의 일원들로 장례식의 공식 안내원들이다. 이 유령 같은 노인들 중 두 명이 촛불을 들고 죽음의 동굴을 보여주겠다며 비틀거린다. 마치 자신들은 영원히 죽지 않을 것처럼 무심하게. 이 동굴들은 3백 년 전 묘지로 쓰이던 곳이고, 한 쪽으로 보이는 곳은 역병으로 죽은 엄청나게 많은 사람들의 슬픈 유해라고 전해지는 해골과 뼈로 가득한 커다란 구덩이다. 그 외에 그곳엔 먼지뿐이다. 동굴은 주로 돌을 깎아 만든 널찍한 복도와 미로로 이뤄졌다. 긴 통로 끝에서는 예기치 않게 지상으로부터 희미하게 햇살이 들어온다. 그 모습이 마치 그 빛조차도 죽어서 묻힌 것처럼 횃불과 먼지와 어두컴컴한 둥근 지붕 아래에서 무섭고도 이상하게 보인다.

현재의 새로운 묘지는 도시와 베수비오 산 사이 어느 언덕 위에 자리 잡고 있다. 365개의 구덩이로 이뤄진 옛 공동묘지에는 이제 병원이나 감옥에서 죽은 사람들과 지인들이 확인하지 못한 시신들만 보내진다. 아직 완공되지 않았지만, 옛 공동묘지에서 얼마 떨어지지 않은 아름다운 새 공동묘지에는 벌써 바람이 잘 통하는 주랑과 관목과 꽃들 사이에 많은 무덤이 들어섰다. 다른 곳이라면 몇몇 무덤들이 너무 화려한 데다 저속하다는 이유로 꽤 반대를 했겠지만, 이곳에서는 전반적인 화려함도 꽤 괜찮은 편이다. 이 묘지와 멋진 비탈을 사이에 두고 떨어져 있는 베수비오 산은 풍경을 더욱 두드러져 보이게 하는 데다 더욱 슬퍼 보이게 한다.

이 죽은 자들의 새 도시에서 베수비오가 맑은 하늘에 검은 연기를 내뿜는 모습을 바라보기만 해도 장엄함이 느껴진다면, 헤르쿨라네움과 폼페이의 유령이 나올 듯한 폐허에서 바라보는 그 모습은 얼마나 끔찍하고 엄숙하겠는가!

나는 폼페이의 커다란 시장에 서서 고요한 거리와 폐허가 된 유피테르와 이시스의 신전들, 가장 깊숙한 안식처까지 드러난 무너진 집들, 그리고 저 멀리 평화롭게 서 있는 눈 덮인 베수비오 산을 바라본다. 나는 파괴한 자와 파괴된 자들이 햇살 속에서 이토록 고요한 풍경을 만드는 모습을 보며 묘하고 우울한 기분에 빠져들어 시간이 가는 것도 다른 그 무엇도 잊어버리고 만다. 천천히 거리를 거닐던 나는 모퉁이마다 사람들이 살면서 일상생활을 했던 익숙한 흔적들을 본다. 마른 우물의 가장자리 돌이 두레박줄에 쓸린 흔적, 거리에 난 마차 바퀴의 흔적, 포도주 가게의 돌로 만든 탁자에 난 술잔의 흔적과 수백 년 전 개인 저장실에 넣어 뒀다가 지금까지 어느 누구의 손길도 타지 않고 남아 있는 암포라[39]의 흔적을. 이 모든 것은 격노한 화산이 도시를 쓸어 바다에 가라앉힌 것보다 수천 배는 더 장엄한 폼페이의 고독과 치명적인 외로움을 보여준다.

화산 폭발보다 먼저 일어난 지진이 이곳을 뒤흔들어 놓은 뒤, 무너진 신전들과 건물들의 새로운 장식을 돌에 새기기 위해 일꾼들이 고용되었다. 그들이 내일이라도 돌아올 것처럼 바로 이곳 성문 밖에 그들의 작품이 놓여 있다.

입구 근처에서 뒤죽박죽 쌓인 해골들이 발견된, 디오메데의 집 지하실에는 재와 함께 굳은 화산재 위로 쓰러진 시신들의 흔적이 앙상한 뼈만 남도록 쪼그라든 뒤에도 자국이 그대로 남아 있다. 그래서 뜨거운 액체 위를 떠다니다가 그 액체가 돌로 굳어지면서 본래의 모양 그대로 본이 떠진 헤르쿨라네움 극장 안의 우스꽝스러운 가면이, 2천 년 전 바로 그 극장에서 관객들에게로 향하던 멋진 모습을 지금 이 이방인에게도 보여준다.

거리를 오가며 건물을 드나들고, 지상에서 사라져버린 종교 신전의 비밀의 방들을 횡단하며, 무수히 많은 멀고 먼 고대의 새로운 흔적들을 발견하는 경이로움 다음으로, 그 황폐화 이후 시간의 흐름이 멈춰버려서 밤도 낮도 달도 해도 세기도 없던 것처럼, 저항할 수 없는 화산재의 힘과 그로부터 달아날 수 없었음을 보여주는 증거들을 발견하는 것만큼 강렬하고 가혹한 일도 없으리라. 포도주 저장소에는 화산재가 밀려들어 포도주 대신 먼지가 질그릇들의 가장자리를 채웠다. 납골당에서는 화산재가 유골 단지들에서 뼛가루를 몰아내고 새로운 파멸을 빗발치듯 퍼부었다. 모든 유골의 입과 눈과 두개골이 이 끔찍한 우박들로 채워졌다. 헤르쿨라네움에는 다른 종류의 보다 육중한 홍수가 바다처럼 밀려들었다. 쏟아져 들어오는 물이 그 절정에 이르러 대리석으로 변했다고 상상해 보라. 이곳에서는 그것을 '용암'이라 부른다.

일꾼들이 우리가 서 있는 자리 한쪽 곁에서 희망 없는 우물을 파다 돌로 만든 극장의 좌석들을 찾아냈고—발굴의 시작 단계에서—그렇게 파묻힌 도시 헤르쿨라네움을 발견했다. 이윽고 우리는 횃불을 들고 아래로 내려간다. 무대를 가리며 좌석들 사이에서 솟아오르고, 보기 흉한 모습을 의외의 장소에서 쑥 내밀며, 그 전체의 배치를 어지럽혀 그것을 복잡한 꿈처럼 만드는, 엄청나게 두껍고 거대한 벽들이 우리를 당혹스럽게 한다. 처음에 우리는 용암이 흘러 들어와 도시를 뒤덮었다는 것과 지금 이 자리에 없는 모든 것들이 도끼에 잘린 듯 휩쓸려갔다는 것을 믿을 수도 상상할 수도 없었다. 하지만 이 사실을 깨달은 후 우리가 느낀 그 존재에 대한 공포와 압박감은 말로 다 표현할 수 없다.

  두 도시의 지붕 없는 방들의 수많은 벽화들이나 나폴리의 미술관으로 조심스럽게 옮겨진 그림들은 마치 어제 그린 것처럼 생생하고 또렷하다. 음식과 죽은 사냥물과 병과 유리그릇을 그린 정물화, 힘차면서도 간결하게 그린 낯익은 고전 이야기나 신화, 다투고 놀며 물건을 사고파는 모습, 연극 연습을 하는 모습, 자신의 작품을 친구들에게 읽어주는 시인들, 벽에 분필로 쓴 문장들, 정치 풍자와 광고와 어린 아이들이 그린 서투른 그림들 등 여행자의 상상 속 고대 도시 재건과 사람에 대한 모든 것들이 여기에 있다. 등불, 식탁, 긴 의자와 먹고 마시고 요리하는 그릇들과 직공들의 연장들, 외과용 도구들, 극장표, 동전들, 개인 장신구들, 해골의 꽉 쥔 손에서 발견된 열쇠 꾸러미들, 경비병과 전사들의 투구들과 지금도 아름다운 소리를 내는 작은 종들까지 온갖 가재도구도 볼 수 있다.

폐허가 된 두 도시에서 아름다운 포도나무와 울창한 숲으로 뒤덮인 근처 땅을 바라보며, 그 말없는 식물들의 뿌리 아래에 아직도 집들과 신전들과 건물들과 거리들이 파묻혀서 한낮의 햇살 속에 드러나기를 기다린다고 생각하는 것은, 누군가에게는 다른 무엇에도 뒤지지 않고 최고가 될 것으로 생각하는 너무 멋지고 너무 신비롭고 너무 매력적인 일이다. 베수비오 산을 제외하고 말이다. 그 산은 그야말로 풍경의 진수다. 우리는 그 산이 만든 폐허를 볼 때마다 연기가 하늘로 피어오르는 곳을 다시 한 번 유심히 바라본다. 산은 우리가 폐허가 된 거리들을 더듬으며 찾아갈 때는 우리 저편에 있고, 우리가 폐허가 된 담벼락 위에 서 있을 때는 우리 위에 있다. 우리는 부서진 기둥들의 풍경을 지나면서도, 주택들의 텅 빈 안뜰을 지나면서도, 꽃과 가지가 얽힌 포도나무 넝쿨을 지나면서도 눈으로는 산을 좇는다. 우리는 멀리 파에스툼으로 방향을 틀어 말라리아가 휩쓸고 간, 황량한 평원 위에 그리스도가 태어나기 수백 년 전에 세워진 장엄한 건축물들을 바라본다. 풍경 속에서 잠시 사라졌던 베수비오는 우리가 길을 돌아올 때 같은 전율을 일으키며 다시 그 모습을 드러낸다. 가혹한 세월을 견디는 이 아름다운 나라의 운명처럼.

파에스툼에서 돌아오는 길에 초봄 햇살은 무척 따사롭지만, 정오에 폼페이 성문 근처 야외에서 즐겁게 점심을 먹는데 포도주에 넣어 먹을 만큼의 두꺼운 얼음을 근처 개울에서 얻을 수 있을 정도로, 그늘은 아직 쌀쌀하다. 하지만 태양은 환하게 빛나고, 나폴리 만을 굽어보는 새파란 하늘에는 구름 한 점 안개 한 자락 보이지 않고, 오늘밤에는 밤새 보름달도 뜰 것이다. 베수비오 산 꼭대기가 눈과 얼음으로 두껍게 얼어 있다 해도, 우리가 하루 종일 폼페이를 걸어 다녔다 해도, 이 흔치 않은 시기에 이방인들은 야밤에 산에 올라서는 안 된다고 비관론자들이 주장한다 해도 문제될 건 없다. 우리는 좋은 날씨를 기회 삼아 산자락의 작은 마을 레지나로 서둘러 가보기로 한다. 안내원의 집에서 각오를 단단히 다진 뒤 단숨에 산을 올라 중간 정도에서 해넘이를 보고 꼭대기에서 달을 맞이한 다음 한밤중에 산을 내려올 작정이다.

오후 네 시경, 모자에 금빛 띠를 두른 유능한 수석 안내원 살바토레 씨의 마구간 앞마당에서 큰 소란이 일어나고, 한꺼번에 바삐 움직이며 소리를 질러대는 서른 명의 하급 안내원들이 안장을 얹은 조랑말 여섯 마리와 가마 세 개와 튼튼한 막대 몇 개를 여장으로 꾸린다. 서른 명의 안내원들이 제각기 스물아홉 명의 안내원과 언쟁을 벌이며 여섯 마리의 조랑말들을 깜짝 놀라게 하고, 작은 마구간 앞마당이 가득 찰 정도로 몰려든 마을 사람들이 가축들에게 치이며 소동에 끼어든다.

꽤 격렬한 몸싸움과 나폴리를 뒤흔들어 놓을 만큼의 소란이 있은 후에야 행렬은 출발한다. 여행객들에게 돈을 두둑이 받은 수석 안내원은 일행들보다 조금 앞서 말을 몰고, 나머지 서른 명의 안내원들은 걸어서 움직인다. 그 중 여덟 명은 곧 쓰게 될 가마를 들고 앞으로 나아가고, 나머지 스물두 명은 두 발로 걸어간다.

한동안 우리는 대충 만든 넓은 층계처럼 생긴 돌길을 천천히 오른다. 마침내 양쪽으로 포도밭 길이 끝나고, 벼락이 떨어져 땅을 파헤쳐 놓은 것처럼 용암이 어지럽게 덩어리진 황량하고 헐벗은 지역이 나타난다. 그리고 지금 우리는 일몰을 보려고 멈춰 선다. 붉은 빛이 잦아들고 그 쓸쓸한 지역과 산 전체에 변화가 엄습하며 밤이 찾아온다. 주변을 가득 메운 형언할 수 없는 장엄함과 고독함은 그 장면을 지켜본 사람이라면 절대 잊지 못하리라!

한동안 울퉁불퉁한 길을 걸어 화산 기슭에 닿을 때쯤엔 이미 날이 어두워져 있다. 산은 우리가 말을 내린 곳에서 거의 수직으로 솟아오른 것처럼 경사가 가파르다. 빛이라고는 산을 덮은 두껍고 단단한 새하얀 눈에 반사된 것뿐이다. 제법 추운 날씨에다 바람은 살을 에는 듯 차갑다. 서른한 명의 안내원들은 우리가 정상에 닿기도 전에 달이 떠오를 것으로 생각해서 아무도 횃불을 들고 오지 않았다. 가마 두 개는 두 명의 부인에게 나머지 하나는 나폴리에서 온 다소 뚱뚱한 신사에게 헌납했다. 친절하고 사람이 좋아서 여행에 따라 나선 신사는 산의 주인 노릇을 하기로 결심했다. 열다섯 명의 안내원이 다소 뚱뚱한 신사가 탄 가마를 들고, 부인들은 여섯 명의 안내원이 각각 나눠 든다. 걸어서 가는 우리들은 막대를 최대한 활용하며, 구식 주현절 전야제에 먹던 케이크의 꼭대기를 오르는 사람들처럼 그렇게 어렵사리 눈길을 오르기 시작한다.

한참을 힘겹게 산을 오르다 일행 중 한 명—이탈리아 사람은 아니지만, 수년간 베수비오를 자주 찾은 사람으로 편의상 그를 포르티치의 장난꾸러기 선생이라고 부르기로 한다—이 꽁꽁 얼어붙은 날인 데다 평소 다니던 길도 눈과 얼음으로 뒤덮여서 내려갈 길이 틀림없이 만만찮을 거라고 말하자 수석 안내원이 심상찮게 주변을 둘러본다. 하지만 가마를 짊어진 사람들이 계속해서 미끄러지고 넘어지는 바람에 가마가 덜컹거리며 이리저리 흔들려서 주의가 산만해진다. 그 순간 머리를 아래쪽으로 향한 다소 뚱뚱한 신사의 몸 전체가 놀랄 만큼 작아 보인다.

얼마 뒤 달이 떠올라 가마를 짊어진 축 쳐진 사람들의 기운을 북돋운다. "용기를 내자고, 친구! 마카로니 먹기나 마찬가지야!" 그들은 평소에 쓰던 구호로 서로를 격려하며 씩씩하게 정상을 향해 걸음을 재촉한다.

우리가 어둠 속에서 산을 오르는 동안, 눈 덮인 산꼭대기를 빛으로 물들이며 골짜기 아래로 빛줄기를 흘려보내던 달이 이내 하얀 산허리와 아래쪽의 드넓은 바다와 저 멀리 조그맣게 보이는 나폴리와 주변의 모든 마을들을 환히 비춘다. 이렇게 아름다운 경치를 바라보며, 우리는 산꼭대기 불의 영역의 바짝 타오른 폭포에서 떨어진 돌 같은 화산 분석들로 이뤄진 옛 분화구에 올라선다. 갈라진 틈마다 지옥 불처럼 뜨거운 연기가 뿜어져 나오고, 가파르게 솟은 원뿔모양의 또 다른 분화구에서는 커다란 불덩이가 흘러나오고, 밤하늘을 불꽃으로 붉게 물들이며 검은 연기를 만드는 시뻘겋게 달아오른 돌과 화산 분석들이 깃털처럼 하늘로 날아올랐다가 납덩이처럼 바다으로 떨어진다. 어떤 말로 이 어둠과 웅장함을 그릴 수 있으랴!

울퉁불퉁한 땅, 연기, 유황으로 질식할 것 같은 느낌과 입을 벌린 땅 아래로 떨어질 것만 같은 두려움, 어둠 속(짙은 연기가 달을 가렸다)에서 보이지 않는 사람을 찾느라 이따금씩 멈춰 서기, 서른 명이 내는 참을 수 없는 소음, 산의 거친 포효가 현장을 혼란스럽게 하는 동시에 정신을 아득하게 한다. 하지만 부인들을 이끌고 옛 분화구를 하나 더 지나 문제의 화산 기슭으로 간 다음 바람이 많이 부는 경사면으로 바짝 다가선 우리는 뜨거운 화산재 가운데에 자리를 잡고 앉아 조용히 위를 쳐다본다. 6주 전과 비교하면 백 피트는 더 높아졌을 그 내부에서 일어나는 활동을 짐작하며.

불과 포효에는 더 가까이 다가가고 싶은 저항할 수 없는 욕망을 이끌어내는 무언가가 있다. 조바심을 참지 못한 우리 중 두 명이 불길을 내뿜는 분화구 끝에 올라 안을 들여다보려고 수석 안내원을 동반한 채 기어서 산을 오른다. 그러자 겁을 먹은 나머지 서른 명이 한목소리로 우리에게 위험한 짓이라며 돌아오라고 소리를 지른다.

그들이 내는 소음 때문인지, 발아래 갈라져 불타는 심연 속으로 우리를 던져 넣을 것 같은 얇은 땅의 떨림 때문인지(갈라진 틈이 있다면 정말 위험하다), 얼굴을 향해 이글거리는 불길과 쏟아져 내리는 시뻘건 화산재와 숨 막히는 연기와 유황 때문인지, 우리는 술에 취한 사람처럼 들떠서 이성을 잃은 듯하다. 하지만 우리는 용케도 끝까지 올라가서 잠시 불덩이가 끓어오르는 지옥 속을 내려다본다. 그러다 우리 셋은 온몸이 까매지고, 그을리고, 달아오르고, 현기증이 나서 구르듯이 아래로 내려온다. 우리 모두는 옷에 여섯 군데씩 불이 붙어 있다.

하산하는 일반적인 방법은 화산재 위를 미끄러져 내려가는 것이라고 수천 번은 읽었으리라. 화산재가 발밑에 턱을 만들어 급속히 내려가는 것을 막아준다. 하지만 두 개의 말라버린 옛 분화구를 지나 경사지에 이르자 (장난꾸러기 선생이 예언했듯이) 화산재는 흔적도 없이 사라지고 매끈한 얼음만 보일 뿐이다.

빠르게 지나가는 풍경들

어려운 상황에 빠지자 열 명에서 열두 명의 안내원들이 손을 단단히 잡고 인간 사슬을 만든다. 맨 앞에 선 사람이 어렵사리 막대를 두드려 우리가 따라 내려갈 수 있도록 한다. 일행 중 누구도, 안내원들조차도, 여섯 걸음을 못 갈 정도로 경사가 가팔라서 부인들은 가마에서 내려 각각 신중한 사람들 사이에 자리를 잡는다. 서른 명 중 나머지 사람들은 부인들이 앞으로 거꾸러지지 않도록 치맛자락을 잡는다. 당장엔 부인들의 의상을 망칠 수도 있지만 꼭 필요한 예방 조치다. 다소 뚱뚱한 신사에게도 같은 방법으로 그를 호위하겠다고 했지만, 그는 자신을 이고 가는 열다섯 명의 안내원이 한꺼번에 넘어질 것 같지도 않고, 자신의 다리를 믿는 것보다는 가마를 타는 편이 안전할 거라는 신념으로 올라왔던 방식 그대로 내려가겠다고 고집을 부린다.

때로는 걷고 때로는 얼음 위로 발을 질질 끌며, 올라갈 때보다 조용히 그리고 천천히 움직이며, 우리 중 누군가가 뒤에서 미끄러져 일행 전체를 위험에 빠뜨리고는 누군가의 발목이라도 잡고 악착스럽게 매달리지는 않을까 하는 조마조마함을 계속 느끼며, 그렇게 우리는 대열을 맞춰 산을 내려가기 시작한다. 길을 만들어야 하기 때문에 가마가 앞서 가는 것은 불가능하다. 또 우리 뒤쪽 머리 위에—가마를 짊어지고 가는 사람은 항상 아래에 위치하고, 그 다소 뚱뚱한 신사의 다리는 항상 허공에 매달린 채로—가마가 위치한 것도 아주 위협적이고 무섭다. 그렇게 우리는 고생스럽고 걱정스럽지만 그래도 대단한 성과라고 여기며, 미끄러져 내려오며 모두 몇 번씩 넘어지고 멈춰서며, 아주 즐겁게 조금씩 아래로 내려간다. 그때 포르티치의 장난꾸러기 선생이 자신도 이런 흔치 않은 상황은 겪은 적이 없다고 말하려다 발부리에 걸려 넘어진다. 급한 마음에 그가 주변 사람들의 손을 놓으면서 머리부터 고꾸라져 산을 데굴데굴 굴러 내려간다.

끔찍한 생각이 들면서도 그를 도울 방법이 없는 나는 달빛 아래—나는 종종 그런 꿈을 꿨었다—로 포탄처럼 흰 얼음 위를 미끄러져 내려가는 그의 모습을 바라보기만 한다. 그와 거의 동시에 뒤에서 비명이 들리더니, 여분의 옷이 든 가벼운 바구니를 머리에 이고 있던 사내가 바로 뒤에 소년 한 명을 달고 빠른 속도로 굴러 내려온다. 이 사건의 최고조에서 나머지 스물여덟 명은 차라리 늑대 떼의 울음소리가 기분 좋게 들릴 만큼 고래고래 소리를 지른다.

우리가 말들을 대기시켜 놓은 곳에 이르렀을 때, 포르티치의 장난꾸러기 선생은 단지 어지럽고 피가 나는 누더기 한 보따리에 불과하다. 하지만 다행스럽게도 사지는 멀쩡하다. 심하게 멍이 들고 굉장히 아프지만 아무 일도 아니라는 듯 행동하는 그를 보는 것보다 사람이 살아서 걷는 모습을 보니 그렇게 기쁠 수가 없다. 머리를 동여맨 소년은 우리가 저녁을 먹는 동안 산장으로 보내지고, 몇 시간 후에 우리에게 소식을 전해 온다. 그 역시 멍이 들고 많이 놀랐지만 뼈가 부러진 곳은 없다고 한다. 다행스럽게도 커다란 바위와 돌을 덮고 있던 눈 때문에 크게 다치지 않은 것이다.

따뜻한 난롯가에서 즐겁게 식사를 하고 푹 쉰 다음 우리는 다시 말을 타고 살바토레 씨의 집으로 내려간다. 멍든 친구가 안장에 가만히 앉아 있을 수 없을 정도로 통증이 심해서 아주 천천히. 너무 늦은 밤 아니 너무 이른 아침이지만, 우리가 도착하자 마을 사람들이 작은 마구간 마당에 모여 하산하는 길을 바라보며 우리를 기다린다. 그들이 마당으로 들어서는 우리를 떠들썩한 소리로 다소 당황스럽게 맞는다. 마당으로 들어선 우리는 거의 같은 시간에 산을 오른 프랑스 신사 일행 중 한 명이, 심한 고통을 참으며 팔이 부러진 채로 죽은 듯 마구간 짚 위에 드러누운 모습을 발견한다. 심한 사고가 있었음을 짐작한다.

"무사히 돌아오셨으니 얼마나 고마운 일입니까!" 피사에서부터 줄곧 우리와 동행한 명랑한 마부가 진심을 담아 말한다. 우리는 채비를 갖춘 그의 말을 타고 잠들어 있는 나폴리로 간다!

나폴리는 어릿광대와 소매치기, 희극 가수들과 거지들, 부랑아들, 꼭두각시들, 꽃들, 쾌활함, 먼지와 같은 보편적인 퇴보로 다시 깨어난다. 매일 햇살 아래에서 할리퀸 복장을 하고 바람을 쐬며, 해변에서 노래하고 굶주리고 춤추고 내기하며, 모든 힘든 일은 여전히 불타는 산에 맡긴 채.

우리가 오늘밤 휘황찬란한 산 카를로 극장에서 들었던 오페라 '포스카리'의 연주에 절반에도 못 미치는 이탈리아 오페라를 우리 영국의 예술 애호가들이 영국에서 듣는다면, 그들은 국민의 취향에 대해 아주 한심스러워할 것이다. 하지만 놀라운 진실과 현실을 반영하는 정신에서는 작고 초라한 산 카를리노 극장—북과 트럼펫, 곡예사와 여자 마법사에 둘러싸인 1층 높이의 허름한 건물—을 따라올 곳은 세상 어디에도 없다.

우리가 떠나기 전에 잠시 둘러본 나폴리의 현실 중에는 색다른 것이 하나 있다. 바로 복권이다.

복권은 이탈리아 전역에 널리 퍼져 있지만, 특히 나폴리에 더 많은 영향을 미치고 있음이 분명하다. 매주 토요일마다 추첨을 한다. 정부에 엄청난 세수를 가져다주고 가난한 사람들 중에서도 가장 가난한 이들에게 도박의 맛을 퍼뜨리는 복권은, 정부가 재원을 확보하기에 아주 손쉬운 방법이지만 당사자들에게는 엄청난 파멸을 안겨준다. 가장 낮은 상금은 1파싱보다 싼 곡물이다. 백 개의 숫자—1부터 100까지—를 상자 안에 넣는다. 다섯 개를 뽑는다. 그것이 당첨 숫자다. 나는 숫자 세 개를 산다. 하나가 맞으면 약간의 상금을 탄다. 두 개가 맞으면 내가 건 돈의 수백 배를 받는다. 세 개가 맞으면 내가 건 돈의 3천 5백 배를 받는다. 내 숫자에 돈을 걸고 (아니, 사람들이 말하듯 내기를 했다고 해야 할까) 내가 좋아하는 숫자를 산다. 내가 걸고자하는 돈의 총액을 복권 판매소에 지불하고 표를 구입하면 표는 그 자체로 인정받는다.

모든 복권 판매소들은 일어날 수 있는 모든 우연과 상황에 배치되는 숫자를 담은 복권 예언서를 갖추고 있다. 이를테면 우리에게 2카를리니—7펜스 정도—가 있다고 하자. 우리는 복권 판매소로 가는 길에 어느 흑인과 부딪힌다. 판매소에 도착한 우리는 근엄하게 말한다. "예언서 주시오." 진지한 거래를 하듯 판매대 너머로 책을 건네받는다. 우리는 거기에서 '흑인'을 찾아본다. 그와 관련된 숫자가 있다. "그 숫자를 주시오." 우리는 길에서 사람과 부딪히는 경우를 찾아본다. "그 숫자를 주시오." 우리는 거리의 이름 자체를 찾아본다. "그 숫자를 주시오." 그렇게 우리는 숫자 세 개를 정한다.

만약 산 카를로 극장의 지붕이 내려앉는다면 많은 사람들이 예언서의 그런 사고에 돈을 걸 것이고, 정부는 더 많은 돈을 잃는 위험을 줄이려고 그런 숫자들을 이내 마감할 것이다. 이런 일은 흔히 일어난다. 얼마 전 왕궁에 불이 났을 때 '불'과 '왕'과 '궁전'에 될 대로 되라는 식으로 돈이 몰리면서, 예언서의 그 단어들에 붙은 숫자에 돈을 거는 것이 금지 됐었다. 우매한 대중에게는 모든 사건 사고가 복권을 사는 사람들과 구경꾼들에게 내리는 계시로 보인다. 운 좋게 꿈을 꾸는 재주를 가진 이들에게 많은 사람이 몰리고, 행운의 숫자의 환영을 보는 재능을 타고난 신부들도 몇몇 된다.

나는 사람을 매달고 달리던 말이 그를 내동댕이치고 달아나는 바람에 그가 길모퉁이에서 죽었다는 이야기를 들었다. 사고가 나자마자 한 사내가 믿을 수 없는 속도로 말을 쫓아갔다고 한다. 그가 불행한 기수 옆에 무릎을 꿇고 털썩 주저앉아 큰 슬픔에 빠진 듯 그의 손을 꼭 쥐었다. "아직 목숨이 붙어 있다면," 그가 말했다. "나에게 한마디만 해 주시오! 마지막 숨이 남아 있다면 제발 나이만이라도 말해 주시오. 내가 그 번호에 돈을 걸 수 있게."

오후 네 시에 우리는 복권 추첨을 보러 갈지도 모른다. 의식은 매주 토요일마다 법원에서 열린다. 낡은 지하실처럼 곰팡이가 슬고, 지하 감옥처럼 눅눅한 데다 독특한 흙냄새가 나는 방이다. 위쪽 끝에 단이 설치되어 있고, 그 위에 놓인 편자 모양의 탁자 주변으로 의장과 의원들이 앉아 있다. 모두 판사다. 의장 뒤쪽 작은 의자 위에 선 남자는 사람들을 대신해서 모든 일이 공정하게 진행되는지를 지켜보기 위해 임명된 일종의 호민관으로, 부랑자들의 우두머리다. 길고 헝클어진 머리카락이 너저분하게 거무튀튀한 얼굴을 가린 채 머리끝에서 발끝까지 온통 먼지를 뒤집어썼다. 방 전체는 나폴리 사람들 중에서도 최하층민들로 가득하다. 이들과 연단 사이의 계단은 군인들 몇몇이 지킨다.

 판사들이 필요한 수만큼 도착하지 않아서 시간이 약간 지체되는 동안 숫자들을 채워 넣는 상자가 단연 최고의 관심 대상이다. 상자가 가득 찼을 때는 숫자를 뽑는 소년이 가장 눈에 띄는 인물이다. 소년은 비밀의 상자 속으로 손을 찔러 넣기 위해 한쪽(왼쪽) 소매는 내리고 오른쪽 소매는 어깨까지 걸어 올린 채, 자신의 역할을 다하기 위해 꼭 끼는 갈색의 네덜란드식 외투를 미리 입고 있다.

 침묵과 소곤거리는 소리만이 방안을 가득 채우는 동안 모든 이의 눈이 이 어린 행운의 사제에게로 향한다. 사람들은 다음 복권을 알아맞히기 위해 소년의 나이, 형제자매의 수, 아버지와 어머니의 나이, 사마귀나 여드름이 있는지, 어디에 몇 개나 났는지를 묻기 시작한다. 그때 끝에서 두 번째 판사(일반적으로 악마의 눈을 소유한 것 같은 두려운 작은 노인)가 도착하며 잠시 주의가 그 쪽으로 쏠리지만, 아주 지저분한 어린 소년이 집전 신부의 제의와 성수가 든 단지를 들고 그를 따르는 가운데 집전 신부가 엄숙하게 자신의 자리로 걸어가자, 그 판사는 곧 관심의 대상에서 멀어진다.

 마침내 마지막 판사가 들어와서 편자 모양의 탁자에 자리를 잡는다.

 억누를 수 없는 흥분으로 낮게 웅성거리는 소리가 들린다. 그러는 사이 신부가 제의에 머리를 넣고 그걸 어깨 쪽으로 끌어당긴다. 그가 조용히 기도를 하고는 성수가 든 단지에 솔을 담갔다가 탁자 위의 상자와 소년에게 뿌린다. 그들에게 축복도 두 번씩 내리는데, 상자와 소년 모두 축복을 받기 위해 탁자 위로 들어 올려진다. 소년을 탁자 위에 그대로 두고 상자를 들어 올린 수행원이 그걸 힘차게 흔들며 연단 앞을 한 바퀴 돈다. 마치 마법사처럼 "신사 숙녀 여러분, 속임수는 없습니다. 원하신다면 눈을 떼지 않고 지켜보셔도 좋습니다!"라고 말하는 것 같다.

드디어 상자가 소년 앞에 놓인다. 먼저 팔을 들어 올리고 손을 펴 보인 소년이 손을 구멍(투표함처럼 생겼다)에 깊숙이 찔러 넣고 사탕처럼 단단히 감긴 숫자 하나를 꺼낸다. 소년이 뽑은 숫자를 옆 자리의 판사에게 넘겨주자 판사가 그걸 살짝 펼쳐 보고는 그 옆의 의장에게 건넨다. 의장이 아주 천천히 숫자를 펼친다. 부랑자 우두머리가 의장의 어깨 너머로부터 몸을 숙인다. 의장은 부랑자 우두머리에게 펼친 종이를 들어 보인다. 숫자를 유심히 살펴보던 부랑자 우두머리가 손가락으로 두 개의 숫자를 만들어 보이며 날카롭고도 큰 목소리로 "세쌍 타두에(62)!"라고 외친다. 가엾어라! 부랑자 우두머리는 62에 돈을 걸지 않았다. 그의 얼굴이 몹시도 침울해지며 눈빛이 심하게 흔들린다.

하지만 사람들이 좋아하는 숫자가 나왔기 때문에 늘 그렇듯 제법 환영을 받는다. 축복을 내리는 부분을 제외하고 같은 의식을 되풀이하며 그들이 나머지 숫자를 뽑는다. 전체 구구단에서 축복은 한 번으로 족하다. 행사에서 딱 하나 새로운 사건을 꼽자면, 그건 가진 돈을 모두 쏟아 부은 것이 분명한 부랑자 우두머리의 낯빛이 점점 어둡게 변해 간다는 것이다. 마지막 숫자를 보고 자신의 숫자가 아니라는 것을 알아차린 그가 숫자를 발표하기 전에 자신의 수호성인에게 이런 엄청난 배신을 저지른 것에 대해 항의라도 하듯 두 손을 꼭 쥐고 천장으로 눈길을 보낸다. 나는 부랑자 우두머리가 달력의 다른 일원을 위해 자신의 성인을 저버리지 않기를 바라지만, 그는 그렇게 할 것만 같다.

당첨자들이 어디에 있는지는 아무도 모른다. 그곳에 오지 않은 것은 분명하다. 실망감과 빈민들에 대한 연민만이 가득하다. 우리가 안마당으로 나가는 사람들을 지켜보며 옆으로 비켜 서 있을 때, 그들의 모습이 마치 철창 사이로 그들을 내려다보는 감옥(그 건물의 일부는 감옥이었다)에 갇힌 죄수들이나, 대중의 교화를 위해 몸뚱이를 걸어 둔 그 옆으로 그리운 옛날을 회상하며 쇠사슬에 묶인 채 달랑거리는 사람의 머리처럼 비참해 보인다.

찬란한 일출 속에서 나폴리를 떠난 우리는 카푸아로 가는 길을 지나 작은 길을 따라 사흘간 여행 중이다. 그 길에서 우리는 산 제르마노라는 작은 마을의 가파르고 높은 언덕에 자리한 몬테카시노 수도원을 볼 수 있을까 했지만, 수도원은 아침 운무에 가려 보이지 않는다.

은은하게 울려 퍼지는 노새의 종소리가 있어 더욱 좋다. 노새를 타고 수도원을 향해 굽이굽이 길을 따라 올라갈수록 종소리가 고요한 대기 속에서 신비롭게 들린다. 장례 행렬처럼 엄숙한 데다 천천히 움직이는 짙은 안개 말고는 아무것도 보이지 않는다. 마침내 우리 눈앞에 어렴풋이 드러나는 웅장한 건물을 보라. 어마어마하게 큰 데다 아주 가까운 거리에 있으면서도 어둑하게 보이는 회색 담벼락과 탑들을, 그리고 회랑을 따라 무겁게 흐르는 으스스한 안개를.

빠르게 지나가는 풍경들

수호성인과 그 여동생의 석상 근처 안뜰에서 검은 그림자 둘이 오가고, 그 뒤로 까마귀 한 마리가 낡은 아치 사이를 드나들며 깡충깡충 뛰어간다. 까마귀는 종소리에 답하듯 깍깍거리다가 이따금 가장 순수한 토스카나 말을 내뱉는다. 마치 예수회의 일원 같지 않은가! 고개를 갸우뚱거리며 식당 문 앞에 서서 다른 쪽을 보는 척하면서 방문객들을 유심히 살피고 그들의 말에 귀를 기울이는 저 까마귀처럼 음흉하고 비밀스러운 친구도 없으리라. 그에 비하면 짐꾼은 머리가 둔한 수도사 같지 않은가!

"우리처럼 말을 하네요!" 짐꾼이 말한다. "아주 또박또박." 또박또박 짐꾼이 말한다. 바구니와 무거운 짐을 들고 들어서는 농부들을 환영하는 까마귀의 몸짓보다 더 풍부한 표현력이 있을까. 눈알을 굴리며 구구거리는 소리를 내는 그에게 까마귀들 중에서도 단연 최고의 자격을 줄만 하다. 까마귀는 모르는 것이 없다. "맞았어." 까마귀가 말한다. "우리는 우리가 아는 걸 알지. 자, 착한 사람들아. 만나서 반가워!"

그렇게 높은 곳까지 석재와 철과 대리석을 나르기가 무척 힘들었을 텐데, 어떻게 여기에 이토록 훌륭한 건축물을 세울 수 있었을까? "까악!" 농부들을 환영하며 까마귀가 말한다. 약탈과 화재와 지진으로 파괴되고도 어떻게 폐허를 딛고 다시 일어나 지금 우리가 보는 이토록 화려하고 웅장한 성당을 만들었을까? "까악!" 농부들을 환영하며 까마귀가 말한다. 수도사들이 예배당 안에서 성가를 부르는 동안 초라한 차림새를 한 아주 무지한 이들이 구걸을 한다. "까악!" 까마귀가 말한다. "깍깍!"

수도원 입구에 앉아 구구거리며 눈알을 굴리는 까마귀를 뒤로하고 우리는 다시 구름 속을 뚫고 천천히 아래로 내려간다. 구름을 벗어나자 마침내 개울이 가로지르는 평평하고 푸르른 전원과 마을이 시야에 들어온다. 수도원의 어둠과 안개 속을 벗어난 후에 보는 풍경은 즐겁고도 상쾌하다. 까마귀, 아니 거룩한 수도사에게 무례하게 굴 생각은 없다.

  다시 진흙투성이의 길을 따라 여행길에 오른 우리는 다 쓰러지고 부서져가는 마을들을 지난다. 마을에는 멀쩡한 옷을 입은 농부는커녕 집집마다 온전한 창 하나 없고, 초라한 행상인들의 보따리에도 먹을 것은 보이지 않는다. 여인들은 앞뒤로 레이스를 장식한 새빨간 보디스에 흰 치마를 입고, 원래 짐을 이고 다니기 위해 사용하던 아마포로 만든 나폴리식 사각형 머리 장식을 하고 있다. 남자들과 아이들은 손에 닿는 대로 무엇이든 입는다. 병사들은 개들만큼이나 지저분하고 탐욕스럽다. 여관들은 도깨비 소굴 같아서 파리의 최고급 호텔들보다 훨씬 매력적이고 재미있다. 거의 무릎 높이까지 닿는 진창길을 걸어서 닿은 발몬토네(여관 맞은편 언덕 위에 둥근 성벽으로 둘러싸인 도시) 근처에 여관 하나가 있다. 아래층에는 대충 만든 기둥들이 늘어서 있고, 어두운 안마당으로 텅 빈 마구간과 다락방들이 보인다. 굉장히 긴 등받이 의자와 등받이가 없는 굉장히 긴 의자가 놓인 굉장히 긴 주방에는 신부 두 명을 포함한 여행객들이 저녁 식사를 기다리며 화롯가에 모여 있다. 계단을 올라가자 거친 벽면에 아주 작은 유리가 끼워진 아주 작은 창문들이 보이고, 경첩이 빠진 문(열두 개에서 스물네 개)도 있다. 서른 명 정도가 앉아서 식사를 할 수 있을 것 같은, 버팀목 위에 널빤지 하나를 얹어 만든 탁자도 있다. 아침 식사용 응접실로 쓸 만큼 충분히 큰 취사장에서는 탁탁 소리를 내며 타는 장작불이, 석회를 바른 굴뚝 벽면에다 먼저 다녀간 여행자들이 목탄으로 그린 못생기고 험상궂은 얼굴들을 비춘다. 탁자 위에서는 시골풍의 등불이 타고 있고, 그 언저리를 노란 난쟁이[41] 여인이 새카만 머리카락을 쉴 새 없이 긁으며 맴돈다. 여인은 도끼날을 정리하려고 까치발로 서기도 하고, 물동이 안을 들여다보려고 폴짝폴짝 뛰기도 한다. 옆방의 침대들은 활기가 넘친다. 여관에는 거울 조각 하나 없고, 몸을 씻는 데 쓰는 도구를 그대로 조리 도구로 사용한다. 하지만 노란 난쟁이 여인은 적어도 1리터는 되는 훌륭한 포도주를 좋은 병에 담아 탁자에 내놓고, 따끈따끈하게 구운 새끼염소 고기의 3분의 2를 여섯 개의 접시에 나눠 담는다. 그녀는 초라한 모습만큼이나 아주 상냥하다. 이는 참으로 많은 것을 말해준다. 그래서 나는 그녀가 오래 살기를, 그리고 여관이 번성하기를 병에 가득 담긴 포도주에 대고 기원한다.

로마까지 갔다가 자신들의 고향으로 돌아가는 순례자들—각자 가리비 껍데기[42]와 막대를 들고 자비를 구한다—을 바라보며, 우리는 아름다운 전원을 지나 벨리노 강이 높은 바위에서 반짝이는 물보라와 무지개 속으로 세차게 떨어지는 테르니 폭포 쪽으로 간다. 드높은 하늘과 어우러진 평야에서 자줏빛 산들이 가파르게 솟아오른 고지대에는 페루자가 자리 잡고 있다. 인공과 천연의 요새로 단단히 둘러싸인 이 도시가 장날의 화려한 색깔들로 반짝인다. 그 덕분에 칙칙하지만 화려한 고딕 양식의 건물들이 더욱 돋보인다. 장터 바닥에는 시골에서 가지고 온 물건들로 가득하다. 도심에서 성벽으로 이어지는 가파른 언덕을 따라 송아지와 양, 돼지, 말, 노새, 황소를 파는 시끌벅적한 장이 이어진다. 닭, 거위, 칠면조들이 그 발굽들 사이에서 힘차게 날갯짓을 하고, 사는 사람, 파는 사람, 구경꾼들이 뒤섞인 채 곳곳에서 길을 막고 있어서 우리는 그들에게 비켜달라고 소리를 지른다.

갑자기 우리의 말들 사이에서 방울 소리가 들린다. 마차꾼이 말을 멈춰 세운다. 그가 안장에 털썩 주저앉아 하늘을 바라보며 말한다. "오, 전능하신 신이시여! 여기 편자가 빠진 말이 있습니다!"

이 사고의 엄청난 본질과 사건을 알리는 허망한 몸짓(이탈리아 마차꾼 말고는 아무도 할 수 없는 그런 몸짓)에도 불구하고, 얼마 지나지 않아 인간 편자공이 상황을 바로 잡아준 덕분에 우리는 당일 저녁에 카스틸리오네에, 다음날에는 아레초에 닿는다. 그곳 역시도 멋진 성당에서는 미사가 진행 중이고, 화려한 스테인드글라스를 통해 기둥들 사이를 비추는 햇살이 바닥에 무릎을 꿇은 사람들을 반쯤은 드러내고 반쯤은 감추면서 긴 복도를 따라 점점이 빛을 드리운다.

하지만 청명한 날 아침, 언덕 위에서 바라보는 피렌체는 얼마나 색다른 종류의 아름다움을 선사하는가! 햇살이 비치는 골짜기와 굽이치며 반짝이는 아르노 강과 솟아오른 구릉들로 둘러싸인 모습을 보라. 이 다채로운 고장에서 솟아오른 돔 지붕, 탑, 궁전들이 황금처럼 햇살에 반짝이지 않는가!

아름다운 피렌체의 거리는 웅장하게 우뚝 서 있으면서도 수수하다. 튼튼하고 오래된 건물들은 지면 위로 그리고 강물 위로 커다란 그늘을 드리워서 우리 발밑으로 언제나 화려한 모양과 장식을 한 또 하나의 독특한 도시를 만든다. 방어를 위해 창문에다 무겁게 빗장을 지르고 돌덩어리로 두껍게 담장을 쌓아올린 궁전들은 낡은 데다 음울한 모습으로 거리를 향해 인상을 쓰고 있다. 도시 한가운데—아름다운 석상들과 넵튠의 분수로 장식한 시뇨리아 광장—에는 총안이 솟은 거대한 담벼락과 도시 전체를 굽어보는 높다란 탑이 자리한 베키오 궁전이 있다. 궁전의 안뜰—그 무거운 그림자로 보아 오트란토 성[43]이라 해도 손색없을 모습이다—에는 세상에서 가장 건장한 말들이 가장 무거운 마차를 끌고 올라가야 할 것 같은 엄청나게 큰 계단이 있다. 궁 안에 위치한 커다란 방의 위풍당당한 장식들은 빛이 바랜 채 서서히 썩어가고 있지만, 메디치 가문의 업적과 옛 피렌체 사람들이 겪었던 전쟁들을 기록한 벽화는 아직 그대로 남아 있다. 가까운 곳의 악취를 풍기는 음산한 감옥에는 몇몇 죄수들이 화덕처럼 작은 감방에 갇혀 있다. 몇몇은 철창 사이로 사람들을 바라보며 구걸을 하고, 누군가는 장기를 두고, 누군가는 공기를 깨끗하게 하겠다며 담배를 피우는 동료들과 이야기를 나누고, 누군가는 여자 행상에게 포도주와 과일을 사기도 하는데, 모두가 불결하고 혐오스럽기 그지없다. "저들은 충분히 즐겁게 지내고 있습니다, 선생님." 교도관이 말한다. "모두 살인죄로 이곳에 왔죠." 그가 건물의 4분의 3을 손가락으로 가리키며 덧붙인다. 나갈 시간이 가까울 무렵, 열일곱 살 난 어린 아가씨와 흥정을 벌이다 시비가 붙어 화사한 꽃들이 가득한 장터에서 그녀를 찔러 죽인 여든 살 먹은 노인이 감옥으로 잡혀와 그 수를 늘인다.

강에 놓인 네 개의 낡은 다리 중에서 베키오 다리—보석 세공인과 금 세공인들의 가게가 즐비한 다리—가 풍경 속에서 가장 눈길을 끈다. 다리 한가운데에 난 집 한 채만한 크기의 빈 공간으로 그 너머의 경치가 액자에 담긴 풍경처럼 보인다. 게다가 언뜻 보이는 하늘과 강물과 화려한 건물들도 절묘한 조화를 이룬다. 다리 위에는 강을 건너기 위한 대공의 통로가 있다. 커다란 궁전 두 곳을 잇도록 만들어진 이 비밀 통로는 거리와 건물 사이 어디든 원하는 대로 장애물을 물리치며 뻗어간다.

대공에게는 모든 계급의 사람들을 아우르는 단체인 자비회의 일원으로서 검은 망토와 두건을 쓰고 거리로 나가는 더 좋은 비밀 통로가 있다. 사고가 났을 때 이 단체가 하는 일은 피해자를 일으켜 세워 친절하게 병원으로 데려 가는 것이다. 그들은 화재가 발생하면 현장으로 가서 사람들을 보호하며 그들에게 도움의 손길을 내민다. 환자들을 간호하고 위로하는 것도 이들이 흔히 하는 일에 속한다. 그들은 돈을 받지도 않고, 이런 목적으로 방문하는 집에서 먹거나 마시지도 않는다. 탑에서 거대한 종이 울리면 곧바로 당번인 사람들이 한 곳으로 모인다. 식사를 하던 대공이 종소리를 듣고 호출에 응하려고 의자에서 벌떡 일어나 조용히 자리에서 물러나더라는 이야기도 전해진다.

비정기적으로 시장이 서고 낡은 철물과 각종 잡화를 파는 가게들이 상품을 가판대에 진열하거나 바닥에 늘어놓는 또 다른 커다란 광장에는 거대한 돔을 얹은 대성당, 아름다운 이탈리아식 고딕 종탑, 청동을 단련해서 만든 문이 달린 세례당이 모여 있다. 그리고 여기 광장 바닥에 단테가 (소문에 따르면) 의자를 가져와 명상에 잠기던 아무도 밟지 않는 작은 정사각형 모양의 '단테의 돌'이 있다. 나는 이해할 수 없는 이유로 추방당한 단테가 옛 명상의 장소나 그와 함께 연상되는 베아트리체[44)]에 대한 그리운 생각들을 떠올리며, 배은망덕한 피렌체 거리의 이 돌을 저주하고 싶은 마음을 억누른 적이 있을까 궁금하다.

메디치 가문의 예배당과, 미켈란젤로가 묻힌 곳인 데다 회랑의 돌마다 위대한 사람들의 죽음을 알리고 있는 산타 크로체 성당 외에도, 외부에는 아직 공사가 끝나지 않은 벽돌들이 쌓여 있지만, 그 내부는 엄숙하고 고요한 수많은 교회당들이 도시를 거닐며 망설이는 우리의 발걸음을 붙잡는다.

밀랍 표본들로 세상에 잘 알려진 자연사 박물관은 회랑들 사이의 무덤들과 조화를 이룬다. 풀잎과 씨앗, 식물, 하등 동물들에서부터 인체 내부 각종 기관들과 이 놀라운 피조물의 전체 구조에 이르기까지 모형으로 정교하게 표현되어 있다. 연약한 인간에 대한 그 어떤 경고가 이곳의 침대에 누워 마지막 잠을 자는 젊은이들과 미인들의 모형보다 더 장엄하고, 더 슬프고, 더 깊은 인상을 가슴에 남길까.

성벽 너머로 아르노 강의 아름다운 유역과 피에졸레 수도원, 갈릴레오의 탑, 보카치오의 집, 낡은 별장들과 은신처들 말고도 흥미로운 많은 곳들이 빼어난 아름다운 풍경 속에서 밝게 빛나며 우리 앞에 펼쳐진다. 그 빛에서 눈길을 돌리면 나타나는 거대하고 어두운 데다 슬픔에 잠긴 궁전들과, 전쟁과 권력과 속박의 전설뿐만 아니라 평화로운 예술과 과학의 찬란한 성장의 전설들도 수없이 간직한 거리들은 또 얼마나 장엄하고 당당한가.

피렌체의 이 울퉁불퉁한 궁전들은 오늘날 이 세상에 어떤 빛을 던져 주는가! 모두에게 열린 아름답고 조용한 이곳에서는 미켈란젤로, 카노바, 티치아노, 렘브란트, 라파엘, 시인들, 역사가들, 철학가들과 더불어 고대 조각가들이 영원히 기억된다. 역사 속의 이 저명한 사람들 곁에서는 왕관을 쓴 수장들도 갑옷을 입은 전사들도 너무나 작고 초라해 보여서 곧 기억에서 잊힌다. 숭고한 정신이 깃든 이 불멸의 고장은 공격과 방어의 성채가 전복되었을 때에도, 많고 적은 군주들의 압제가 한낱 이야기가 되었을 때에도, 자만과 권력이 세상을 등진 먼지가 되었을 때에도 평온하고 고요하게 살아남았다. 전쟁의 명멸하는 불꽃이 꺼지고 가정의 불꽃이 세대를 거치면서 쇠락하는 때에도 하늘이 준 빛으로 밝힌 근엄한 거리와 거대한 궁전들과 탑 속의 불꽃은 지금도 밝게 타오른다. 수천수만 명의 얼굴들이 늘 다니던 장소와 낡은 광장에서 서서히 사라져 갔지만, 어느 이름 없는 피렌체의 여인은 화가의 손에 의해 영원히 잊히지 않는 우아함과 젊음 속에서 계속 살아가는 것처럼.

 돌아볼 수 있을 때 피렌체를 돌아보고, 반짝이는 돔이 더 이상 보이지 않을 때 그곳의 좋았던 기억들을 떠올리며 생기 넘치는 토스카나를 여행하도록 하자. 이탈리아는 기억 속에서 더욱 아름다울 테니까. 여름이 다가오고 제노바와 밀라노와 코모 호수가 우리의 등 뒤 먼 곳에 자리 잡은 지금, 우리는 만년설과 포효하는 폭포가 있는 거대한 생고타르의 험준한 암석과 근처에 산이 자리한 스위스 마을 파이도에서 쉬면서 여행에서 마지막으로 이탈리아 말을 들으며, 이제 이탈리아의 모든 고통과 잘못은 애정을 담아 마음에 품고, 넘쳐흐를 정도로 가득한 자연과 인공의 아름다움들과, 호의와 끈기와 상냥한 마음을 타고난 사람들을 기리며 이탈리아와 헤어지도록 하자. 무시와 탄압과 실정의 세월이 이들의 본성을 바꾸고 이들의 정신을 꺾고, 단결은 파멸이요 분열은 힘이라고 여기는 저열한 군주들이 조장한 가련한 질투심이 이들 국민성의 뿌리를 좀먹고 언어를 더럽혔다. 하지만 이들 마음속의 선함은 지금도 살아 있으니 언젠가는 고귀한 사람들이 이 잿더미에서 일어나리라. 우리는 그 희망을 간직하자! 그리고 이탈리아를 더욱 가슴 깊이 기억하도록 하자. 무너진 신전의 조각마다 버려진 궁전과 감옥의 돌덩이 하나하나마다 이 나라의 시간의 바퀴는 계속 굴러간다고, 바퀴가 굴러갈수록 세상은 본질적으로 더 낫고 더 아름답고 더 관대하고 더 희망적이 된다고 끊임없이 가르치지 않는가!

주해

1) 황금동전이라는 뜻.
2) 손 강과 론 강.
3) 찰스 깁스.
4) 새뮤얼 피프스Samuel Pepys, 영국의 일기작가, 1633-1703.
5) Goldoni, 이탈리아 희극 작가.
6) 특히 발레에서 한쪽 발로 서서 빠르게 도는 것.
7) 발레에서 두 사람이 추는 춤.
8) V자 모양.
9) 『맥베스』에 나오는 숲.
10) 영국 의회 개회식에 참석하는 공무원.
11) 제임스 케니의 소극 'Raising the wind'(1803)의 주요 인물.
12) 이 책이 나온 뒤 웨스트민스터 사원에도 대중들에게 훨씬 개방적이고 정당한 인식이 생겨났다.
13) 바이런 경이 파리시나 이야기를 모티브로 쓴 시에서 발췌.
14) 셰익스피어 희곡에 등장하는 유대인 고리대금업자.
15) 셰익스피어 희곡의 여주인공.
16) 로렌스 스턴의 작품 『트리스트람 샌디』의 등장인물.
17) 『로미오와 줄리엣』 중에서.
18) 『로미오와 줄리엣』 중에서.
19) 로미오에게 독약을 팔았던 약제사.
20) 만토바에서 태어난 고대 로마의 시인.
21) 영국의 초상화가이자 왕립 아카데미의 초대 위원장.
22) 이탈리아 화가이자 건축가.
23) 크레모나는 스트라디바디, 아마티, 과르네리 등 훌륭한 바이올린 제작자들을 배출한 고장이다.
24) 영국 작가 올리버 골드스미스가 쓴 『웨이크필드의 목사』의 등장인물.
25) 흰 알맹이의 치밀한 덩어리로 되어 있는 석고. 암염이나 석회암 따위에 붙어 층을 이루며, 질이 좋은 것은 장식용 조각재로 쓰인다.
26) 주로 런던 시장이 해외에 갈 때 칼을 받드는 관리로 둥근 모피 모자를 쓴다.
27) 『말괄량이 길들이기』의 등장인물.
28) 지중해 연안에서 주로 쓰이던 소형 범선.
29) 악기이름.

30) 가이 폭스Guy Fawkes의 날. 영국의 왕 제임스 1세와 신하들의 가톨릭 탄압에 반발하여 가이 폭스라는 가톨릭교도가 1605년 11월 5일에 의사당 지하에 화약을 설치하고 이들을 암살할 계획을 세웠다. 밀고자 덕분에 목숨을 건진 제임스 1세는 주모자들을 처형하고 이날을 기념하여 불을 피우는 행사를 열었다.
31) 베르디의 오페라 '팔스타프'의 주인공.
32) 높은 곳에서 공사를 할 수 있도록 임시로 설치한 가설물.
33) 단수형은 모코레토이고, 작은 등불이나 촛불 심지를 뜻한다.
34) 19세기 영국의 주요 양조장.
35) 퍼시 셸리Percy Shelley, 영국 시인.
36) 존 키츠John Keats, 영국 시인. '여기 물 위에 이름을 새긴 사람이 잠들다'라는 글귀를 묘비명으로 남겼다.
37) 고대 로마의 중심 거리로 성스러운 길을 뜻한다.
38) 신성로마 제국의 황제 프리드리히 1세.
39) 고대 그리스·로마 시대에 널리 쓰이던 양손잡이 항아리.
30) 영국의 옛 화폐.
41) 같은 이름의 프랑스 동화 『노란 난쟁이』에 나오는 악당.
42) 순례자의 표식으로 쓰인다.
43) 영국 작가 호러스 월폴의 고딕 소설에 나오는 성.
44) 젊은 시절 단테가 사랑하고 그의 작품에서 찬미했던 여인.

주해